拍卖槌相伴的岁月

上海国拍经典案例集

范干平 / 著

ZHEJIANG UNIVERSITY PRESS
浙江大学出版社

图书在版编目(CIP)数据

拍卖槌相伴的岁月：上海国拍经典案例集 / 范干平著.
—杭州：浙江大学出版社，2013.4
ISBN 978-7-308-11307-6

Ⅰ.①拍…　Ⅱ.①范…　Ⅲ.①拍卖－案例－汇编－中国　Ⅳ.①F724.59

中国版本图书馆 CIP 数据核字(2013)第 060777 号

拍卖槌相伴的岁月：上海国拍经典案例集

范干平　著

策　划　者	蓝狮子财经出版中心
责任编辑	陈丽霞
出版发行	浙江大学出版社
	（杭州市天目山路 148 号　邮政编码 310007）
	（网址：http://www.zjupress.com）
排　　版	杭州兴邦电子印务有限公司
印　　刷	杭州杭新印务有限公司
开　　本	787mm×1092mm　1/16
印　　张	20.25
字　　数	300 千
版 印 次	2013 年 4 月第 1 版　2013 年 4 月第 1 次印刷
书　　号	ISBN 978-7-308-11307-6
定　　价	58.00 元

自序
PREFACE

　　从上海国际商品拍卖有限公司（简称上海国拍）的前身上海物资拍卖行成立算起，上海国拍已经有 25 年历史；而从公司正式成立前的首次拍卖活动算起，上海国拍的拍卖史就有 27 年了。从 1986 年到 2013 年，这一阶段正是我国拍卖行业恢复和长足发展的时期；从更大范围看，这一阶段也正好是我国改革开放启动、发展、风云际会的时期。我国拍卖行业的恢复、发展，与国家改革开放的时代同步；上海国拍的成立、发展，与行业的起步、发展同步，共同得益于国家改革开放的好环境。

　　上海国拍从一个名不见经传、班组式规模的小拍卖行，成长为国内行业中规模最大、运作能力最强、拍卖案例最多的拍卖企业之一，有其自身努力的主观因素——其核心就是始终具有积极向上的精神和苦干实干巧干的毅力；有行业蓬勃发展烘托的客观因素——一个新生的行业从无到有、从小到大，充满张力、充满朝气；更有国家摆脱贫困、迈步世界民族之林的雄心壮志——从而引发万马奔腾，经济蓬勃发展的大背景支撑。上海国拍生逢盛世。我国的拍卖行业恢复至今才 30 年时间，那是一个市场快速发展，带来千帆竞渡、百舸争流的年代，整个行业充满思想、充满活力。在这激情燃烧的岁月里，行业和市场推动了上海国拍。上海国拍用自己积极、具有创造性的工作，一定程度上反作用了市场和行业，用自己的智慧和手中的小槌，丰富了社

I

会的经济生活,使得市场和社会因此更加斑斓多彩。

受徐勉之先生真诚邀约,笔者于1995年1月与他一同进入公司。不同的是,我从贫困、遥远的贵州省紫云苗族布依族自治县回到了家乡,进入了一个完全陌生的行业;徐勉之先生则由原来分管上海物资拍卖行转变为亲自完全领导它,而上海物资拍卖行也由经营紧缺物资变成处于经营起步阶段需四处找米下锅的小企业。这一转身的难度,不亚于笔者的转身。

当时,上海物资拍卖行规模很小,只有12个人;他是公司副总裁,我是办公室主任、党支部书记。从此,在徐勉之的带领下,我们携手工作,一起为公司、为行业奋斗,为拍卖的成功欢欣鼓舞,为行业遇到的不公正待遇奋起抗争,为市场拓展同甘共苦、栉风沐雨、废寝忘食、殚思竭虑。不知不觉间时间的指针已悄然划过了18年。我们亲历了企业发展、壮大的全过程,感受了各界朋友对公司的关爱和帮助,目睹了公司上下努力拼搏、为企业发展忘我工作的动人情景,回首往事,至今我仍然对此充满了留恋和感激之情。

在众多的同事中,公司董事、总裁徐勉之先生除了精明能干之外,对拍卖始终充满了激情,始终有向上攀登的欲望,始终决策干练果断,这是他的个性,也是他最大的特点。加上公司有一个团结和谐、同样充满积极向上精神的经营者集体,因此,上海国拍始终能够领先行业一步,始终能够不断超越自我,始终能够站在较为主动的位置。尽管市场风云变幻、竞争刀光剑影,公司槌声不断,超常规发展。作为副手,对此我深有感受,并且受益匪浅,一种努力学习、紧跟大家、紧跟团队脚步的思绪始终在胸中奔涌。

作为一个具有长时间在政府部门工作的经历、与媒体为友、与笔墨为伴的人,笔者对所经历过的拍卖活动有自己的体会和考量,但凡有点影响力的拍卖活动,事后,不管多忙,都不会懈怠,对其逐一梳理,进行分析、概括,使其成为所谓的文章,让它出现在报刊杂志、广播电视上,出现在诸多教材、讲义中。18年光阴,白纸黑字,滴水成河、集腋成裘,上海国拍成了国内拍卖行业案例最多、最具影响力的企业。能够形成这一局面,除了拍卖成交额18年领先于综合性拍卖公司之外,有如此琳琅满目、丰富多彩的案例,不能不说是一个重要支撑。这一方面得益于上海这个国内市场化程度最高城市的先天优势,另一方面则得益于上海国拍的拍卖活动涉及可以流通的全部商品,囊括有形资产及无形资产。这是个难以寻找、难以复制的舞台,它为笔者提供了可以总结的广阔空间、可以笔耕的厚实土壤。

一个时代有一个时代的特点,而这个时代的经济生活必定留下时代的痕迹。拍卖作为市场经济的产物,其交易行为与市场经济完全合拍,市场变化拍卖"春江水暖鸭先知"。在市场大潮中拼搏向上是艰难的,但是也正因此充满了神奇和挑战。拍卖行业在槌起槌落间,记录着时代的痕迹、书写着市场发展的历史。上海国拍的拍卖案例再一次证明了这一点:每一项拍卖活动几乎都有当时的社会环境做背景,与时代合拍,特色明显。

从1995年年初笔者进入公司,白驹过隙,挥手之间,已经18年。到2013年4月14日,公司成立就已经25周年了,笔者早就有把公司25年来有影响的拍卖活动结集成书的想法,这与徐勉之先生不谋而合,于是就有了这一本书。《拍卖槌相伴的岁月》记录了上海国拍从1986年至今的主要案例,它是上海国拍集体智慧的结晶,是上海国拍经营者智慧的结晶,凝聚了上海国拍全体员工的辛勤劳动。这些拍卖活动伴随着公司25年一路走来。《拍卖槌相伴的岁月》的出版,可以说是对于上海国拍25年的阶段性总结。

尽管有文字记载的拍卖历史已经有2500多年,但是,在我国,拍卖行业恢复和正常发展,充其量还不满30年。尽管我国拍卖业为国家的经济建设、为公共财产的处置、为金融不良资产的出让、为国有企业存量资产盘活、为文物艺术品回流和市场规范、为社会闲置财产的交流、为政务公开等做了大量有益工作,但是,社会对此了解并不是很多。市民们把它看作殿堂里的"阳春白雪";媒体为了卖点和猎奇,总关心其负面的东西;娱乐界甚至把拍卖视为反派,因此有了缪种流传的《青瓷》。行业缺乏正面的宣传和报道,发展的前路艰难而漫长。同时,作为一个新兴行业,可供学习、参考的经验很少,尤其是案例。临渊羡鱼,不如退而结网,静下心来,认真总结以往的工作,寻找和提炼一些带有规律性的东西,对企业、行业都是一件好事。笔者以为,《拍卖槌相伴的岁月》虽然记录的是上海国拍发生的事件,却具有很强的代表性。作为目前行业唯一一本完全由拍卖案例集结成书的出版物,书中所列举的案例几乎涵盖了目前我国拍卖市场全部标的,可以说是行业发展、市场实践的缩影,因此可以成为行业以及后来者吸取经验和养分的参考。同时,它也严肃地告诉社会,拍卖是市场经济的产物,我国的拍卖行业为国家、为社会的发展,默默无闻地作出了了不起的贡献。从这个意义上讲,《拍卖槌相伴的岁月》可以成为社会各界关心、热爱拍卖行业人士了解拍卖的一扇窗户,可以成为行业在市场经济中,为国家和市场发展作出贡献的佐证。愿此书的出版在填补国内外拍卖案例专门书籍空白的同时,为行业正名,唱一曲回肠荡气的正气歌。

谨以此书献给上海国际商品拍卖有限公司成立25周年。

范干平

二〇一二年九月六日于上海

目录
CONTENTS

第三章　方兴未艾(1999～2004年)　109

CHAPTER 1

第一章

初涉拍坛（1986～1994 年）

初涉拍坛第一仗

1986年初夏，上海市出租汽车公司退役了6辆上海牌小轿车。这些轿车属于国有资产，在当时又属于紧俏物资，需要按照规定由掌控生产资料和物资分配的物资部门处理。于是，按照职能分工，负责汽车销售的上海市机电设备总公司所属机电设备贸易中心成了这6辆出租车处置的责任单位。这件在现在看来实在是太简单不过的事，当时却让负责处理的机电设备贸易中心的领导伤透了脑筋。

"文化大革命"十年动乱，使得我国的经济处于崩溃状态；"四人帮"倒台，国家拨乱反正，步入正常发展的轨道。改革开放的实践证明，计划经济与市场经济只是两种不同的资源配置手段，与社会制度没有必然联系，更不是社会主义与资本主义的分水岭。市场经济不再是资本主义的专利，发展经济变得名正言顺，经济建设开始起步。改革开放既顺应民心，又顺应历史发展的潮流，中华大地从此步入恢复和发展经济的正常轨道。尽管如此，由于百废待兴，改革开放之初，社会资源高度缺乏，紧缺物资供不应求。1986年初夏，汽车属于高端消费品，一个城市里还没有多少小轿车。一方面，经济建设开始初见成效，社会与经济活动日渐增多，对交通工具有了新的需求；另一方面，由于与世界隔离和长时间的闭关自守，国内社会生产力水平十分低下，小轿车等在内地无疑是奢侈品，属于计划调配物资，控制十分严格，一车难求是真实写照。当时上海全市只有一家出租车公司，由于小轿车属于紧俏物资，车辆更新换代，出租车公司退役的车价格相对便宜，同时又属于计划外的旧汽车，自然引来社会各界的强烈关注。他们通过领导、相关部门、朋友、同事，甚至亲戚、同学等各种渠道打探消息、疏通关系，希望能够得到其中一辆汽车。光是领导和相关部门的批条就远远超过了处理的小轿车总量本身。

供需失衡，车辆给谁，确实是一件难事，领导、协作方、关系户、亲朋好友，众多关系都不好处理，得罪了谁都不是一件好事，怎么办？为此，机电设备贸易中心的领导十分为难。

正在他为难之际，一个人的出现打破了僵局。

作为上海市专门经营机电设备的专业机构，上海市机电设备总公司拥有自己的众多仓库，当时的机电设备贸易中心总经理陈宝叶先生参加工作时曾经在公司的大场仓库当过学徒，他的师傅是杨瓒君先生。

典型上海老派打扮和做派的杨老先生在新中国成立以前是上海一家私营拍卖行的业主，曾经在上海滩组织过拍卖，常常亲自执槌主持拍卖会，对拍卖有着切实的感受。新中国成立以后，由于当时国家把拍卖视为资本主义的东西加以限制，致使行业步履艰难。1956 年后，政府对私营工商企业进行社会主义改造，拍卖行业首当其冲。1958 年，上海最后一家拍卖行关闭，杨先生以普通员工身份，分配到上海市机电设备总公司工作，任仓库保管员。20 世纪 70 年代中期，陈宝叶先生参加工作的第一个岗位也是在仓库，就是在这里他认识了杨老先生。在当学徒的岁月里，陈宝叶先生对师傅的经历有所耳闻，对拍卖的基本功能、特点也因此有所了解。

拍卖的最大特点是价高者得，因此物以稀为贵的物资或者其他财产最适宜用拍卖方式处置。既然现在 6 辆出租车有这么多的人关心、需要，关系又不好处理，陈宝叶和他的团队由此想到了拍卖方式。于是，在杨瓒君的指导下，机电设备贸易中心汽车部策划了拍卖方案：6 辆出租车既不内部消化，也不看谁的批条，全部通过拍卖方式转让，需要者到拍卖会现场竞价，谁出价高，谁就是买家。这一方案得到认可，拍卖会在上海市唐山路机电设备贸易中心举行。拍卖现场人声鼎沸，拍卖会竞争激烈，对拍卖这一形式并不很了解的竞买人既新鲜又兴奋地频频出手报价，竞争到最后，哪怕是熟人也互不相让。最后，6 辆出租车全部以高价成交，充分体现了价高者得这一拍卖精髓。

一方面,囿于社会大环境的制约,主持此次拍卖活动的大多数当事人对拍卖的理解比较肤浅,包括对于拍卖的形式、主持方法、程序等了解得并不多;另一方面,对于完全沿用新中国成立以前的拍卖形式处置紧缺物资,社会反响并不一致,肯定与否定的声音都有。同时主持者可能还认为,以敲槌的方式表示成交不够响亮、气派,于是,首次拍卖是用敲锣的方式表示的。

但是不管怎样讨论,拍卖结果:委托人回笼了高出委托价许多的资金;迫切要车的,买到了需要的交通工具。尽管拍卖的成交价高出原定价格许多,但是如果没有公开的拍卖,许多没有关系、没有信息的人就是再有钱也买不到车。主持方则通过拍卖,省略了大量协调工作,平息了各方意见。因为关系户实在太多,资源却有限,拍卖使得机电设备贸易中心的负责人不但尝到了公开竞价的魅力,更感觉到了拍卖方式对于紧俏、稀有物资的处置的特殊作用。

虽然比起以后的拍卖活动,这首次拍卖的规模、成交额、影响力都不大,但是,对于中国拍卖行业的影响和作用却是巨大的。这是因为在那个年代,上海市机电设备总公司掌控的都是紧俏物资,包括大到电站设备,小到机床、零部件、二手设备,几乎样样紧缺、件件讨巧,中心往往难以应对各方面的关系。拍卖方式,无疑是一种新颖、合适、快捷、有效的好办法。于是在以后的日子里,拍卖方式成为上海市机电设备总公司处置计划外旧设备的一个重要渠道。

为了进一步扩大业务范围,安排了专人专门从事拍卖工作,在总公司领导心中拍卖的概念逐渐形成。在此基础上,1988年4月14日,上海物资拍卖行应运而生,它是上海国拍的前身。而上海国拍是我国拍卖行业综合性拍卖公司的领军企业,无论是企业规模、运作能力、管理水平在行业内均处于领先地位。最为重要的是,公司主持过的不少拍卖活动,成为行业典型案例,为行业树立了样板。

并且,首次拍卖举行后,杨瓒君先生根据自己从事拍卖活动的经验,回忆、总结了一套拍卖程序、规则,并且做了示范。这些十分珍贵的资料,为上海物资拍卖行成立后的拍卖运作起了关键作用。上海物资拍卖行成立后,杨瓒君等也成为最早的员工。在拍卖实践中，根据现实的标的和市场情况，物资拍卖行的同事们不断地对拍卖程序、规则进行修改、完善，终于形成了一整套较为实用、完整的拍卖文件，包括拍卖规则、实施细则、拍卖须知、标的告知、竞买登记、看样记录、标的入库单据、拍卖会记录、成交确认书等，几乎涵盖了拍卖活动的整个过程。由于上海物资拍卖行是国内最早成立的拍卖企业，以后这些资料为上海拍卖行业所模仿、采用。再以后，由于行业发展，行业间交流增多，尤其是 1995 年早春三月，国务院指定的拍卖行业政府主管部门国内贸易部①委托上海国拍承办国内首次拍卖从业人员持证上岗培训。来自全国的拍卖行业同人，通过培训和交流，让上海国拍使用的这些拍卖活动文件、资料走向了全国。有了这些资料，了解了拍卖活动的程序、注意事项，国内拍卖市场先进和后起、发达地区与落后地区的差距迅速缩短，上海国拍的经验，使得刚成立的拍卖企业少走了不少弯路。从这个意义上说，1986 年初夏时节举行的 6 辆退役出租车的拍卖无疑意义十分重大，应该在中国拍卖史上留下浓重的一笔。

---

①1998 年第九届全国人民代表大会第一次会议批准的国务院机构改革方案，将煤炭工业部、国内贸易部、轻工总会和纺织总会等 10 个原部级经济部门分别改组为国家局，交由国家经贸委管理。

第一次密封式递价拍卖

作为一种特殊的商品交易行为,拍卖遵循的是"价高者得"的原则,通过竞价,拍卖师将一项项标的逐一拍卖给拍卖会上出价最高的人。有时由于标的品质完全雷同,数量又大,拍卖师拍卖了一项后,竞买人要么跟着这一价位出价,要么等待,甚至不出价,竞争不出现,会造成大量标的流拍,或者价值难以实现最大化,可谓费功多、效率低。遇到这种情况,拍卖会很难进行。

进入 21 世纪以来,在国内拍卖市场围绕旧机器设备,尤其是通用设备、废旧电缆、废旧钢铁等标的的拍卖中,竞买人恶意串通的现象愈演愈烈。那些并非完全意义上的竞买人或恶意串通压价,或采用威胁手段阻止真正买家竞买,从中获取暴利或分一份不义之财。在国内一些城市,恶意串通甚至已蔓延到房地产、破产企业资产等,凡是有吸引力、有升值空间或者有人报名参加竞买的标的,就会有人恶意串通,以致拍卖会秩序遭到破坏,好端端的标的要么流标,要么仅一口价即成交,委托人、拍卖人、真正的买家利益受损,国有资产流失。这一情况不但出现在拍卖会上,也出现在国有企业在交易所挂牌、摘牌时,只不过更加隐蔽,因此危害更大。由于类似串通取证很难,打击比较困难。

上述情况,对于拍卖会组织者而言,是个严峻考验,我国的拍卖行业是一个充满创造力和激情的行业,是一个遇到困难不绕着走的行业,因此,作为市场经济大潮中的一个小行业,拍卖行业没有理由退却,只有不断创新、前进,才能生存、发展。上海国拍是其中的佼佼者。还是在 20 世纪 90 年代中期,上海国拍的前身上海物资拍卖行,就以自己的聪明才智,开发并且组织了我国拍卖史上第一次完整意义上的密封递价式拍卖,而这一拍卖方式,至今已经被行业充分使用,尤其是在可能出现恶意串通时。

1994 年初夏,上海海关罚没了一批空调压缩机,这批空调压缩机数量很大,但是品种只有两种,其中 5 匹空调压缩机约 8000 台,1.5 匹空调压缩机约 10000 台。当时市场上 5 匹压缩机的价值在 2000 元左右,1.5 匹压缩机的价值在 800~1000 元左右。由于情况比较特殊,委托方要求集中、快速处理,并且要求马上拿出处置方案。

在招商和询价过程中,上海物资拍卖行发现,由于数量很大,品种又较为单一,整体拍卖,能够一次性拿下的买家几乎没有。而为了尽快结案,委托方又要求尽快处理,拍卖公司感受到了空前的压力。

招商过程中,上海物资拍卖行发现,如果将空调压缩机按照功率大小分拆成两个标的进行拍卖,显然没有竞买人;如果将其分拆成若干个标的,一是不知道能够寻找到多少个竞买人,这些竞买人能够买走多少空调压缩机;二是一旦分拆,可能造成一部分成交、一部分流拍,一次性全部成交的可能性几乎没有,下次拍卖必须降价。这既是委托方不愿意看到、也同样是拍卖行不愿意看到的结果。

此时,物资拍卖行想到了采用密封投标的办法。

经过再三考虑、仔细分析,大家形成了一致看法:现场拍卖讲究价高者得,密封投标拍卖确定中标人的依据应该首先是价高,成交的价格应该是所有投标人中出价最高的,同时这一价格必须满足等于或者高于拍卖保留价这个条件;第二,如果最高出价相同,则应该看出价人所报空调压缩机数量的多少,同等价位,数量大者中标;第三,因为拍卖讲究公开进行,密封投标公开程度不够,应该邀请第三方参与、监督、证明。按照这一思路,物资拍卖行设计了一份密封投标标书,并且仔细撰写了空调压缩机密封投标拍卖的规则、程序,同时联系了上海市公证处,邀请他们为密封投标拍卖进行公证。在征得委托方同意后,4 月 14 日我国拍卖史上第一次密封投标拍卖如期进行。

或许是有意安排,7年前的今天,正是上海物资拍卖行成立的日子。在这个特别的日子召开拍卖会,首次采用非现场拍卖的形式进行拍卖,物资拍卖行的同志们心中有许多特别的感受。发布拍卖公告后,共有10余个竞买人报名。这些竞买人带着新奇的感觉,经过了竞买人身份审查,办理了竞买登记,领取了标书,在无人干扰的情况下填写了竞买的心理价位、竞买数量,并且在规定的截标时间前,到拍卖行把标书投入标箱。规定的投标时间结束后,在公证处人员监督下,拍卖行打开标箱,按照价格优先、价格相同则数量优先的程序排列标书。最后,18000余台空调压缩机全部成交,其中,5匹空调压缩机最高成交价约4000元一台,最低为保留价成交,1.5匹空调压缩机全部以超出保留价约1200~1500元的价格成交。一个拍卖活动中前所未有的难题就这样解决了。

随着时间的推移和拍卖活动的日趋频繁、成熟,这一次拍卖被淡忘了,但是,其所采取的密封式投标拍卖方式,却在日后的拍卖活动中不断被使用,且逐步改进、完善,成为一种常用的报价形式。

上海国拍是国内拍卖业务量最大的综合性拍卖公司,所经营的业务范围极其广泛,遇到的标的可谓形形色色。在拍卖活动中,公司针对不同标的采用不同拍卖方式,很好地处理了不少比较特殊的标的,充分显示了游刃有余的经营管理水平和炉火纯青的拍卖技术。

1998年8月14日,由市政府有关部门委托的500辆出租车上牌额度以每辆27.96万元的价位拍卖成交,总成交额为1.398亿元,成为第八届全国运动会收到的最大一笔集资款。此次拍卖采用了密封投标方式进行,主持者就是上海国拍。国内非常著名的上海市私营企业、私人小客车额度拍卖最早也是由上海国拍采用密封递价拍卖的方式进行的,时间跨度为1994年至2002年,前后历时8年。这两次拍卖均因为标的品种单一,现场拍卖几乎没有可能取得成功,于是,采用了密封递价拍卖方式。为了与投标有所区别,同时更适合拍卖特点,密封投标拍卖的名称改为密封递价拍卖,除了"价格优先"之外,增加了"时间优先",使得这一拍卖报价方式更加接近现场拍卖实际。值得一提的是,进入21世纪以后,由于市场发生了很大变化,恶意串通的案例增多,密封递价拍卖由于具有有效的防范竞买人恶意串通的作用,被广泛使用,并且被写进了拍卖行业职业教育系列教材《拍卖基础教程》之中,成为全行业普遍使用的拍卖方式。

其实,密封递价拍卖是国际通用的一种拍卖方式,它的出现及发展有其历史渊源及现实原因。

说它有历史渊源,是因为在国际上围绕艺术品拍卖,也曾出现过恶意串通,所不同的可能仅是语言、服饰罢了,不当获利是恶意串通者的一致目的。说它有现实意义,是因为国内拍卖活动中的恶意串通者正是在了解了拍卖的程序和缺陷后才采取了这些行为。为了阻止这种行为,拍卖企业想尽千方百计,如在拍卖会召开时请工商、公安到场"护驾",请领导、公证处甚至请法警"壮威",甚至把拍卖会场搬进法院大法庭或高星级酒店;拍卖报价方式也因此改变,采用高度保密、提高起拍价、减价拍卖等方式。不少企业扎紧篱笆管好企业人员,以保证拍卖成交,可谓用心良苦、群策群力。其中不少企业试着用密封递价拍卖方式进行拍卖,以防范恶意串通。这一方法虽然比较有效,但是缺乏依据,此时,正值修订拍卖师职业教育教材,于是,笔者有了在教材中阐述密封递价拍卖概念的想法。

笔者联想到,一方面,目前国际上仍然通行"邮递拍卖"的方式,它是一种采用密封递价方式参与的远距离拍卖;另一方面,笔者自己所在公司于1994年夏天空调压缩机拍卖的案例和从1994年起针对上海私车上牌额度拍卖采用"密封式投标拍卖"方式,邮递拍卖和上海的密封递价拍卖可谓异曲工同,均是指在拍卖某一标的时不采用公开叫价的办法,而按公布的拍卖须知和程序,使竞买人在规定的时间内按规定将已经填写好的出价载入密封件送达到拍卖人规定的地点。拍卖人开标后按照"价高者得"的原则决定买受人,当出现价位并列时则投标在先者为买受人。这种出价方式的优点在于可使竞买人避开干扰、冷静思考,按自己的意愿出价。为了显示公正、公平,一般应聘请公证人员全程监督。"价高者得"及价位并列时"时间优先"与现场拍卖如出一辙,且在海内外业界使用久已。更具有现实意义的是,其在与恶意串通者的博弈中非常有效。于是,在教材修订时,笔者在两种传统的拍卖报价外增添了

"密封式投标拍卖"这一报价方式。《拍卖通论》第三版出版后,行业对这一修订表示满意,认为有针对性,操作性强,帮助他们解决了实际问题。

历史车轮滚滚向前,逝者如斯。近几年市场快速变化,在实践中,拍卖企业既采用了"密封式投标拍卖"的方式,又敏锐地发现了它可能剥夺了现场拍卖时竞买人在最高应价者出现之前可多次出价的权利,于是,国内一些拍卖企业在采用这一报价方式时增加了几轮报价的程序,第一轮出价为下一轮出价的起点。更有企业将其与电子竞价结合,传统与虚拟在这种特殊环境中拥抱。从更严谨、更规范的角度,"密封式投标拍卖"的称谓可能不太妥帖,现在行业中也有称"密封式报价拍卖"和"密封式递价拍卖"的,虽然更贴切,但不统一也是个问题。连同近年行业、市场出现的新问题、新事物,笔者感受到唯有发展才是硬道理,在实践一段时间后,在这些问题得到进一步认识、进一步解决的同时,教材也应随之修改,于是在教材修改时统一称呼为"密封递价拍卖"。寻根溯源,此时此地,笔者深深感受到上海国拍敢于实践、勇于创新的勇气和创新能力,在漫长、艰苦的市场拓展中,为行业作出了了不起的贡献。

第一家破产的三资企业动产拍卖

随着我国经济融入国际化大环境,国民经济市场化的进程和经济体制改革速度加快,市场环境发生了巨大变化,作为市场经济主体的企业法人,在竞争中优胜劣汰、依法破产已经成为市场经济发展的必然趋势。在现代市场经济中,破产法已经成为一个国家、一个社会信用、法制状况优劣的标志。而企业进入破产程序,对其财产的处置,拍卖是最为重要的变现手段。参与破产企业财产处置,则是我国拍卖企业发挥行业优势和企业运作能力的一个重要阵地。拍卖行业在这一过程中,既协助企业完成了财产处置、职工安置、资产重组等工作,也使自己积累了市场运作的能力和实力。

在 20 世纪 90 年代初,对企业破产财产的处置无论是市场环境、政策法制环境,还是拍卖行业自身运作能力都十分欠缺,尤其是那些到了破产阶段的中外合资企业,其资产的处置情况因为更加复杂、更加敏感,因此很少采用拍卖的方式处置。然而,1989 年、1990 年上海物资拍卖行分别对破产的新光五金厂和三资企业多特纸品有限公司的破产财产进行拍卖,被媒体认为是上海破产企业首次采用拍卖方式处置的典型案例。

1990 年 5 月,受上海市中级人民法院委托,上海物资拍卖行对破产的三资企业上海多特纸品有限公司所有动产进行拍卖,这是上海第一次针对一家三资企业破产财产的拍卖活动。

上海多特纸品有限公司是由菲律宾商人与上海梅陇镇人民政府所属一家企业合资成立的。合资公司成立后,由于中外方投资者产生矛盾,股东之间争吵不休,企业经营管理混乱不堪,公司建立仅6个月,还没有正式投产,就陷入困境。因无力偿还银行贷款,中国银行上海分行催讨到期银行贷款无果,向法院提起诉讼。法院判决该企业破产拍卖,并由上海物资拍卖行承担拍卖工作。接受委托后,拍卖行立即行动。通过对该企业全面调查发现,企业厂房极其简陋,由于土地属集体所有,不能变现,厂房也不能转让,可以拍卖的财产主要是库存的纸张、文件夹以及部分机器设备。

上海多特纸品有限公司因破产拍卖其所有动产,这放在现在是一件非常平常的事,但是,在当时却没有这么简单。20世纪90年代初期,上海浦东开放开发刚刚起步,招商引资工作正掀起热潮。在此大背景下,一家中外合资企业因为中外股东之间不和,引起纠纷并被法院宣布破产拍卖,影响不好。因此委托方和当地政府均要求拍卖时不要宣传。受当时特定的大气候影响,决定采用定向拍卖方式,即定向选择竞拍对象,这给拍卖运作主要工作——招商带来了一定的困难。

为了弄清楚企业财产的真实情况,以便作出正确的价格判断,上海物资拍卖行发扬了对物资类资产熟悉的特长和吃苦耐劳的精神,深入车间、仓库,逐一清点企业剩余财产。经过一个半月艰苦细致的工作,终于摸清了情况。法院要求拍卖行对即将拍卖的财产估价。由于已经对此了如指掌,物资拍卖行很快就给出了估价——930万元人民币。法院确定了这一价格为拍卖的保留价。经过艰苦的定向招商,拍卖会如期召开,最终拍卖成交价正好是930万元,上海一家体育用品行业的企业成功买受了这些财产。法院对拍卖结果表示满意,对上海物资拍卖行的工作表示认可,尤其是对其价值判断的专业性、正确性表示了充分肯定。事后了解,这些财产买进时的总价约为950万元人民币,拍卖结果与此基本相符。拍卖进行得干脆利落,而且没有留下任何后遗症,在当时是非常不容易的事情。

此次拍卖的价格评估,是由拍卖行进行,然后经法院确认,这是因为当时《中华人民共和国拍卖法》(简称《拍卖法》)尚未颁布、实施,没有法律对评估的程序等作出明确规定,而拍卖行贴近市场,因此委托方将价格评估工作交由拍卖行进行,是十分理性的。1997 年 1 月 1 日《中华人民共和国拍卖法》实施后,评估工作由依法设立的评估公司进行。

在经济体制改革尚未深入的条件下,拍卖受局限,加上拍卖的范围、方式和程序不够成熟等原因,现在很正常、很简单的拍卖活动,在当时却有一定的难度。正因为如此,上海物资拍卖行的这一次拍卖活动体现了工作的主动性和敢于创新、敢于尝试的精神,开启了破产企业财产进入拍卖市场的先河。加上先期举行的街道企业新光五金厂全部动产拍卖,上海物资拍卖行首次拍卖破产企业财产就一炮打响。在这一过程中,既锻炼了队伍,又了解了破产企业财产拍卖的程序和特点,为以后类似拍卖积累了丰富、宝贵的实践经验,而它的创业、创新、吃苦耐劳的精神和作风,也成为上海国拍的优良传统和宝贵财富。

上海第一次私人产权房拍卖

　　"起叫价25万元",昨天下午2时50分,随着上海物资拍卖行主拍人蒋斌一声吆喝,本市新中国成立以后第一次私房拍卖鸣锣开场。被拍卖的是静安区石门二路134弄3号二层的61.5平方米的房间,这也是本市首次由法院委托的抵押私房产权拍卖,原来的业主因债务放弃了这一房产。

　　唐山路上的物资拍卖厅中座无虚席,正中前两排坐着8位竞拍的买主。主拍人一一核实询问,8位竞拍者7男1女,均是个人业主身份。8号台一位男士首先响应,起始的加价幅度规定是5000元,接着5号台应出了26.5万。此后,1号台、7号台、6号台纷纷报价竞拍,价格一路上扬。当6号台喊出了30万元之后,主拍人宣布加价幅度调整为2000元。竞拍在此峰回路转,出现了两军对垒的戏剧场面,8号台、6号台捉对厮杀。6号台的中年男士志在必得,频频出价,而8号台那位先生也不甘示弱,以"蘑菇战术"相应对。6号台的喊价话音未落,8号台就喊出了加上2000元的新价。6号台一度显得急躁,他从32万元,一下子加价到34万元,足足加了2万元,但8号台仍然不卑不亢地喊出了34.2万元。经过15分钟、45个回合的较量,6号台终于以45.4万元的高价获胜,主拍人连喊三遍无人呼应,乾坤落定,主拍人敲响了木槌。

　　成交的买主周正南先生显然不愿抛头露面,他只是轻轻地告诉记者,自己是经营饭店的,因为家里住房条件差,一直想买房改善居住条件。记者问他,对这个最后价格作何评价,他说,这个价格显然是偏高的,但他看中的是这个房子的地段。

由于这是第一次以产权做抵押拍卖的私房,物资拍卖行非常重视,事前对基价做了 5 次估价。有关人士在拍卖后说,以前对私房的估价都是由房管部门决定,现在以公开、公平、公正的原则竞拍,在价格和供需关系中寻找新的定位,开辟了私房流通的新渠道。

以上是发表于 1994 年 4 月 9 日上海《文汇报》上的一篇新闻报道,说的是上海物资拍卖行当时举行的一场房地产拍卖会,这场拍卖会的标的只有一个,即一套房子,成交额仅 45.4 万元。这在今天,根本不算什么,但是,在当时,却是一件颇具新闻价值的大事。因此,除了《文汇报》对此有较大篇幅的报道外,上海的《新民晚报》、《劳动报》等也进行了报道。这次拍卖活动之所以得到如此高的社会关注度缘于拍卖会的标的——一套私房。私房交易本来就很少,通过拍卖处置,在上海是第一次;而这一套私房因为属于抵押物,被法院查封并委托拍卖,这也是第一次。此前,房产定价都由房管部门说了算,此次拍卖,价格通过竞买人之间公开竞争产生,价高者得,拍卖冲击了封闭的定价机制,解决了供需失衡使得资源配置难的问题,这同样是第一次。

1994 年,我国的改革开放仍然处于艰难发展阶段,很多方面仍然处于传统做法、习惯思维之中,但是,改革已经是大势所趋,并且正不断触及政府管理、计划经济模式,甚至法律法规政策禁区。而拍卖行业还处于起步阶段,拍卖范围狭窄,业务量小,社会不了解拍卖。即便是已经进入拍卖行业、从事拍卖业的人士,因为市场环境差,政策法律法规不健全,业务很难开展,对拍卖同样处于一种一知半解的状态。在这种环境下,上海物资拍卖行敢为人先、敢于创新、敢于探索,在完全没有经验和先例的情况下,积极思考,创造性地工作,出色地完成了拍卖任务,在创造了又一个上海乃至全国第一的同时,也展现了企业本身开拓市场、把握拍卖环境、具有较高运作能力的形象。而由法院委托的上海第一次以产权做抵押私房拍卖活动,当仁不让地成为经典,并且留在了上海国拍的史册上、留在了共和国拍卖史册上。

上海市私人小客车上牌额度拍卖的缘起

城市交通拥堵,马路修到哪里,车子堵到哪里。修路赶不上汽车增长的速度,道路拥堵已经成为我国城市的通病,进而影响环境保护,引发有路无法开、有车无法停等一系列问题。其实这也是一个世界性问题,是困扰现代城市发展的沉疴。面对日益拥堵的城市,北京市采取了摇号的办法限制车辆上牌,广州市则部分采用摇号、部分采用拍卖的方式限制车辆上牌,西安、杭州、南京等十几个城市都在准备采取类似方法限制车辆投放。静悄悄地,贵阳市主城区限制车辆行驶已经实施了一年多。其实在国内,上海是最早在主城区限制小汽车上牌的城市,而且对于增量新车,一开始便采用拍卖的方式进行。经过近20年的不懈努力,到2011年年底,上海拥有的汽车总量约为195万辆,而同期,北京拥有约498.4万辆,上海汽车拥有量远远低于北京、广州等一线城市,甚至低于部分二线城市。

上海国际商品拍卖有限公司作为上海汽车牌照拍卖活动的主持者,从1994年起,一直担纲这一拍卖活动;从最初的密封投标拍卖手工开标,到采用局域网技术,直到现在的利用互联网,拍卖的方式始终在不断地改进、升级换代。拍卖的品种也由最初的摩托车、轻便摩托车、私人自备车,发展为私人小客车、私人私营企业小客车、公务车上牌额度拍卖等。在采用高科技手段支撑汽车牌照拍卖工作的同时,公司在内部管理、拍卖技术改革等方面也始终走在潮流和行业前列。限制车辆投放,这一如今被社会、国际普遍认可,并且在国内有可能推广的限制措施,当初是怎么产生的?

在众多的拍卖行里，委托方又是怎么选择上海国拍？为什么这一委托一直延续至今？在市场竞争如此激烈的环境下，这在社会上是个谜，为不少人所关心。

上海是我国人口最多、建筑物密度最大的城市，经过 150 余年的发展，主城区寸土寸金，人口数量、建筑物密度都制约了城市的进一步发展和功能开发，城市道路建设几乎没有余地。另一方面，随着物质生活条件的改善和工作节奏的加快，人们对于出行的要求不断提高，不再仅仅满足于乘坐公交车出行，而小轿车产量的增加和进口车辆价格下行，使得人们拥有一辆属于自己的车不再是奢望，于是，主城区道路日趋拥堵。尽管政府挖掘潜力，拓宽、新修道路，借天借地向空中发展，主城区道路仍然捉襟见肘，满足不了日益增长的车辆对道路的需求，修路速度跟不上车辆增速。车辆增长同时还带来环境保护、社会停车、居民住宅区停车等一系列问题。城区小客车盲目、无限制的增长必将带来巨大的城市建设、发展的后遗症。早在 1994 年年初，对此有清醒思考和敏锐眼光的上海市政府有关部门领导就已经考虑这一问题：如何有效控制中心城区小客车投放量。

经过较长时间的调研，在征求了专家、有关部门的意见后，思路慢慢在上海市人民政府计划委员会领导心中形成。车辆必须控制，不过，一旦控制车辆投放，小客车就成了社会紧缺资源，处置必须慎之又慎。社会紧缺资源最好的配置办法就是采用市场化手段，而拍卖则是最为市场化的交易手段。采用拍卖方式，既有利于资源的合理配置，同时也有利于办事制度公开化，有利于廉政建设。上海小客车投放限制措施尚未形成，领导们心中就明确了其一旦成行，市场化是首选。时至今日，回首往事，我们仍然感到政府部门当时思路、做法的超前。

紧缺的社会资源应该采用市场化手段配置，这无疑是十分正确的。事实证明，拍卖是市场化程度最高的交易方式，它所遵循的"价高者得"的原则和公开公平公正的交易方式是配置社会紧缺资源的最好方式。在计划经济向市场经济过度、转轨的年代，新、旧两种制度处于交替之际，汽车属于计划调配，由物资部门负责供应，而计划委员会则是制订计划、监督计划实施的政府职能部门。因此，上海物资拍卖行的上级主管部门得知这一信息后，敏锐地感觉到，这是转轨期拍卖行的重大商机，于是很快展开了工作,并且由此了解,上海市计划委员会的主管处室有这样一个概念:中心城区的客车投放量一定要控制,一旦控制,则应该采用市场化手段配置,而采用市场化手段,则首选拍卖方式。上海物资拍卖行及其上级主管部门领导感觉到,一旦政府决定采用拍卖的方式,接下来,如何拍卖等技术问题必然浮出水面。于是,没有向大多数企业那样被动地等待,物资拍卖行先行一步,开始着手小客车拍卖的方式、程序、注意事项等技术问题研究。物资拍卖行的蒋斌、唐加岱接受任务开始着手编写拍卖程序。

一开始进入角色,蒋斌、唐加岱两位就遇到了这样一个问题:拍卖什么?当时国内仅温州市在进行类似拍卖,但是该城市拍卖的标的是汽车牌照的号码。按照国家公安部有关规定,汽车牌照的号码是不能拍卖的。上海拍卖什么呢?经过反复讨论,时任上海市公安局车辆管理所领导提出了一个很好的主意:"拍卖小客车'领照单',即印制一张领照单,相当于一个指标,拍卖成交了,买受人凭'领照单'到车管所办理领取牌照手续,车管所则凭领照单发放牌照,并且上牌。"这一建议得到计划委员会有关负责人的认可(几年后领照单演变为小客车"额度")。这一创新思路的出现,拍卖的标的清楚了,障碍迎刃而解。

按照常规,拍卖就是通过公开竞价的形式,将委托人委托的财产或者财产权利出让给出价最高的人。公开竞价是拍卖的一大特点,但是,客车额度是一种无形资产,标的特征完全相同,几十个甚至几百个完全相同的标的在一场拍卖会上竞拍,既不能拍出标的应有价值,拍卖师也很难主持。因为在现场,第一个标的成交后,竞买人就形成了价格的思维定势,接下来,竞买人可能出价、可能观望,即便有竞价,也只会在最后几个标的拍卖时出现,大多数标的可能流拍。这又是一个难题。

在1994年,小汽车无疑是社会紧缺物资,一方面,市场上物资供应仍然跟不上市民消费的需要,可供应的小汽车无论是品种还是数量,都十分有限;另一方面,由于收入的增加,人民群众生活质量提高,部分市民对出行的要求也因此提高,对车辆的需求增加。一旦拍卖,又是首次,引起轰动的可能性是存在的,如果有数百人甚至上千人参与拍卖,现场如何控制,这是第三个问题。

上海物资拍卖行是一个具有丰富经验的企业,经过再三权衡、论证,年初一场拍卖会的情况使蒋斌和唐加岱豁然开朗:采用密封投标的方式,可以解决小客车额度拍卖的技术问题。

密封投标拍卖方式,是指在拍卖某一标的时不采用公开叫价的办法,而按公布的拍卖须知和程序,竞买人在规定的时间内按规定将已经填写好的出价载入密封件送达到拍卖人规定的地点,拍卖人开标后按照"价高者得"的原则决定买受人,当出现价位并列时则投放在先者为买受人。这种出价方式的优点在于可使竞买人避开干扰、冷静思考,按自己的意愿出价。这种拍卖方式适合数量大且品种单一的标的的处置,客车额度拍卖的特殊性正适合采用这一方式。"价高者得"及价位并列时"时间优先"与现场拍卖如出一辙,具有拍卖的特征。如果采用密封投标拍卖方式,需要小客车的市民,可以在办理了竞买手续后,在任何地方安静地填写心理价位,然后按照规定将标书投入标箱。这样,既解决了一次拍卖会人数过多的问题,也解决了标的相同且数量大,现场拍卖难以实现标的价值的问题。

这一想法再次得到政府主管部门的认可,于是进入拍卖方案起草阶段。这同样是个带有开创性的工作,物资拍卖行用了一个多月的时间,包括下班以后的时间,加班加点。当时拍卖行工作条件并不很好,就在北京路上狭窄的办公室里,他们完成了"上海市私人自备车、摩托车上牌额度拍卖实施细则"草稿。

这个实施细则,经过计委、公安局车管所、市机电设备总公司等部门、单位几上几下的反复讨论,最后终于形成统一意见。在当时的上海市计划委员会主任亲自召集下,与小客车审批、交易、办证、市场监管、公证等有关的部门负责人参加了会议。会议决定,在年内实施上海市私人自备车额度和摩托车额度拍卖,其中私人小客车牌照英文字母为"z",即自备车。基于前期卓有成效的工作和类似经验,上海物资拍卖行成为拍卖活动的主办方,从1994年延续至今。

在市场经济大潮中,有一句流传甚广的话叫作"机会对于每一个人都是均等的,但是,机会永远是给有准备的人的"。其实,这后半句更说明问题。如果在18年前,上海物资拍卖行没有先期加入,或者是得知信息后不去主动起草和论证拍卖方案,在以后漫长的岁月里，不能与时俱进，不断改进拍卖方式，提高技术能级，上海国拍就不会连续近 20 年成为政府项目的拍卖人，不会有今天的上海市私人私营企业小客车上牌额度拍卖如此辉煌的拍卖活动和让人羡慕的业绩。本着这一理念，随着政府管理部门投放的客车额度数量的增多，采用纸质标书投标和人工开标已经不能适应需要，上海国拍总是领先一步，先引进局域网技术，然后开发使用互联网技术，完成了历史性的变革。从 2003 年 3 月使用网络拍卖技术至今，已有 150 万余人通过互联网或者电话参与额度拍卖，其中通过互联网出价的竞买人接近 120 万人。在客车额度采用互联网技术拍卖取得成功的鼓舞下，公司顺势而为，将互联网技术应用到公司管理和其他拍卖领域，在国内领先一步成为最早进行网络拍卖的公司，在高科技时代，再次引领行业潮流。可贵的是，2011 年，公司将网上与现场同步拍卖技术无私奉献给了上海市拍卖行业协会，促成了上海市公共资源集中拍卖中心的建成，使得上海的拍卖业再一次领先全国。

　　岁月如梭、光阴似箭，尽管从 1994 年开始进行小客车额度拍卖至今，已然过去近 20 年了，但是，当年提倡、设计、决定这一拍卖的历史事实和当事人是不能被忘记的。对于行业来说，虽然他们只是开创了一个拍卖项目，但是，他们的勇气、创新意识，对于拍卖行业、对于拍卖市场的影响是巨大的。更重要的是，尽管限制车辆投放是一种临时、阶段性的措施，但是，这一举措对于控制大城市小客车投放量、对于改善交通情况、对于环境保护的意义，却是具有战略眼光的，它的作用和影响极其深远。

CHAPTER ②

第二章

风生水起（1995～1998 年）

成功的商业运作：记第一家国家级拍卖公司开业策划

　　1995 年 3 月 27 日，上海主流媒体都在头版显要位置发表了这样一条消息：第一个国家级拍卖市场——上海国际商品拍卖中心揭牌。由于是晚报，中午截稿、下午出版，因此《新民晚报》的报道早了一天。其于 26 日的头版头条报道称："申城拍卖市场又跨上一个新台阶，由国内贸易部和上海市人民政府联办的上海国际商品拍卖中心，今天上午在物贸大厦隆重挂牌。国内贸易部部长陈邦柱、国家体改委（全称为经济体制改革委员会，现已并入发展和改革委员会）党组书记、副主任张皓若、上海市副市长蒋以任、国内贸易部总经济师王魁才等为中心成立揭绸和剪彩。上海国际商品拍卖中心是目前国内首家国家级拍卖市场。"揭牌以后，接着举行了公物拍卖会，由上海海关委托的一批罚没物资经过竞拍人的激烈竞争，全部拍卖成交，总成交额达 1239 万元。拍卖会同样引起各方关注，上海国际商品拍卖中心揭牌仪式既不乏隆重，又不奢华浪费，而且与业务密切相关，颇具特色。

　　上海国际商品拍卖中心是从成立于 1988 年 4 月 14 日的上海物资拍卖行脱胎换骨而来。作为国内最早成立的拍卖企业之一，上海物资拍卖行在市场不很成熟的环境下，努力拓展业务，艰苦前行，经过数年的运行，已经成为行业佼佼者。但是，囿于主客观原因，其规模和影响力毕竟有限。1992 年，国务院办公厅《关于公物处理实行公开拍卖的通知》下发后，以海关、公安、工商为主的政府执法行政机关缉私罚没物资采用拍卖方式处置，开始进入拍卖程序，从而促进了我国拍卖行业的发展，各地相继成立了一批拍卖企业,市场趋于活跃。为了规范市场和拍卖行为,进一步推进拍卖市场的健康、快速发展,国务院指定国内贸易部为全国拍卖行业政府管理部门。1994年年底,国内贸易部作出了几项重要决策:一是由国内贸易部和当地省、市、自治区政府联合下文在部分条件成熟的城市成立区域性、起示范作用的拍卖企业,名称统一为××国际商品拍卖中心;二是争取拍卖立法,并着手拍卖法起草工作;三是对拍卖从业人员进行上岗培训,逐步实现持证上岗制度。

得知这一信息后,上海物资拍卖行的上级主管部门上海物资(集团)总公司及时与国内贸易部取得联系,认为在上海首先成立拍卖公司的条件比较成熟,建议在物资拍卖行基础上翻牌,成立上海国际商品拍卖中心,然后再进行公司制改造。这一建议得到国内贸易部认可,文件下达后,筹备工作紧锣密鼓地展开了。

上海国拍人凭借物资拍卖行打下的基础,站在了更高的起点上思考问题和运筹市场。中心领导认为,既然是国家级拍卖市场,揭牌仪式应该隆重、有规格,让揭牌这一舞台,成为公司出发的高点。经过努力,公司得到明确回复,国内贸易部有正部级领导出席揭牌仪式,规格很高,媒体对揭牌仪式必将进行大量报道。但是,大家认为,仅仅是揭牌,无疑过于单调。为了丰富内容,也为了展示企业实力,为今后市场拓展创造良好条件,公司设想在揭牌仪式结束后举办一场拍卖会,既能够让出席揭牌仪式的各级领导近距离了解拍卖,也能够扩大拍卖和企业影响力,联络与各委托方的感情,即应该把揭牌仪式虚事做实。通过一番争取,上海海关等执法机关给了很大帮助,提供了价值近千万元的罚没物资。这在当时,已经属于规模很大的拍卖会了。公司审时度势,邀请了上海相关执法机关、政府管理部门以及金融机构的负责人出席会议,使得这次拍卖对公司的宣传效应达到最大。最终,两个正部级、两个副部级领导出席揭牌仪式,这在当时均属于全行业唯一,充分体现了政府对首个国家级拍卖企业的重视和期待。而揭牌后紧接着举行的拍卖会则使得本来比较单一、枯燥的仪式变得有声有色、内容丰富起来,拍卖中心借助媒体的集中报道,知名度迅速提高,揭牌仪式取得了超过预期的效果。

事实证明,由于在当时社会上很少有拍卖会,不少领导根本没有见过拍卖,面对拍卖这种公开交易的方式,他们看到竞买人之间如此激烈的竞争,看到成交价大幅度超出保留价,看到罚没物资价值得以实现最大化,领导们对拍卖行为有了直观的了解,对于公物处置采用拍卖方式表示了充分肯定。揭牌仪式成了宣传拍卖的好机会,上海国拍实现了会议搭台、企业唱戏的目的,而且这一场戏唱得很漂亮,上海国拍一亮相就赢得了满堂喝彩。

1995 年年底,上海国际商品拍卖中心实现了公司制改造,上海国际商品拍卖有限公司成立。从上海物资拍卖行成立到上海国际商品拍卖有限公司公司制度改造完成,上海国拍人走过了 8 个年头,从此上海国拍以崭新的姿态出现在人们面前,公司扬起了前进的风帆,始终保持年年高速发展的态势,在市场经济大潮中昂首阔步。

上海首次国有土地使用权拍卖

《中国拍卖行业协会蓝皮书》公布了 2011 年我国拍卖行业总成交额为 6260 亿元,还首次透露了行业佣金收入情况。2011 年行业平均利润率为 1.88%,文物艺术品全年成交 576.2 亿元,仅占总成交额的 9.2%,佣金总额为 67.8 亿元,占行业佣金收入的 57.5%,以 11.8% 的佣金率高居行业之首。土地使用权成交 2844.8 亿元,佣金仅为 11.1 亿元,佣金率不足 0.4%。土地使用权拍卖赚数字不赚钱,是典型的数字大、收入少的一项业务,还给社会带来了行业虚假繁荣的感觉。《中国拍卖行业协会蓝皮书》同时告诉我们,国有建设用地使用权拍卖已经成为行业的重要业务,尽管佣金收入不高,但是行业普遍重视、努力争取。

虽说我国有关法律法规早已明确规定国有建设用地使用权出让、转让有三种交易方式,即协议批租、招投标和拍卖。但是在 20 世纪八九十年代的很长一段时间里,协议转让是国有土地使用权出让的主要方式。由于缺少公开性,颇带暗箱操作色彩,被舆论形象地诟病为"工程上马,领导下马"。因为负面影响太大,痛定思痛,在法制建设日益健全,在反腐倡廉、提倡办事制度公开化呼声日高、措施日坚的大背景下,国家三令五申,作为最紧缺、最珍贵的国有资产——国有建设用地使用权转让必须采用招标和拍卖的方式进行,简称"招(标)拍(卖)挂(牌)"。拍卖最符合市场经济需要,我国香港特别行政区的土地出让,历来采用公开拍卖的方式,很好地解决了腐败和资源合理配置及价值最大化问题。于是,拍卖方式被摆到了内地国有建设用地使用权出让工作的重要议事日程,由此也派生了由谁来主持拍卖的争论。

　　作为我国最大的城市和经济中心,上海的土地寸土寸金,但是,上海的国有建设用地使用权出让基本上不采用拍卖方式完成,近年来尽管采用竞价方式进行土地使用权转让,但其仍然不是真正意义上的拍卖。其实,上海是国内最早提出国有土地使用权批租的城市之一, 也是国内最早采用拍卖方式出让国有土地使用权的城市。早在1995年3月,上海就采用了公开拍卖的形式转让了一幅国有土地使用权,上海国拍以其娴熟的运作能力,创意、策划并顺利完成了这一拍卖工作,这次拍卖被认为是上海历史上首次采用拍卖形式实施国有建设用地使用权转让。以后,上海国拍凭着此次拍卖开始积累的经验,走出上海,成功参与了广西壮族自治区南宁市、贵州省遵义县、安徽省芜湖市、浙江省桐庐县等地的国有建设用地使用权拍卖,成为国内最有类似经验的拍卖机构之一, 上海以外地区成了上海国拍的蓝海。虽然时过境迁,但是,上海首次国有建设用地使用权拍卖的情况,至今仍历历在目,常存于公司领导及老员工的心中。

　　1995年春节刚过,尽管当时节日气氛尚浓,公司经拍卖市场政府主管部门国内贸易部和上海市人民政府联合下文,由上海物资拍卖行更名为上海国际商品拍卖中心,成为国内首家国家级拍卖机构,虽然转换工作紧张,但是企业在业务上始终没有松懈过。企业升格,由区域性拍卖机构转变为全国性拍卖公司,企业面临重大变革,开拓市场、壮大实力成为公司经营者群体的共识。因此业务的捕捉和展开是新一年开始后企业各项工作的重中之重,而位于金山区朱泾镇的一宗国有土地使用权出让拍卖成为当时的重要工作。

　　经过认真策划,由上海市金山县人民政府土地管理部门委托,上海国拍(当时为上海国际商品拍卖中心)开始着手实施上海首次国有建设用地使用权拍卖。被拍卖使用权的国有地块位于上海南部、我国重要的石化工业基地金山县城朱泾镇闹市区,面积为436平方米,规划建筑密度48.5%,容积率1.64。该地块已实现了“七通一平”,可建商住综合楼,使用期限为50年。由于第一次主持此类拍卖,委托方和拍卖公司均无实质性经验,上海国拍与金山县土地管理部门携手并进,做了大量前期工作,商量、研究了关于拍卖工作的每一个细节,排除了拍卖的一切障碍。

拍卖前夕,我国经济类著名媒体《新闻报》于3月16日头版头条位置刊发了拍卖的消息,引起了很大反响。国内外其他媒体相继发表评论和消息,我国台湾地区媒体甚至多次发表议论;媒体一致认为,随着商品经济的发展和市场经济体制的进一步完善,我国国有土地使用权无偿划拨将停止,协议批租因可塑性太大而容易引起非议,而拍卖具有公开公平公正的特点,能充分体现国有资产的价值,值得提倡。更有媒体认为国内土地出让市场开始走向市场化、规范化,因此此次拍卖意义非凡,拍卖尚未开始就已获得满堂彩。

1995年3月18日下午,拍卖在金山县城开槌,拍卖师蒋斌先生在宣布了一系列拍卖规则、注意事项之后,报出本次拍卖的起拍价为17万元,一场刺刀见红的竞价在6位竞买人之间展开。

由于竞买人对这一宗地的情况显然早已了然于心,对于竞买成功后的使用深思熟虑,竞拍过程中,大家毫不犹豫地举起号牌竞相出价,竞价几乎没有停顿。不到5分钟,竞价次数已达35回,价位已升到23万元,此时拍卖场上举牌的只有70号一位了。拍卖师连问三遍,场内仍只有70号一块牌挺举在那里,于是槌声响起,上海第一次拍卖的国有土地使用权终于"名花有主",买家上海金山县煤炭公司的代表被到场的近30家新闻媒体记者团团围在中心。

此次拍卖使用权的国有土地面积不大,当地社会各界包括管理部门均认为其价位至多到20万元,而最终拍卖成交价为23万元,国有资产增值,拍卖的益处显然而见。买家虽然多出了一两万元,但拍卖会提升了企业的知名度,其可谓名利双收。上海首次采用拍卖的形式配置国有土地使用权的意义除了政治和社会影响外,还在于整个过程中委托方和拍卖机构高度配合,协手并进,开创了一个新的工作方式:土地管理部门负责权属认定,土地丈量,对竞买人资质进行审查、确认,办理出让合同签署,权证过户;而拍卖行则负责招商、接待客户、拍卖会组织,协助办理过户等手续。双方密切合作,这是拍卖成功的关键,这一经验与做法在今天仍有借鉴作用,而且与现行做法基本一致。

"普利迪尔"轮沪上拍卖记

随着拍卖师一声槌响，罗马尼亚籍万吨海轮"普利迪尔"号在上海吴淞口外，长江与东海交汇处的检疫锚地被扣押了一年又二个月后，终于在上海国拍拍卖成交。有趣的是，船东没能通过提供银行担保开走自己的船，却在拍卖场上举牌竞争，如愿以偿地买回了自己的船——罗马尼亚纳维隆轮船公司的代表以66万美元的最高应价夺得头筹，成为买受人。

"普利迪尔"轮拍卖，是上海国拍首次拍卖外轮，还有蓝眼睛、黄头发的老外现身拍卖会现场，不但举牌应价参与角逐，而且最终成为买受人。

"普利迪尔"轮是罗马尼亚纳维隆轮船公司所有的万吨级海轮，由英国人于1966年制造，在浩瀚的大海里已经行驶了近30年。按照合同规定，"普利迪尔"轮承担运输前往上海。虽然海轮到达了上海港，但是因为维纳隆轮船公司延误了到港交货时间，给委托方带来了巨大的经济损失，从而造成海上货物运输合同纠纷。中国核工业物资供销华东公司和广东汕头市物资对外贸易总公司联合向上海海事法院提起诉讼并申请扣押船只。

经过调查，上海海事法院于1994年1月17日依法作出裁定，将驶入上海港的"普利迪尔"号予以扣押，并依法限维纳隆轮船公司在规定的期限内提供担保。然而该公司拒不提供担保，致使"普利迪尔"轮长期被扣押，停泊在吴淞口外检疫锚地，以致数十名海员与大海、海鸥、孤轮相伴了430天。拍卖前，笔者曾经陪上海电视台记者顾幸福、李口先生登上"普利迪尔"轮采访。顺着悬挂在轮船一侧软软的绳梯艰难地攀上海轮，笔者发现虽然长期孤零零停泊在大海之中，物资供应、精神生活高度缺乏，偶然看到的也只是附近岛上的渔船和渔民。海员们身上值点钱的东西在漫长的岁月里都与渔民换香烟抽了，但是，船上设施的齐全和维护完好程度出人意料。当时大家还开玩笑说，不愧为共产党培养的工人阶级，能够如此耐得寂寞，忠于职守。

鉴于原告再次提起诉讼并要求强制执行，上海海事法院依据《中华人民共和国民事诉讼法》第 226 条、254 条规定及国际惯例，于 1995 年年初裁定强制拍卖"普利迪尔"轮。为了做好这一工作，上海海事法院成立了拍卖委员会，经过努力，上海国拍成为该委员会成员，参加并具体组织海轮拍卖。

经过紧张的船舶检验、发布拍卖公告、组织实地看样等工作，4 月 8 日下午 2 时 30 分，上海国拍在南京东路 218 号三楼拍卖厅公开拍卖"普利迪尔"轮。先期，有浙江省、江苏省和上海市的 5 家企业报名参加拍卖。拍卖会的前一天，"普利迪尔"轮船东从万里之外的罗马尼亚飞到上海，在上海国拍办理竞买手续。拍卖会当天，与律师一起在拍卖厅 1 号桌边落座，成了第 6 位竞买人。

拍卖时间尚未到，拍卖厅里就已人头攒动，上海电视台、东方电视台以及沪上各大报纸的记者聚集会场。下午 3 时，上海国拍拍卖师蒋斌先生宣布拍卖开始，起拍价为 40 万美元，每次加价幅度为 1 万美元。可能因为拍卖使用美金计算，可能因为有外国人参与拍卖，也可能大家不怎么着急，竞拍开始后三分钟内，不见一家举牌应价，竞买人个个正襟危坐，目不斜视，冷静得丝毫看不出谁会举牌应价，场内空气凝重。只听拍卖师响亮地宣布："若无应价，则将收回此轮。"此时，2 号桌有人举起了手中的号牌。"41 万美元！"拍卖师报价声刚落，1 号桌罗马尼亚人举起了手中的号牌，"42 万美元"。随后 6 号、3 号、5 号桌的竞买人也相继举牌加入竞争，场内气氛一下子活跃起来，"普利迪尔"轮的价位迅速超过了 50 万美元。

令人注目的是，无论是哪一家竞买人举牌，坐在 1 号桌的罗马尼亚代表均会立即举牌应价，大有志在必得的意思。此时，加价幅度已由 1 万美元降至 5 千美元，但是价格仍在上升。报至 65.5 万美元时，场上只剩两家买家了。报至 66 万美元，此时只有 1 号桌罗马尼亚人仍然举着牌，其他竞买人已经放弃竞争，会场静了下来，拍卖师环顾四周："66 万美元第一次，66 万美元第二次，66 万美元第三次！"话落槌响，罗马尼亚人买回了自己的船，场上响起了一阵掌声。

一场延续了数年的海上运输合同纠纷通过司法强制拍卖宣告结束，这是上海海事法院首次委托拍卖行拍卖涉案外轮，上海国拍成了第一个"吃螃蟹"的人。有了这一次拍卖的经历，上海国拍掌握了海事法院涉及经济纠纷和运输纠纷而扣押的轮船拍卖的程序、要求、难点和特别需要注意的事项，认识了与海轮拍卖相关的专家，与有关部门取得了联系，为以后进行类似拍卖奠定了基础。事实也是如此，因为上海国拍把每一件新的业务都作为学习和今后长期的运作项目，做了有心人，所以，此后上海国拍多次主持类似拍卖，成为国内主持类似拍卖成功案例最多的拍卖公司。

值得一提的是，此次拍卖，中国企业买船是为了拆船，属于废物利用的范畴；罗马尼亚人则买受后仍用于海上运输。中国人买下此船要办理入关手续，须交纳关税；罗马尼亚人则不需这道手续，买了船、交了钱，就可以把船从长江口开走。一场拍卖会，一船两制，中外竞买人不是在平等条件下竞争，因此当价位上升到一定高度时，权衡利弊，拆船者便退避三舍了。拍卖会结束，当记者采访罗马尼亚人时，他们认为这是一场公开公平公正的拍卖，符合国际惯例，对拍卖过程和拍卖结果表示十分满意。

"中华第一表"拍卖纪实

1996 年 9 月 24 日，上海国拍成功主槌拍卖了有"中华第一表"之称的国产第一块全钢长三针细马手表，创造了国产手表拍卖最高价，这一价位保持至今未有超过者。

这次拍卖来得十分突然。

1996 年 8 月下旬的一天，经媒体朋友介绍，时任上海手表厂办公室主任的符建新同志给上海国拍打电话，咨询厂里精心保存的国产第一块全钢长三针细马手表能否通过拍卖变现，并说明拍卖成功后，拍卖所得将捐给慈善基金会，用以帮助下岗工人。思维敏锐的上海国拍有关人员立即意识到这将是一件十分"刺激"的活：国产第一表身后肯定有很多精彩的故事，如果策划、运筹得当，拍卖必定引起轰动。于是双方在电话里一拍即合，并且约定第二天就到上海手表厂面谈。见了面、看了表、听了介绍，交流进入实质性工作阶段。由于拍卖公司提出的思路得到手表厂的高度认可，委托合同很快签订，围绕"中华第一表"拍卖进行的各项工作有条不紊地展开了。

国产第一块全钢长三针细马手表诞生于 1955 年 9 月 26 日，工人师傅们称它为"争气表"，媒体称它为"中华第一表"。当时为了制作这块"争气表"，有关部门从上海 28 个钟表工业单位抽调了 58 位能工巧匠，组成技术攻关小组，集中精力研制我国第一块全钢细马手表。

58 位来自于各个相关工厂的修表匠和造钟工汇集在一起，白手起家开始试制手表。因为制作手表没有原材料，就用进口雨伞的钢骨、自行车的钢丝加工手表的轴承，用口琴的簧片加工成手表的齿轮片。没有钻头，就用缝衣针淬火改制；没有制作手表的专用设备，修表的小摆车成了"万能博士"。三个多月时间里，这群工匠们硬是用锉刀锉、手工磨，以韧劲和巧劲，终于赶在当年国庆节前夕完成了手表的试制任务，结束了中国人用"万国表"的历史，揭开了中国手表工业新的一页。此表共试制了18块，表面上清晰地写着"第一次试制样品1955.10上海"字样，当时定价48元。

随着岁月的流逝，这批中国人引以为荣、为之自豪的全钢长三针细马手表除了在博物馆尚有保留以外，其他的恐怕已经很难找到踪影了，而当年参加试制的能工巧匠中也只有十来位尚健在。物以稀为贵，此表的价值可想而知了。上海国拍紧紧地抓住这一点，充分利用媒体，精心挖掘了与第一表相关的人和事，从民族工业发展及其对国家的贡献、目前遇到的困难和实际情况着手，进行了深刻而广泛的宣传，使"中华第一表"的无形资产得到了升华。由于拍卖活动立意很高，具有很强烈的现实意义，因此引起了社会的广泛关注，一时间成为人们议论的热点之一。大家从关心民族工业发展到关心拍卖活动和拍卖结果。拍卖会未开，市场已经很热，拍卖公司前期运作十分成功。

1996年9月24日，正是上海手表厂建厂40周年纪念日，"中华第一表"就定在这天在上海手表厂拍卖。下午2时，位于杨浦区上海手表厂内的拍卖会场早已宾朋满座，几十位竞买人领取号牌进入会场，大家翘首以待"中华第一表"的拍卖。

领取了59号竞买号牌的是一位原上海手表厂的退休女工。在手表厂工作的岁月里，她每天与手表打交道，对上海牌手表有着十分深厚的感情。当年她用每月49元的工资供养3个儿子长大成人，如今退休后在家颐养天年。当她获悉本厂生产的"中华第一表"将公开拍卖时，就下决心要买下此表。三个儿子十分理解母亲的心情，他们拿出了10万元支持母亲参加拍卖会。

拍卖即将开始前，笔者在上海手表厂门口徘徊，只见驶来一辆夏利出租车，车门打开，匆匆走下来一位皮肤黝黑的中年男子，他走到门口，询问了门卫后进入厂区，直奔拍卖场而去。在拍卖会场外，他用银行卡办理了竞买手续，领取号牌找了个不起眼的位置坐下。谁也没有想到，这位匆匆赶来的、名叫沈大中的中年男子，最后成为了"中华第一表"的买家。

拍卖会开始，因为标的意义非凡，拍卖变得十分凝重。大家屏住气，场上静得仿佛连掉下一根针也能听到。拍卖师报出"中华第一表"的起拍价为2.8万元，刚领了号牌坐下的那位中年人便举起了手中的2号牌。拍卖会场上率先举牌竞买的号召力是巨大的，如果拍卖标的稀缺、珍罕，示范的号召力就更大了。瞬间，其他五六名竞买人也相继举起号牌，其中就有那位退休女职工，一场混战由此而起。身着黑色特制礼服的拍卖师手指号牌、嘴报数字，可谓神采飞扬、意气风发。

2号竞买人志在必得，从拍卖开始，他手中的号牌始终没有放下，而那位退休女职工的出价也始终没有停止过，竞买价位扶摇而上，不到片刻已升至10万元。场上仍在举牌竞价的只剩下59号那位退休女工和2号那位中年男子了。此时拍卖的竞价已到59号买家的心理价位了，但她还是继续举牌。"10.1万元"、"10.2万元"、"11万元"，两位竞买人仍然在角逐。从开始拍卖到现在，已经竞价69次，高处不胜寒。"11万元"的价位是退休女工报出的，但是2号那位中年男子仍没有放弃的意思。"11.1万元"，拍卖师再次报价，59号犹豫了一下，同时回过头和后排的一位女士说着话。片刻之间，三声报价，拍卖师已在11.1万元的价位落槌成交，场上响起经久不息的掌声，一个新的纪录诞生了。

中年男子当即起身付款、提货，在门口，他被媒体记者围在中间，不能脱身。据了解，沈大中先生来自广州，专门为"第一表"拍卖而来，刚下飞机便直奔会场。买下这块表，他打算办一个手表厂，用"中华第一表"做镇厂之宝。拍卖结果使得他如愿以偿。他表示，国产第一块手表应由中国人自己保管，再贵也要买回去。而59号那位退休女工王延芳女士则遗憾地表示，在竞价达到10万元时，她已经用完了儿子们给的10万元钱，想到自己还有1万元的存款，于是豁出去继续竞争，不料加价到11万元仍然不能拍下第一表，稍有犹豫，想跟当年的小姐妹商量商量，想不到机会瞬间消失，她为此感到十分遗憾。听完她的叙述，在场的每一个人无不为之动容，一个普通退休女工对自己曾经工作过的工厂、对民族工业的热爱之情确实令人钦佩万分。

　　"中华第一表"拍卖的成功，显示了上海国拍把握市场、捕捉信息的敏感性，体现了公司充分利用媒体宣传和运作拍卖的策略和能力。"中华第一表"拍卖创造了国产手表拍卖的最高价，也告诉人们这样一个事实，即收藏品不应该仅仅局限于传统的中国书画等项目，它的范围应该十分广泛，民族工业、民族品牌是个富矿。

　　值得一提的是，若干年后，笔者有幸接受上海电视台著名访谈栏目"财富人生"的采访，笔者在访谈过程中谈及"中华第一表"拍卖的往事和当年那位退休女职工竞买手表的动人故事。这位女职工的亲属看了电视，十分后悔当年为什么不多给母亲一些钱，让她买回第一表，了却心愿，当然这是后话了。时至今日，谈及国内名表拍卖，大多数文章里仍然会提到"中华第一表"拍卖的案例，证明了"中华第一表"拍卖的影响力已经突破了时空的概念，同时也证明，把拍卖做成精品，它是可以流传永远的。

"中华第一车"冠名权拍卖

冠名权属于无形资产范畴。企业或者其他组织可以通过协议或者拍卖等方式，支付一定资金，为体育赛事、大型活动、建筑物等冠名，借助冠名达到扩大企业影响、宣传、推广产品的目的。行业内外把这一类拍卖活动称为无形资产拍卖。无形资产拍卖是我国拍卖市场的重要组成部分之一。上海国拍是我国拍卖行业中创意、策划、主持无形资产拍卖活动最多的拍卖企业之一，最早的拍卖活动可以追溯到 20 世纪中期。不少拍卖活动创意新颖，影响力大，成为行业经典，有"中华第一车"之称的 13/14 次列车冠名权拍卖，就是其中最有影响的拍卖活动之一。

中华第一车拍卖纪实

13/14 次是上海铁路分局所管辖的旅客列车，始发上海，终到北京，每天，披着夜色，穿越沿海经济带，奔驰千里，夕发朝至。该列车已经连续 17 次获全国铁路红旗列车评比第一名，自 1987 年起连续获得"上海市十大窗口"最佳窗口称号，是当时国内铁路系统列车车辆档次、服务质量、旅客层次最高和速度最快的列车。党和国家领导人曾先后为它题词，13/14 次列车因此被称为"中华第一车"、"共和国第一列车"。上海国拍成功策划并运作了这一列车的冠名权及车厢广告发布权的拍卖，并一槌创下当时国内同类拍卖最高价，为公司 1996 年拍卖活动吹响了进军号。

　　闻名中外的"中华第一车"列车冠名权与车厢广告发布权拍卖于 1996 年 2 月 8 日下午在上海市唐山路 535 号进行,拍卖的标的有两组。上海农工商(集团)总公司、上海物资(集团)总公司、上海中期期货经纪有限公司、上海三菱电梯有限公司、浙江省宁波欧德力服饰有限公司、辽宁省沈阳奥吉娜精细化学公司等企业参加了竞买。

　　第一组 13/14 次列车冠名权和车厢广告发布权,起拍价 40 万元,经过 16 个回合竞价,以 86 万元落槌。拍卖过程中,宁波欧德力服饰有限公司与上海农工商(集团)总公司轮番竞价,使得价格扶摇直上,欧德力一直咬到 85 万元方才告退,上海农工商(集团)总公司则坚持到最后,成为这一组列车冠名权及车厢广告发布权的买受人。

　　第二组 13/14 次列车冠名权和车厢广告发布权竞价更为激烈。拍卖开始,拍卖师以与上一标同样的价位起拍,竞买人没有像先前拍卖时根据拍卖师规定的加价幅度逐一加价,而是使价位跳跃式前进,从 40 万元一下子升到 70 万元。此时,上海三菱电梯有限公司和沈阳奥吉娜精细化学公司开始亮相,展开搏杀,当价位升到 84 万元时,三菱公司直接加价 2 万,此时价位已与第一组的成交价相同。本标的拍卖开始后一直没有任何动静的上海农工商,此时突然举牌并且直接报价 88 万元,这一出价被拍卖行业同人称为"后发制人",十分突然也十分具有威慑力,表达了竞买人高超的竞买水平和志在必得的信心。顿时,场内一片寂静,所有竞买人均不再出价。这时人们显然已经明白,上海农工商(集团)总公司要全盘接收两组列车冠名权和车厢广告发布权,而且决心很大。拍卖师见场内再无人报价,三声报价后落槌成交,两组列车冠名权拍卖名花有主,农工商成了双料王。

"中华第一车"拍卖的背后

　　拍卖结束后,国内媒体进行了较有深度的报道,拍卖所产生的影响范围广、力度大,引发了国内列车冠名权拍卖热。其实,这一次拍卖,在背后有很多鲜为人知的故事,而恰恰就是这些幕后的事情最能体现上海国拍开拓市场、认真运作拍卖的精髓,昭示了主持无形资产拍卖过程中一些必须注意的问题，行业可以从中吸取养分，少走弯路。

一是要善于捕捉商机。国内列车冠名权拍卖，13/14次列车不是最早的，类似拍卖已经有了好几次，如哈尔滨至北京、武汉至北京、杭州至北京列车冠名权拍卖活动，都是在13/14列车之前进行的。13/14列车冠名权的拍卖，从理论上说，已经没有任何新闻价值。上述拍卖活动，媒体的报道力度不大，因此影响力并不是很大。但是，上海铁路部门的一些行为使上海国拍感到，作为我国市场经济最为发达的城市，上海的铁路部门肯定会有所作为。于是，公司主动给上海铁路分局送交了一份"关于在上海铁路部门内选择部分优质列车进行冠名权拍卖的建议"，较为详细地描述了在上海举行列车冠名权拍卖的前景、市场分析，叙述了公司关于拍卖的整体思路、措施，尤其突出了拍卖的事前、事中、事后新闻报道的思路。这一建议，恰好与上海铁路分局不谋而合，因此引起上海铁路分局的高度重视。经过面对面的交流以及反复比较，上海国拍脱颖而出，成为13/14列车冠名权拍卖的拍卖机构。这说明，商机是需要捕捉而不是等待才能得到的。

二是大范围新闻报道与跟踪式报道相结合。接受委托后，上海国拍分批次展开了新闻报道。首先是抓住"中华第一车"这一新闻点，集中精力进行面上的报道。这一报道的要求是，拍卖的信息覆盖面要尽量宽泛，既宣传"中华第一车"的情况、拍卖的意义，又使拍卖的信息迅速覆盖全国，起到招商上"四两拨千斤"的作用。事后证明，这一做法是正确的，效果良好，国内主流媒体第一时间，纷纷报道此事，引起了轰动效应。其次是对拍卖活动进行跟踪报道。13/14列车冠名权拍卖时，商品经济的发育程度和人们的思想解放程度远远不如今天，因此，当听说"中华第一车"也要拍卖冠名权时，社会反响强烈，反对、疑惑、赞成……各种看法都有。拍卖公司顺势而为，通过媒体对"中华第一车"拍卖事件进行了讨论、跟踪报道，使得一段时间里，各种意见在上海主流媒体上不断见报。撇开其他，从拍卖招商的角度和标的物无形资产的挖掘、凝聚而言，这种跟踪式报道，无疑是一件好事，正是上海国拍策划媒体报道所追求的。最后是媒体报道收放有度。媒体跟踪报道一段时间后，社会上对拍卖的看法逐步统一,拍卖公司招商也基本到位,拍卖条件已经成熟。为了进一步提升"中华第一车"的无形资产,争取拍卖取得完全成功,拍卖前夕,《解放日报》、上海电视台记者,上海铁路分局、上海国拍工作人员登上 13/14 列车,与近千名乘客一起从上海出发前往北京,随车采访。夜幕下,列车呼啸前进;车厢内,记者认真采访乘客,听取不同人群对"中华第一车"冠名权拍卖的看法以及对拍卖前景的预测。第二天,上海电视台、《解放日报》充满热情与期待的报道再次引起轰动。媒体认为有"中华第一车"称呼的 13/14 列车能够走向市场,采用市场化手段处置冠名权,一方面说明铁路开始走向市场,另一方面说明思想解放程度提高、社会包容性增大、市场经济深入人心。拍卖前有关拍卖活动的报道就此结束,但是,拍卖已经引起重视,招商目的完全达到。当然,由于拍卖取得巨大成功,拍卖结束后的报道,无论是范围,还是力度都是空前的。中央电视台新闻联播节目在拍卖当天也进行了报道。

三是艰苦的招商。虽然围绕 13/14 列车冠名权拍卖的新闻报道极为成功,但是,为了确保拍卖万无一失,而且拍出高价,必须把招商工作落到实处,这是一件难事。拍卖行业有"台上一槌子,台下半年功"的说法,这是一句至理名言,说的就是拍卖活动的主要功夫在幕后,其中招商是重要的一环。为了确保拍卖成功,上海国拍派出两个工作组,前往浙江省、江苏省和上海市,对一些知名企业、广告大户进行走访。笔者这一组到江苏省的苏南地区,走访了著名的无锡小天鹅集团,然后取道常熟市,走访了阳桥集团(阿里山)、波司登集团等著名企业。回到上海后,多次走访上海农工商(集团)总公司,与时任董事长、办公室主任等作了深入交流,宣传拍卖的意义、参与竞拍对于企业知名度提高的作用。行得春风有夏雨,艰苦然而卓有成效的招商,使得"中华第一车"拍卖吸引了众多企业参与,也吸引了海内外众多媒体采访报道。拍卖过程中,竞买人充满激情的出价,最终创造了同类拍卖成交记录和轰动效应。

"中华第一车"拍卖的成功,凝聚了上海国拍的辛勤劳动和聪明智慧。那些人所不知的大量工作是强大支撑,恰恰是这些幕后的工作,促成了一场轰轰烈烈的拍卖,至今仍然令人难以忘怀。令人难以忘怀的还有那些对拍卖成功作出过贡献的同事、媒体朋友、铁路分局的领导、朋友。

"中华第一车"拍卖的意义

拍卖成功后,"中华第一车"自 1996 年 4 月 1 日起至 1997 年 3 月 31 日止,将由上海农工商(集团)总公司冠名,并享有两组 13/14 次列车车厢广告发布权。企业可以在列车的方向牌、车厢序号牌显示冠名企业名称或产品名称;利用列车的广播,在列车始发后和终到前给予冠名宣传,并播放冠名企业制作的专题节目、产品介绍;同时还可以在车厢镜框内、车厢玻璃上方丝网印刷通栏广告、彩色显示屏广告滚动显示、灯箱及坐席头套上发布广告等,名种繁多,可谓琳琅满目。

铁路纵横交错,沟通东西南北,是交通大动脉,运载旅客万千,在相对固定的空间里广告形成立体的视觉、听觉冲击波和庞大的信息流,企业形象和美名由此走向四面八方。而 13/14 次列车连接全国的经济中心上海与全国政治文化中心首都北京,因此更为商家看好。上海国拍以敏锐的眼光和独到的招商、拍卖运筹,完成了"中华第一车"冠名权及车厢广告发布权的拍卖,并以 174 万元的总价创造了当时全国列车冠名权拍卖最高价,引起了国内外媒体的广泛关注,由此也引发了国内同类拍卖热潮。

13/14 次列车冠名权及车厢广告发布权拍卖充分挖掘了铁路无形资产的价值,并通过市场化手段实现了铁路广告使用权的有偿转让,也显示了我国拍卖企业从执法部门罚没物资以及实物资产拍卖中解放出来,开始走市场化道路,把视线转向无形资产,而上海国拍成了脱颖而出的成功者和引领者。

"中华第一街"民品拍卖纪实

民品拍卖从南京路起步

时近农历春节,申城的街头车水马龙、人来人往,已有浓浓的节日氛围了,有"中华第一商业街"之称的上海南京东路街头尤其热闹。1996 年 2 月 9 日的这个周末,步行街因为上海国拍的一场街头民品拍卖会而显得格外热闹。

下午 2 时 30 分左右,南京东路江西路口,三四百名市民或坐或站,将宽阔的南京东路这一段上街沿挤得满满实实。3 时许,随着拍卖师一声吆喝:"1 号拍品,金星 25 寸彩电一台,起拍价 600 元。"一场街头拍卖会在这里拉开了帷幕。人们竞相举牌,3 分钟后,这台彩电的价格已上升到 2500 元,举牌者是 58 号。"还有没有人应价?"拍卖师连问三遍,槌声响起,这位持 58 号牌的男士成了彩电的主人。顿时,人群中议论纷纷,但是人们除了惊讶以外还有兴奋。拍卖吸引了路过或者正在南京路上逛街的人们,他们寻声围了过来,并且很快融入拍卖之中。

原来,上海国拍正在这里举行周末步行街民品广场拍卖会。

在上海最繁华的南京东路步行街,让上海市民参与拍卖,所有拍品都与普通市民居家生活密切相关,而且价格低廉,参与竞拍手续简单。这种面向市民、面向社会、开放式的拍卖,在国内是一种创举。因为,即便是在经济和市场较为活跃的上海,市民对于拍卖的了解也仍然停留在一知半解的程度上，不少人对街头拍卖会感到既好奇又新鲜，拍卖也由此吸引了众多沪上媒体，上海电视台、东方电视台的摄像机一直对准着这场形式别具一格的拍卖会。

长期以来，拍卖一直未能被市民、被社会所接纳、理解。在不少人心目中，拍卖的标的，要么是艺术神圣殿堂里一掷千金的艺术珍宝，要么就是马路边上因为拆迁、换季遗留的商品。其实，这都不正确。随着我国拍卖行业的恢复和拍卖活动的增多，拍卖市场正日趋发展，拍卖活动已经由较为单一的公物、司法委托、破产企业财产、国有资产等扩展到生活、生产资料，房地产、机动车、公司股权、无形资产等，越来越接近社会生活，但是大多数市民对拍卖缺乏了解。为宣传拍卖知识，也为了开拓市场，让市民群众都来参与拍卖活动，在媒体朋友的建议下，上海国拍经过认真的市场调查，感到推出与市民群众密切相关的民品拍卖，是让拍卖直面市场、直面社会的好形式。公司办公地点就在南京东路上，而南京东路步行街客流量大、信息流动快，把拍卖会开到街头，既方便，又有影响力，无疑是一个好主意。想到了就要做到，经过紧张筹备，在春节前夕，公司推出了普及拍卖知识和让市民参与的广场拍卖会，地点就选在南京东路上。

首次拍卖品以生活用品为主，小到儿童玩具、羽毛球拍，大到彩电、分体式空调、工艺品和首饰。拍卖中，一枚镶有一克拉钻石的戒指，从 2.5 万元起拍，200 元一加，一直加到 2.6 万元才成交。劳力士手表、雷达表也被市民看好，前者从 6000 元开始竞价，经过 10 余个回合的激烈角逐，最终以 1.3 万元的价位被一男士拍得。

长期生活在都市里，经过市场、投资的耳濡目染、潜移默化，上海市民都颇有经济头脑，他们善于投资理财，既有权衡物品价值时的冷静，也有在关键时刻搏一搏的勇气。周末广场拍卖会上，他们这种素质得以充分展现。几台上菱一匹分体式空调，都在价位拍到 2500 元到 2600 元左右时，便徘徊不前了，场内一些市民嘀咕："这种空调市面上卖 3000 多元，到这种价位也就可以了，再上去，当心被'斩冲头'。"看得出，尽管竞争激烈，但大家对市场价格还是很了解的，即便参与竞争，也很理性，冷静中流露出上海人特有的精明。可是对诸如橄榄球、声控儿童玩具等"小玩意"，因为总价不高,市民们把它作为展示自己能力、"亮相"的好机会,于是互不相让,在每一个价位上角逐。一只美式橄榄球起价 10 元,每次加价 1 元,结果被"炒"到了 66 元;两只儿童皮球从 20 元起拍,也被叫到了 70 元。

上海国拍在拍卖会进行中适时适度增加了宣传、介绍拍卖知识的内容,让不少市民开了眼界,对正确回答了与拍卖有关问题的市民,公司送上一份礼品。一场拍卖会结束,市民们等于上了一堂拍卖"启蒙课"。市民们说,南京路步行街推出的广场拍卖,是一种雅俗共赏、经济与文化相得益彰的新形式,"蛮有意思的"。而上海国拍在首场民品拍卖会上尝到了拍卖与市民结合的甜头,于是一发不可收,在以后的岁月里,民品拍卖成了公司的固定"节目",公司把民品拍卖组织到了极致。民品拍卖也由街头进入室内,拍卖时间基本固定在每月第二、第四周的星期六下午,拍卖品种由最初的几十项,扩大到二三百种、数量三五百项。拍卖方式由传统、单一的现场拍卖会演变为现场与网络同步拍卖,即采用互联网技术,使拍卖打破了时间、空间的制约,扩大到可以上网的任何地方。到目前为止,已经有 14.5 万人通过审核、注册取得了网上拍卖的资格。作为国内行业首创,这一技术以后又推广到其他拍卖领域,最后进入上海公共资源集中拍卖中心,同时在全国推广。但是上海国拍当年推出民品拍卖那种贴近市民、方便市民参与的初衷始终未改,拍卖会一切从方便市民参与为出发点。十几年下来,民品拍卖影响力扩大至全国,甚至影响了国内整个拍卖市场,被誉为金牌项目,成为行业走市场化、社会化道路的样板和实践的典范。

从上海国拍的民品拍卖谈起

民品拍卖是上海国拍的"保留节目",从 1996 年年初推出后,一直坚持至今,人气、买气经久不衰,参加竞拍的人如同滚雪球般增加。人气旺,买气亦旺,每场拍卖会约有 200 个品种、300~400 多项拍品,成交率在 95% 以上。拍卖会放在星期六下午,提前两天公示,下午 1:30 开始拍卖,到 5 点前后,成交的拍品大多数已经为买受人付款提走。到拍卖会上"淘金"的人已不仅仅局限于精明的上海市民,在沪上工作或者旅游的外国人、公司白领、在沪打工的民工也出现在拍卖会上。民品拍卖成了上海国拍乃至上海市场一道亮丽的风景线，一座拍卖通向社会、通向普通市民的桥梁。

上海国拍民品拍卖成功的关键在于：

一是服务质量高、信誉好。在该公司，凡进入民品拍卖目录成为拍品的，大多数属于使用过的二手商品，如电视机、冰箱、电脑、家具、工艺品等，新的仅为一小部分。拍卖作为一种特殊的商品交易行为，是按实物或标的现状进行拍卖，没有售后服务，因此瑕疵告知和让市民了解拍品的现状十分重要。上海国拍的工作人员几乎对每件拍品均要擦洗、调试、修整，虽然耗费了大量的人力和时间，但给了市民以安全感。在两天多的展示中，市民零距离观察、调试，做到心中有数。如果少了这一环节，面对满是尘埃、油渍的二手货，或许竞买人早就没了"胃口"，成交就成了一句空话。因为有了这些服务功能和服务态度，上海国拍的民品拍卖始终保持了很高的成交率和声誉，成了吸引市民参与的动力，而坊间市民口口相传，使得拍卖吸引了更多的人气，形成了良性循环。

二是拍卖会固定时间，便于市民参与。从20世纪90年代后期开始，上海国拍的民品拍卖会便形成了规律，每月两次，分别在月中、月底的周六。因为时间较为固定，使得热衷于到拍卖会上淘金、拣拣便宜、拾遗补缺的上海市民有了自己的活动规律，不用通知，到时便来。如果拍卖会如同没有规律可循的游击战，每次市民都要去了解拍卖的时间、地点，很不方便，一些可来可不来的便会选择不来了。采取阵地战的办法，拍卖会时间、地点较为固定，时间一长，市民们便形成了思维定势和消费习惯，因此，在拍卖公司身边形成了较为牢固的客户群。这一客户群既有上家，也有下家，且这种上下家关系会在动态中变换角色，今天他可能是买受人，明天或许就可能成为委托人，拍卖公司由此得益不少。上海国拍的民品拍卖打的是阵地战，而阵地战对于拍卖公司是有一定要求的，即要有较为固定、充裕的拍品来源，有较为固定的拍卖场地，有较为固定的客户群。这源于服务和市场培育、源于孜孜不倦的追求，而这不是一时一事、一天两天就能完成的。

三是拍卖品种多，便于市民选择。上海国拍的民品拍卖会之所以能够吸引人，每场拍卖会品种繁多、拍品数量大是一个重要原因。公司每场拍卖会拍品均在300件左右,品种逾百种,几乎覆盖了市民日常生活用品的全部,大凡家用电器、办公用品、家具、文具、工艺品、服饰、箱包、眼镜、体育用品等均在这一方天地里,近几年又增加了翡翠、玉石、钟表等。社会是形形色色、丰富多彩的,人们的消费习惯和需求也是多样化的,有人追求高档奢华,有人追求经济实用,有人能慧眼识宝、沙里淘金,有人则纯粹为了怀旧,抑或作为一种投资。上海国拍的民品拍卖会基本满足了这些人的要求。在这里,既可低价拍到铮亮的钢琴、劳力士甚至世界一流名表,也可拍到价值仅数十元的日用品;既能拍到新潮的数码照相机、苹果手机,也能拍到几十年前的瓷器、茶壶、烟斗、台灯;既能拍到实惠而有用的普通家具,也能拍到高档进口家具、名牌西服、法国玻璃器皿。不少市民因住家动迁,须增加一台电视机却又不想花钱买新的,到这里花四五百元便可了却心愿。一个初到上海谋职的人,租借了临时住房,须购置一些生活必需品,买新的,能力有限,走时带走不便,弃之又可惜,不购置却又不行,到民品拍卖会上,花不了多少钱便可拍回其所需用具。想开个公司,但是投资能力有限,也不知道开业后能否正常经营,因此购买办公用品时有点犹豫、有点捉襟见肘,到民品拍卖会上花不了多少钱,全套办公用品包括家具全搞定;如果什么时候不想经营了,还可以委托拍卖公司再次拍卖,收回部分成本。那些陈列在锦江迪生柜台里令人咋舌的高档消费品,或许在这里花一二千元钱便可满足你的世界名牌梦。品种多,使市民有了充分的选择余地,也吸引各方面的买家。上海国拍的民品拍卖会因此人气、买气两旺,民品拍卖此时已经具有一定的文化韵味了。

上海是我国最大的工商业城市,也是一个移民城市,是一个海纳百川的地方。市场竞争激烈在上海体现得尤为突出。适者生存,即便是关了门委屈自己,走出家门,在社会上还必须讲究风度和体面,于是,精打细算、注意节约和效率,成了上海人精明干练的特性。淘淘便宜货是上海几代人养成的习惯,即便是外乡人,到了上海,用不了多久,便会被这个城市潜移默化地影响到,这就是所谓的"海派文化"。民品拍卖会植根于这一社会基础上,有适宜的空气、温度、土壤,而上海国拍不因事小利薄而不为,倾心打造、培育,经过十多年的努力,终于使它成为公司品牌之一。

民品拍卖在完成了司法、金融部门等委托的种种琐碎杂物的变现，和市民间互通有无、物资交流的同时，也为公司带来了可贵的客流量，使公司的知名度大增。同时，民品拍卖的参与者发现，除了民品拍卖以外，这里还拍卖房地产、机动车、股权、无形资产、文物艺术品等，从而成为其他拍卖的买家，甚至委托人，上下家形成良性循环，这无疑是一件好事。在拍卖市场竞争日趋激烈的今天，拍卖公司要立足市场，不能双眼仅盯住房产等庞然大物，市场是全方位的，做得好，遍地是商机、是黄金。

说说市民如何参加民品拍卖

民品拍卖是不少上海市民周末的盛大节日和生活的一部分。这里说的民品，其实是指民众日常生活用品；民品拍卖，是专指拍卖会的标的均为市民群众日常所需所用的物品，竞买人主体也主要是普通市民。拍品多、价值低、品种丰富、竞买手续简约、成交率高、结账提货快是民品拍卖的主要特点。如果说，文物艺术品、房地产、公司股权等是拍卖的精品店，那么，民品拍卖则是拍卖中的"大卖场"、"杂货铺"，但是，它是最贴近社会、最贴近民众、最直面市场的拍卖活动，因此为市民所喜闻乐见。

上海是民品拍卖的发源地，上海国拍是开创者之一，目前，上海约有 30 家拍卖公司在周末主持类似拍卖。

上海市民习惯、喜欢并善于"淘"旧货，因此，类似淘旧货的民品拍卖会才能在上海走红并经久不衰。与传统的淘旧货不同的是，现在不少市民参加民品拍卖的目的除了拍后自用外，还能从中"淘金"、赚钱，久而久之，在上海就有了依靠民品拍卖生存的人群。

由于属于底值商品，民品拍卖会上的拍品价格普遍较低，确有捡漏和"淘金"的可能性存在。上海人讲究实际，在国际金融危机影响下的现今，一方面社会购买力下降，另一方面，日常消费又时时发生，因此跑跑拍卖公司、举举号牌，或许就能花不多的钱买回对自己有用的物品，既领略了拍卖的刺激，又节省了开支，真是何乐而不为。上海不少先行了一步的市民已尝到了个中甜头，并因此乐此不疲。倘若你要开一家公司，从办公桌、空调、电话机、文件柜、复印机、微波炉甚至百洁布都可从民品拍卖会上拍来，而完成这一切并不须花很多钱。有位从江苏淮阴来上海打工的农民工肖永洪暂居于江湾镇，摆了个修车摊，家中却有全套电器包括空调、音响、彩电、冰箱，全来自于拍卖会。1997 年 4 月 12 日，他又从上海国拍民品拍卖会上用 200 元拍回一台飞利浦录像机，家中全部家用电器价格仅是商场零售价格的三分之一。

　　民品拍卖虽然有如此吸引力，但市民若要参与还是需要做做功课，贸然行事可能因为出错而懊恼再三。笔者以为，参加民品拍卖前必须做功课，尤其是初次涉足者更应如此。这些功课主要有：

　　第一，市民参与民品拍卖首先应把握市场行情，做到胸中有数。到拍卖会上竞买的物品，必需和实用是首选。在此基础上，对计划竞买的物品先做一番市场调查，了解市场价格，再将其与拍卖公司提供的价格做一番比较。这非常重要，对于初次参与者，更是如此。参拍前先设置好价格"红线"，然后在拍卖会上，根据轻重缓急的顺序，决定是否举牌应价或举牌到什么价位。切记，拍卖时出价到红线为止，不要冲动。第二，多走几家拍卖公司，做做比较，尽量到那些规模大、操作规范、拍品多、服务好的拍卖公司去参加拍卖。因为对于规模较大的拍卖公司而言，民品拍卖是其收入并不高的业务，但是能够凝聚人气，因此比较讲究工作质量和服务质量，一旦发生问题，解决起来也比较方便、到位。第三，认真阅读拍卖公司提供的拍卖规则等。参与拍卖，应该在拍卖前认真阅读拍卖公司提供的拍卖文件、资料，了解拍卖程序和拍卖规定，找到保护自己的钥匙。因拍卖前须登记和交纳保证金，因此必须带上有效身份证件及一定数额的现金。民品拍卖会的保证金数额不大，一般从 100 元到 500 元不等，不成交的会全额退还。第四，重视对拍品的了解。拍卖前一定要到拍品展示现场认真查看拍品，通过看、问，甚至调试，弄个明白，问个放心，做到胸中有数，不打无准备之仗。第五，调整好心态，拍卖会上不要盲目跟风、追涨，最好是循序渐进。初涉拍场，先拍价格便宜的，再拍价格昂贵的，这次拍不到，下次再来，不求一口吃成胖娃娃。同时记住，成交后拍卖公司是要收取佣金的，应把它列入总支出盘子。第六，一旦拍卖成交，只要付清价款，即可当场提货，未成交的凭号牌等退还保证金。

　　作为任意拍卖活动的参与者，参加拍卖会，你的身份是可以转变的，即你不一定老当买受人，倘若你有剩余物资和手工艺品等，而这些物品具有一定的价值和市场流通性，且有出让的意愿和打算，不妨尝试委托拍卖，领略一下当委托人的滋味。不过此时你得注意，一旦委托成功，你不能参与竞买也不能委托他人代为竞买你所委托的物品。以上各节点，作为委托人、竞买人，如果了解清楚了，则无论是委托还是参与竞买，无疑都是有益的。

"海上岁月"艺术品拍卖会落槌

　　以上海为主题,围绕海派文化做文章,"'海上岁月'——96 上海艺术品珍藏拍卖会"于 1996 年 11 月 25 日在上海国际贵都大饭店开槌,这是上海国拍首次举办大型艺术品拍卖会。

　　上海国拍是一家综合性拍卖企业,公司名称就十分形象地传递了这是一家以商品为主要业务的拍卖公司这一信息。与物资类拍卖相比,文物艺术品拍卖专业性强,有自己的"圈子"和交易规则,人的因素更为重要。但是,文物艺术品是现代国际上最为重要、最有影响力、最受关注的拍卖活动,拍卖企业的知名度大都与是否从事文物艺术品拍卖联系在一起。因此,上海国拍由物资拍卖行更名以后,就有进入文物艺术品市场的打算。

　　经过几年不懈努力,1996 年 7 月,国家文物局批准上海国拍拍卖文物监管物品及文物,成为当时国内为数不多的具有文物拍卖资质的拍卖公司。公司借此契机,瞄准市场,在众多拍卖市场逐鹿上海艺术品拍卖市场的情况下扬长避短,独辟蹊径,围绕海派文化,打上海牌,举办了以上海为主题的秋季艺术品拍卖会,主题就是"海上岁月",作为公司进入文物艺术品拍卖领域的第一仗。

　　拍卖会征集到了中国书画、瓷器、玉器、油画、珍藏品等与上海有关的艺术珍品共 336 件。其中上乘拍品中国书画有张大千《芭蕉仕女图》、徐悲鸿《奔马》、傅抱石《郑板桥前像》、林风眠《古装仕女》、吴昌硕《沈香亭北倚栏杆图》、陆俨少《白云清霭》、黄宾虹《富春江山水》、齐白石《虾》等;瓷器有乾隆青花缠枝莲八吉祥纹兽耳尊、豆青釉葫芦瓶、康熙矾红暗花"洪福齐天"纹盘、乾隆彩五福棒寿高足盘等;玉器有明代白玉绞丝双龙戏珠镯、战国黄玉、宋代白玉卧狗摆件等;油画有颜文□《草原奔马》、陈逸飞《持琴少女》、陈抱一《风雪》、关紫兰《少女》等作品;珍藏品有孙中山1924年国语《勉励民国》、周慕桥月份牌原稿《古装仕女图》等,这一部分最具海派特色。所有拍品总估价1000多万元,各类艺术珍品汇集一堂,为收藏界提供了最佳的选择机会。

拍卖会上,首次进入拍卖市场的我国第一代油画家关紫兰的作品4.8万元起叫,最后30万元被买走;陈逸飞早期油画《持琴少女》以52万元成交,创下这场书画拍卖最高价;清乾隆青花缠枝莲八吉祥纹兽耳尊拍至58万元成交,为本次瓷器拍卖最高价;清雍正年代的竹编画金八仙供寿纹八方漆盒,以25万元拍定。由于第一次涉足艺术品拍卖,上海国拍显得有些稚嫩,但是整个拍卖过程,完全按照艺术品拍卖规则进行,得到了社会和收藏界一致好评。

由此,上海国拍迈开了进军艺术品拍卖的征途,并且在近十年中,保持了自己的特色。在这一段时间里,上海国拍的艺术品拍卖在行业内具有较大的影响力。上海国拍是国内最早进行油画拍卖的拍卖公司,我国第一代油画家关紫兰的作品,就是从上海国拍的拍卖台走向世界的。颇具海派特色的月份牌原稿拍卖更是上海国拍的专利。公司又是国内少数能够举办钱币专场拍卖会的企业。早在2002年,公司就涉足世界名表拍卖领域并且主办了国内首次拍卖活动,这些拍卖活动体现了上海国拍浓厚的文化底蕴。

关紫兰及其作品拍卖

从物资拍卖行改为上海国际商品拍卖有限公司后,上海国拍就有了进军文物艺术品拍卖的计划,并且把行动的第一步锁定在海派及其相关的领域,油画是其中目标之一。为了弘扬上海在我国油画创作上的贡献,同时也为了解这方面的情况,1995年11月,公司和上海美术馆联合主办了上海历史上第一次"上海油画史回顾展"。借此东风,公司开始涉足油画拍卖,成为国内从事油画拍卖的少数几家拍卖公司之一。其中,著名女画家关紫兰的作品就是上海国拍成功发掘、精心运作而走向市场、走向世界的。

关紫兰(1903—1986年),广东省南海人,是我国老一代油画家。1927年毕业于上海中华艺术大学西洋书科,同年赴日留学。关紫兰创作勤奋,在日本留学期间,其作品就多次入选日本有关画展,日本杂志曾数次著文介绍过她及其作品,给予了高度评价。

关紫兰是我国较早接受画坛野兽派影响的职业油画家,其作品早在20世纪二三十年代就具有现代倾向。关紫兰的作品秀美华丽,用笔豪放,落笔之间透露出既坚强又柔和的气息,被海外油画界称为中国"闺秀女油画家"。

关紫兰早年师从著名画家陈抱一先生,在日留学期间,与日本具有现代艺术倾向的油画家有岛生马、中川纪元等人过从甚密。1930年日本政府将关紫兰的油画《水仙花》印成明信片在日发行,其作品也曾入选美国艺术研究会出版的《世界名画集》。其成名作主要有《弹曼陀琴的姑娘》、《湖畔》、《持扇裸女》、《绿衣女孩》、《秋水伊人》、

《幽》、《慈菇花》、《藤萝》、《小提琴》等。新中国成立以后，关紫兰的多幅作品被中国国家美术馆收藏，多幅作品入选《中国油画图典》、《20世纪中国美术》、《中国女性绘画史》等画册。1986年，关紫兰在上海病逝，逝世前为上海文史馆馆员、中国美术家协会会员。关紫兰是中国新女性文艺运动史上很有研究价值和不可忽视的一位画家。

1996年11月25日，上海国拍举行的"海上岁月"艺术品珍藏拍卖会上，由画家后代委托，关紫兰的作品初次亮相。首次进入拍卖市场的关紫兰油画作品《少女》由4.8万元起拍，经过一番异常激烈的竞争，最后被一位来自台湾的买家以30万元的价格买走，竞争场面给所有参加拍卖会的人都留下了极为深刻的印象。画家虽然有极高的艺术造诣和很大影响，但其作品多年来要么在艺术殿堂里收藏，要么被家属珍藏，很少露面，市场上基本没有其画作流传，拍卖揭开了尘封了许久的这位女画家及其画作上的神秘之纱。拍卖初战告捷，家属感到极大的安慰。因为历经沧桑，甚至寂寞了很久，画家的作品至今仍被市场、被业界认可，说明了画家的实力。从此关紫兰的画作不断出现在上海国拍的春秋艺术品拍卖会上，刮起了一阵阵旋风。

1999年，关紫兰的成名作《芳韵伊人》出现在上海国拍秋季艺术品拍卖会上，并且引起轰动。此画面为一裸体少女，色彩明快，野兽派风格跃然纸上，该画为关紫兰女士1927年创作，时年24岁。此画创作之后参加了日本二科美术展及关女士上海个人油画展。70多年的漫漫岁月，此画保存下来实属不易，虽然岁月给油画留下了苍老的痕迹，却更增加了其价值。经过激烈争夺，最后此画作以22万元的价格拍卖成交。

2004年11月14日上午，上海国拍秋季艺术品拍卖会在上海大剧院拉开帷幕。在"油画水彩画"拍卖专场上，关紫兰的一幅《娃娃与剑兰》，由4.8万元起拍，价位一路攀升至22万元，最后落槌成交。这幅画西洋风情浓厚，笔调爽朗，色彩明快，是画家第二次东渡日本于1937年归国后所作。十年浩劫，惜画如命的画家将此画藏于领袖像镜框夹层中且糊上纸才得以保存下来，作品因此充满了传奇色彩。此画尺寸不大，拍卖达此价位，一方面说明了画家作品受人追捧，另一方面也证明了拍卖的组织者上海国拍辛勤培育市场的成功，这已经是上海国拍第14次拍卖关紫兰的作品了。

上海是个移民城市，特殊的地理位置与城市形成的历史渊源，造就了上海海纳百川的特点。中西文化、各方习俗,均可在这里找到立足点,并很快融合,形成一种只有上海才可能出现的文化,这就是"海派文化",而"海派文化"则是这个城市奉献于社会与人类的宝贵财产。基于这个特点,源于欧洲的油画首先在这里登陆,上海产生了中国第一批油画家,并开创了一代画风。刘海粟、陈抱一、徐悲鸿、颜文□等无不在上海生活、工作并留下了自己的作品。虽然在很长的年代里,诸如油画之类的西洋画种在国内一直热不起来,"曲高和寡"的状况短时间里难以改变,但在上海,油画等西方艺术品却始终有它的市场和追捧者。我国内地拍卖市场恢复于 20 世纪 80 年代中期,而艺术品拍卖始于 20 世纪 90 年代初期。当时,只有少数几家拍卖公司从事艺术品拍卖,拍卖品种也局限于中国书画、瓷器玉器等狭小范围内。上海国拍独辟蹊径,推出油画拍卖专场,率先向上海市民推开了油画这一西洋画法的大门,而老一辈油画家的作品是其中最为重要、最具特色的拍品,如陈抱一、颜文□等,关紫兰的作品无疑是其中"最为响亮的歌"。由于上海国拍的成功包装、推介,加上关紫兰家属一如既往的支持,关紫兰的作品拍卖已成上海国拍油画拍卖的一道风景线。不少藏家,尤其台湾地区藏家就是冲着关紫兰的油画作品来的,他们不惜重金,与大陆的藏家展开厮杀,买下了大多数的关紫兰作品。数年来,上海国拍推出的关紫兰作品,拍卖成交率达 100%。

在赝品伪作充斥的今天,关紫兰作品拍卖成功的主要原因首先在于画作由画家家属提供,流传有序,让买家深感无虞。其次是拍卖公司的信誉、成功运作,同样功不可没。委托拍卖,选择一家正规的、善于筹划、有运作能力、信誉好的拍卖公司无疑是拍卖成功的第一步。最后是投放的量控制很严,几乎每季一幅,给人一种渴望的感觉,这一感觉恰是再次参加竞买的动力。

在市场竞争十分激烈的今天,上海国拍能保持独家拍卖关紫兰作品的行为确实耐人寻味。它再次揭示了这样一个道理,即拍卖市场需要开拓、需要培育、需要营销,一个市场的形成并非朝夕之间的事,拍卖公司不能急功近利,练好内功是十分重要的。经过数年努力,关紫兰的作品从上海国拍的拍卖舞台,由藏在深闺走向市场、走向世界,成为画坛明星,上海国拍匠心独运,功不可没。

记上海国拍月份牌原稿拍卖

虽然上海国拍的主流业务是房地产、机动车、股权、物资、无形资产等，但是艺术品仍然是公司重要的拍卖项目，而且公司艺术品拍卖起步较早，涉足范围较宽，不少项目在国内行业还是开创者之一，曾经领风骚于市场。在公司大事记里，记录着公司开拓市场、领行业风气之先的事件，月份牌原稿拍卖就是其中最具代表性的事件之一。

月份牌是装饰、绘画与商品广告、月历相结合的一种艺术形式，是旧上海政治、经济、文化相互作用的产物，是海派文化最为典型的代表之一。

月份牌产生于清朝末年。鸦片战争使上海由一个县城变成重要的通商口岸，并逐步演变成为远东最繁华的商业中心。上海华洋杂处，随着西方先进的印刷技术以及商品输入，新生的民族资本家仿照西洋商品广告中附带画片的做法，印制集中国传统文化和民俗风情于一体的宣传画，月份牌应运而生。光绪二十二年（1896年）上海鸿福来票行发行了《沪景开彩图》，被后人认为是开了月份牌创作的先河。据上海图书馆多方考证，该馆馆藏月份牌《申报 24 孝图》出品于 1889 年，比《沪景开彩图》早了 7 年，堪称目前中国存世最早的月份牌。也有人认为，月份牌诞生于 1876 年 1 月 3 日，早在那时，上海旗盘街海利号就已经在销售华英月份牌了。

月份牌是一种不同于传统年画的新画种，它融合了中国传统画法和西洋画、水彩画技法，风格更接近都市民众的需要和爱好，既满足了人们对美的欣赏需求，也促销了商品。月份牌的这种创作风格,与当时国门打开,外来文化长驱直入,上海作为最早开埠的城市之一,首先成为中西文化交汇点有关。而前辈艺术家创造的"擦笔水彩画"这一中西合璧的崭新绘画技术,广泛使用在月份牌创作中,使之成为西方水彩画在中国被融合、改造的典范。

月份牌在对传统的中西画法进行改革的同时,也开创了中国现代广告先河。另外,虽然月份牌产生于商业活动又始终服务于商业活动,夹杂了浓厚的脂粉气,但仍不能掩盖其艺术价值,其至今仍是我国近代史、绘画史、商业史乃至时装复古潮研究不可多得的素材。商业趋于繁华,题材传统化、画面通俗化,加上民国建立,孙中山先生提倡公历,给月份牌推广提供了契机。随着商品经济的发展,到了20世纪二三十年代,月份牌创作与发行进入鼎盛时期,上海的发行商就多达百余家。

时光倒流70年,盛行于十里洋场的月份牌,其画面的内容主要是古装或时装仕女、才子佳人、民间传说故事及戏剧人物、电影明星等。画家注重立体效果,人物描写细腻,让人耳目一新。诸多商品如香烟、纺织品、食品、药品等均凭借月份牌得以推介。大幅的张贴于街头巷尾,小幅的进入寻常市民家,并迅速取代了传统的年画,成为旧上海的象征和一大景观。月份牌这一画种的出现造就了一大批画家,他们专事月份牌创作,谢之光、郑曼陀、周慕桥、杭稚英、金梅生等是其中的代表人物。

随着社会形态的变化,新中国成立后,月份牌的内容发生了变化,国家建设、抗美援朝等接踵而至,工农兵成了画中主角。如有一幅表现丰收景象的月份牌,据画家子女介绍,其人物原型就是画家金梅生先生在上海浦东川沙的一位农民亲戚。到"文革"前夕,月份牌这一画种在经过长达百余年的跋涉之后由辉煌到日渐式微,最终退出历史舞台。

改革开放,国家建设速度加快,如今的上海高楼林立,高架桥梁飞跨,充满了现代大都市气息,面对迅速消失的城市旧景观如石库门、老虎灶、澡堂、茶馆等,人们的怀旧情愫油然而生。可以这么讲,在世纪之交的上海,面对拔地而起的摩天大楼、逶迤的高架路,最能勾起人们对往事的回忆、最能反映旧上海风情的当数月份牌了。在微微灯光下,面对带有岁月沧桑感的月份牌,你仿佛穿越时空隧道,来到当年的十里洋场，视线里是霓虹斑斓，耳际流淌着《夜来香》委婉凄美的韵律。随着岁月的流逝，即便是当年遍及城市的月份牌印刷品现在也很难寻觅。为了表示自己的饭馆、酒店、娱乐场所有一定的历史渊源和文化品位，上海不少商家在店堂里张贴各式月份牌复制品。让身着旗袍、戏装，美丽多姿的女士小姐，让"美丽牌"香烟、阴丹士林布衫在人们面前反复出现，以营造一种历史沧桑感和凝重的怀旧氛围，旨在招徕客人。据了解，在当今的市场上，一张当年月份牌印刷品价格约在一二百元，品相好的，价格还要高一些，即便是现在仿制做旧的印刷品，大约也在 20 元一张。黄山脚下的屯溪老街、淀山湖畔周庄的小巷里到处可见刻意做旧的月份牌。而当年画家创作时留下的月份牌原稿，因为更加稀少而显得尤为弥足珍贵。

作为特殊、最市场化的商品交易行为，拍卖的一个突出点在于最能发现物品的价值，尤其是对那些既稀少、珍贵又难以测定价值的艺术品，最宜采用拍卖这一形式交易，这早就被世界拍卖历史所证实。因为时间久远，时事更迁，适宜月份牌生存的环境早已不复存在，月份牌在今日已成稀罕之物，月份牌原稿更属凤毛麟角。拍卖注重拍品的珍稀性，因此，月份牌原稿自然走出深闺，出现在拍卖舞台上。上海国拍在行业内外素以善于创新闻名，于是，从 1996 年秋天起，公司在世界上独家推出了月份牌原稿拍卖。

我们共同生活在这个叫作上海的城市，仿制的月份牌天天抬头可见，但是，等到那些十分珍贵且保存完好的月份牌原稿出现在人们眼前时，无论是收藏家还是画家、普通市民均被震撼了。拍卖引起了轰动，海内外媒体对此进行了广泛报道，月份牌原稿拍卖被媒体称为"最具海派特色"的拍卖活动。在此基础上，上海国际商品拍卖有限公司继续保持与月份牌画家家属以及收藏者的联系，连续五六年，在春季、秋季艺术品拍卖会上推出月份牌原稿拍卖，使之成为艺术品拍坛一道亮丽的风景线。期间，月份牌主要画家谢之光、郑曼陀、周慕桥、杭稚英、金梅生等人的原作，从各路藏家手中送到了拍卖会上，其中有以脍炙人口的《梁山伯与祝英台》、《白蛇传》等戏剧人物为原型的月份牌原稿，也有以城市女性为模特的《柳塘倚红》、《网球少女》等月份牌原稿。杭稚英的"彩楼配"、金梅生"柳塘倚红"月份牌原稿都拍出高价，拍卖使人们享受了一次次海派文化的饕餮盛宴，成了艺术品拍卖领域一朵奇葩。上海国拍将月份牌原稿拍卖视为公司特色拍卖之一，精心呵护，通过拍卖在自己身边凝聚了市场。

月份牌原稿之所以会出现高价位，主要原因在于其较之中国书画等传统艺术品而言，起步较晚，价格低得多，收藏的圈子也相对小一些，收藏氛围尚未形成，真迹多，使人能放心。同时，月份牌原稿有极高的观赏和收藏价值，其存世又少，升值概率当然高，因此迅速成为藏界新宠。

近年来，以浦东开放开发为契机，上海再次成为世界瞩目的城市。在快速发展的同时，以旧上海为背景的小说、电影、电视、画作风行一时，在美国、德国等西方国家，更有一批学者专门研究上海的历史、人文，并为此出版专刊。在这种背景之下，表现旧上海风情、群众又喜闻乐见的月份牌研究、收藏当然成为热点。欣赏着这些年代已经久远的画作，让人回忆起衣香鬓影的老上海，重又唤起被历史湮没了的都市梦，抚今追昔，确能使人更加珍惜国泰民安的今天，从而增添建设美好将来的勇气。

记上海国拍钱币拍卖会

钱币是上海国拍特色拍卖项目之一,最早的拍卖活动始于1997年春天,领先于国内同行。

1997年3月9日下午,公司举办的"中国首次近代钱币拍卖专场"降下帷幕,近千枚珍贵钱币经过6个多小时角逐悉数成交,此场拍卖会汇集的近代钱币数量之多、品种之全、成交率之高均为国内同类拍卖所罕见。此次拍卖的成功,一方面使得上海国拍从此成为国内少数从事钱币拍卖的拍卖公司,在浩繁的艺术品拍卖芸芸众生中有了一方自己的家园;另一方面,钱币拍卖丰富了上海国拍艺术品拍卖的内容,公司在自己周围凝聚了钱币收藏者爱好者群体,提升了公司的知名度和影响力。

浩瀚的钱币文化长河

当人类社会出现剩余产品后,商品应运而生,商品交换发展到一定阶段,实物货币(货币商品)就出现了,而货币随着生产力的发展而变化。在我国,金属货币规模化流通形成于奴隶制社会晚期,至今已有两千多年,可谓历史浩瀚,积淀深厚。

钱币收藏是一项既十分专业又十分贴近普通市民的活动,爱好者数量巨大,收藏品种范围广泛,但是水平参差不齐,良莠不分,交流的渠道也比较狭窄。改革开放以来,随着人民群众物质生活条件的改善和提高,一些经济发达地区出现了钱币收藏热，为拍卖市场在钱币领域内的进一步渗透提供了结合点。

收藏钱币不仅是一种高雅的文化活动，还具有投资价值，因为它具有保值增值的功能。这一点可以通过新中国早期所发行的各套人民币的现行价格得到证明，现在一版、二版甚至三版人民币早就身价百倍。市场上，一张第三版人民币中"背绿水印壹角"可以换一辆汽车，第一版人民币市场价高达600万元，更何况是几百甚至上千年前的钱币。落叶不能重生，时光不能倒流，历史上流传下来的钱币越来越少，其价值更是不可估量……

进入20世纪90年代，中国近代钱币拍卖首先在东南亚地区兴起，引起藏界的密切关注。尽管国内艺术品拍卖热火朝天，但是钱币拍卖会还是属于较为少见的，举办专场钱币拍卖会的公司更是寥寥无几。上海国拍在进行艺术品市场拓展和拍卖的过程中，充分利用公司人才资源，适时开辟了这一拍卖领域，并在1997年早春三月举办了首次拍卖会，上海国拍坐上了国内钱币拍卖的首席。

首次响槌一鸣惊人

首次钱币拍卖会在当时上海著名的钱币交易中心不夜城商厦内进行，分为上下两个专场。首先进行的是中国钱币专场，120多位来自美国、新加坡、中国香港和台湾地区及10余个省市的钱币收藏家和爱好者参加了拍卖。整场拍卖竞争激烈、高潮迭起，绝大多数拍品经过几十轮竞价才得以落槌成交，成交价远远超出起拍价。第222号拍品为"民国15年张作霖纪念币"，据介绍，其仅有少量样币存世，该币拍卖参考价定为8万元到10万元。拍卖师从6万元起叫，数块号牌同时举起，至30万元后，持611号和665号牌的两位先生互不相让，竞争直至40万元才由来自上海的仇先生拍定。294号拍品是一枚"孙中山民国18年地球版"银币，该币正面为孙中山胸像，背面下为地球，上为交叉的国民党旗，喻意中华民族在世界上占有一席之地。当时正值国民革命胜利，南京国民政府成立，面对社会上尚在流通的有袁世凯头像的银币，有人提出制作有孙中山先生像的银币替代前者，于是政府请了不少西方国家专家设计制作了一批样币,"孙中山民国 18 年地球版"也在此列。当时邀请奥地利、意大利、英国等国的造币厂刻制银币钢模,并且在浙江造币厂试铸,据说存市量仅为十枚左右,所以极为珍贵,理所当然受到藏家和各界的青睐。由于种种原因,此币并没有正式公开发行流通。岁月如梭,加上兵荒马乱、天灾人祸,"孙中山民国 18 年地球版"本来就数量极少,流传至今的样币就更为稀罕了,而且大多数在国家博物馆收藏,一部分散失在国外,国内私人鲜有收藏。1995 年,香港钱币拍卖会上,同样的一枚钱币曾拍出5.5 万美元的高价位。因此此币一露面,来自中国台湾和香港地区、美国等地的藏家闻讯赶来,而且志在必得。这枚稀世样币以 10 万元的价位起拍,台湾买家出价到 48万元,最后由来自于浙江省温岭市的一位中年男子以 50 万元的价位夺走了此币,创下本场拍卖单枚钱币成交记录。而此币的价位已超出了香港的成交价,显示了国内买家的实力,同时也成为一项新的世界纪录。

下半场为现代金银币专场,拍品主要是中国人民银行在海外发行的金银币,由来自新加坡的著名拍卖师林文虎先生主持。尽管国内目前这一领域收藏者群体尚未建立,但是,因为拍卖的金银币在海外发行,国内较为罕见,因此竞争同样激烈。74 号拍品"中新友谊"金币,重 1 千克,以 40 万元人民币的价格成交,为全部金银币成交价之最。全场 505 枚金银币,成交率高达 100%。

此场拍卖有两个特点:一是国内钱币收藏者、竞买人实力不可小看。虽然是首次拍卖,但是国内买家显示了强大的购买力,海外军团尽管有备而来,且志在必得,但是一番竞争下来,在高价位拍品中兵败申城,几乎空手而归。拍卖会买气高涨,打破了一段时间以来我国艺术品拍卖的沉闷局面,说明艺术品拍卖也需要独辟蹊径,形成自己的特色。二是本次拍卖分为上下两场,由国内和国外两位拍卖师分别主持,国内外拍卖师同台献艺、竞技,在国内还是第一次。海外拍卖师盛名在外,而且比较专业,国内拍卖师首次主持钱币拍卖,初生牛犊不怕虎,最后,经在场观众、竞买人反映,上海国拍的拍卖师技高一筹,更受欢迎。不过,作为国际间交流,不同的文化背景、不同的主持风格,通过现场交流、切磋,受到启发得到提高,是一件好事。海内外拍卖师精彩的语言、大方得体的手势,对拍卖会竞买节奏的正确把握,也使在座各位

大开眼界，这同样是一件好事。打开国门，走出去、请进来，海内外拍卖师同台亮相，上海国拍开了好头。

初涉钱币拍卖，上海国拍就取得良好业绩，一是在于钱币收藏有较为广泛的社会基础、有市场，投资钱币，不仅可以观赏，而且保值增值。二是在于此次拍卖拍品品位高，品种齐，为国内外所罕见，几乎囊括了中国近代机制银币的大部分品种，不少拍品存世量极少。物以稀为贵，存世越少，增值的机率就越高。当供求比例失调时，价格上升是极为正常的事，拍卖则是体现其价值最好的办法。三是在于上海国拍敢于开辟新的拍卖领域。上海国拍是综合性拍卖行，以擅长做公物、物资类拍卖著称行业内外，钱币拍卖是全新的业务，在国内也尚未有拍卖公司组织专场拍卖。但公司勇于实践，在短短的时间里便组织了这一场拍卖，表现了公司长袖善舞、运作拍卖的能力。公司也因此一发不可收，时至今日，公司仍然坚持举办钱币拍卖会，每年两届的拍卖会成了海内外泉友聚会的平台和钱币博展会。通过拍卖，聚集了泉友，在自己身边形成了市场。

数千年的时空跨度引发最扣人心弦的竞争

时隔 5 个月，"第二届钱币拍卖会"在上海国拍拍卖大厅开槌。

因为有了首届拍卖会成功的影响，拍品征集阶段，上海国拍可谓客户盈门，前来鉴定、委托拍卖的钱币爱好者排起了长队，令钱币专家孙仲汇先生应接不暇。这次拍品的时间跨度从西周直到近代，材质除金属以外还有骨和纸，内容广泛且丰富，拍卖会几乎成了历代钱币博览会。

数千年的时空跨度引发了最扣人心弦的竞争，整场拍卖会竞争异常激烈，高潮迭起，很多时候，竞买人举牌或者报价速度太快，以致拍卖师目不暇接。第 134 号拍品，引发了本场拍卖会最为激烈的竞争。

北洋政府时期，先后铸造了一批有政府首脑肖像的纪念币（章），如曹锟纪念章、段祺瑞执政纪念币、张作霖纪念币等。徐世昌任大总统时为了庆贺其 65 岁生日，也铸造了纪念币,其中含"徐世昌仁寿同登金币",也正是这枚金币在拍卖会上引起了激烈竞争,并且最后以37万元的价位落槌,创下了该拍品拍卖会最高成交价。另外"丁未大清金币"落槌价为34万元,银币"北洋二十二年壹元"、"老江南半元"分别以19万元和16万元落槌。值得一提的是,民国时期的纸币样票在拍卖会上同样表现不凡,如"中国银行小黄帝像壹元、伍元、拾元(样票)"、"中国银行廖仲恺壹元(样票)"、"大清银行兑换李鸿章像伍元(样票)"、"中华国宝银行(样票)"等。上述纸币尽管不如金属币那样便于保存,而且不是流通货币,但由于它们存量非常有限、品相上乘,所以都在15000元以上的价位落槌,这已经是比较高的价位了。

不减的热情 高涨的买气

1998年3月29日下午,上海国拍拍卖大厅内宾客满堂,"第三届钱币拍卖会"在异常热烈的气氛中进行着。尽管当时亚洲金融风暴已初露端倪,国内艺术品市场趋于疲软,但这里依然人气旺盛,买气高涨,浙江省造"光绪元宝库平七钱二分",即"浙江壹元"是此次拍卖会上一颗耀眼的明星。

据了解,光绪二十五年(1899年),浙江巡抚廖寿平奏请朝廷获准后,在杭州报国寺附近兴建厂房,从英国伯明翰造币厂购进设备筹造银元,并且特别邀请当时浙江著名书法家陶心云亲笔题写币铭,并由两名外籍技师监制,"浙江壹元"随即上市。虽然"浙江壹元"是一种流通货币,但由于时间久远,存世量非常稀少,加上品相极佳,因此引起关注。此拍品从38万元起拍,经过数位买家的多轮竞价,最后以48万元落槌。光绪十年(1884年)由吉林机器官局监造的"厂平壹两",也以22万元的高价落槌。此次拍卖会共成交379项拍品,总计金额200余万元。

而于1998年9月11日举行的"第六届钱币拍卖会",来自国内外的200余名钱币收藏爱好者参与了竞拍,749枚珍贵钱币经过竞争全部拍卖成交,创造了又一个成交记录。拍卖会上,一组"民国三年袁像壹元",因为全部尚未使用过,保存得非常完好,连袁世凯头像上细细的须发也丝毫无损。该组银币从每枚100元起拍,买家反复角逐，拍到 1000 元左右才成交，尽管总价不高，但是已经创造市场交易和拍卖会竞拍"袁大头"成交价之最了。铸造于 1888 年的"朝鲜 497 年一元"银币，是朝鲜有史以来的第一枚银币，当时铸量就不大，留存在世的仅几十枚，而品相完好的更属稀少，日本当年的参考价在 300 万日元。本次拍卖，该银币以 30.8 万元成交，再次显示了"物以稀为贵"的收藏真理。

怎样才是高水准的集藏？

国内的钱币拍卖活动方兴未艾，但要组织高水准的拍卖会谈何容易。上海国拍之所以能将钱币拍卖会定为公司的一项常设拍卖活动，并能确保其成功的原因主要有两点：一是公司具有较强的实力和很好的商誉；二是拥有高水平的专家担纲把关。在长期的拍卖实践中，上海国拍经常主办国内有影响的大型拍卖会，为开拓市场奠定了较好的基础。同时，公司钱币拍卖由国内颇具影响的钱币专家孙仲汇先生负责把关，从而保证了拍品的真实性和质量，使得所有参加竞买的人有一种难得的安全感。

事实证明，收藏者或者投资者最怕的不是藏品价格高，最怕的是收进赝品。而现今仿冒的技术几可乱真，即便是收藏家也难免看走眼而吃亏上当，如果没有真正的专家把关并且拍卖行不为眼前蝇头小利所惑，坚持原则抵制赝品的话，买家的利益是没有办法保证的。上海国拍做到了这一点，因此钱币拍卖得以持续进行。正如一位经常参加拍卖会的买家所说："尽管在拍卖会上我出的价钱可能比市面上高，但我在这里买得舒心、买得放心，下次我肯定还来！"

上海国拍珍邮拍卖实录

在长期的拍卖实践中，上海国拍举办了不少收藏品拍卖会，这些拍卖活动不但具有开创性，还具有知识普及性，一次拍卖就是一次大型展览会、收藏知识普及和投资理财的课堂。邮票及其衍生产品因为与群众生活和工作密切相关，具有广泛的收藏及爱好者群体。但是，大多数人对邮票、邮品的知识，包括投资、收藏知之甚少，上海国拍先后举行的邮票及其衍生产品的拍卖活动成了与之相关知识的大课堂。

"未发行票"受人瞩目

"第 667 号拍品为《全国山河一片红》，无底价起拍。"拍卖师的话音刚落，此起彼伏的竞价声就像延绵的涛声一般向台上涌来，"5 万元！""6 万元！""8.8 万元！""9.9 万元！"……拍卖师依次重复确认着大家的报价。此时，上海国拍第一届邮品拍卖会正在热烈地进行中。

《全国山河一片红》是"文化大革命"期间一枚未发行票，存世量极其有限，拍卖受到追捧。当报价达到 12 万元后，场上几位竞买者同时陷入沉思，显然，他们都有丰富的竞买经验，貌似静下心来，其实是在认真观察竞争对手的动态，寻找着新的战机，以便用最低的代价挫败对手。这时候，拍卖师实施了"挤压战术"，用"最后一次报价"的方式，迫使竞买人抓紧时间出价。作为竞买人，他想拖延，并且在拖延之中寻找机会;作为拍卖师,他想的是场上不能冷下来。最后,几位老谋深算的拍场老将也沉不住气了,频频举起手中的号牌,最后冲刺开始了。"12.1万元!""12.2万元!""12.5万元!""12.9万元!"……价格交替上升。当一位来自香港的竞买人报出"13万元"的价格后,全场肃然,拍卖进入倒计时。随着拍卖师一声槌响,场上爆出一阵雷鸣般的掌声……这激动人心的场面出现在上海国拍首届邮品拍卖会上,拍卖时高潮迭起、激烈竞争的场景,至今仍历历在目,使人难以忘却。

"未发行票"拍卖奇观

未发行票是指已经印制完成,由于某些原因,而没有正式发行供邮政上使用的邮票。未发行票可以分为两大类,一为正品类,二为错品类(俗称"错版")。未发行票由于没有正式发行但却在社会上流传,存世量少,流传过程又颇具传奇色彩而备受青睐,尤显珍贵。在实践中,收藏者信奉"物以稀为贵"的原则,未发行邮票因为数量极其有限,流入民间的更属凤毛麟角,成为邮界人士追逐的目标、拍卖会上的灿烂明星。但在邮市已步入低谷、行情出现日泄千里的颓势之时,像《全国山河一片红》这样的未发行票还能引发如此的竞争,多少会给迷茫的邮市和集邮爱好者带来一丝希望,因为拍卖会往往是市场的晴雨表。市场变化,拍卖"春江水暖鸭先知"。在上海国拍已举办的邮品拍卖会上,这类拍品占有相当比重,由此引来众多买家也就在情理之中了。

这枚拍卖的《全国山河一片红》,在行内被称为"小一片红",据说在其之前曾设计出一枚"大一片红",只因版面过大送审时被否定,设计者才按其票面的1/2完成了"小一片红"的设计。"小一片红"印刷后曾被分发往各地,准备在1968年11月25日统一发行,因有人对邮票上地图的处理提出批评意见而临时被取消。但在一些地区,部分票已先期流入市场,当时谁也没把它当回事,这些邮票就这样流散在民间。孰料事隔多年,其已成稀世之宝,在拍卖会上以13万元的高价拍出,难怪个别人见状捶胸顿足,后悔当初将其视为废物弃之或毁之。

其实"文化大革命"时期的未发行票不仅仅是《全国山河一片红》，在个人崇拜登峰造极的大背景下，为了争分夺秒宣传毛泽东的"最新指示"，邮票发行也因此乱了套，致使一些邮票设计上错误重重，邮票设计出来甚至已经印刷完毕被突然"枪毙"不足为怪。上海国拍首届邮品拍卖会上，第 674 号拍品为《无产阶级"文化大革命"的全面胜利万岁》，也属未发行票。1968 年 9 月 7 日，除我国台湾地区外，全国 29 省、市、自治区都成立了所谓的"革命委员会"，北京邮票厂和邮票发行局的设计人员连夜设计出《无产阶级"文化大革命"全面胜利万岁》这套邮票，邮票图案为毛泽东和林彪在天安门城楼上向接受检阅的工农群众招手。该邮票原定于 1968 年 10 月发行，后来不知道什么原因被取消了，成了未发行票。这项拍品经过轮番竞争，最后以 11 万元的价格拍卖成交。

在第二届邮品拍卖会上还有一枚未发行票，同样光彩夺目，那就是《毛泽东为日本工人题词》，简称"黑题词"。这枚票面取材于 1968 年 9 月 18 日《人民日报》发表的毛泽东 1962 年 9 月 18 日"书赠日本工人朋友们"的题词手稿。邮票原定当年 10 月 1 日发行，据说因为牵涉到他国内政，在发行前夕被取消了。这项拍品的品相极佳，而且带左边纸，实在难得，最后以 15 万元的价格拍卖成交。据市场专家预测，一旦邮品市场复苏，这枚邮票的升值潜力无法估量，很多人正拭目以待。

错版票行情不跌

拍卖会上还出现了多种新中国错版邮票，这也属于未发行票范畴。首届邮品拍卖会第 534 号、535 号及第二届邮品拍卖会第 819 号拍品均为品相上乘的"纪 20"新票。

"纪 20"是一套错版邮票，全称《伟大的苏联十月革命三十五周年纪念》，全套四枚。这套票是为纪念俄国十月革命 35 周年而发行，初稿的票名为《伟大的十月社会主义革命三十五周年纪念》，原定 1952 年 11 月 7 日发行。9 月份时，邮政总局的领导要求在原稿中加上"苏联"两字，结果弄巧成拙地开了个"历史"玩笑。此错误被上海邮电管理局发现后中央决定停止发行，但此时已有约 4700 枚邮票被售出。45 年后，它能以崭新的面目出现在拍卖会上，多亏了有心人。这三项拍品分别以 62000 元、70000 元、55000 元拍出。

第二届邮品拍卖会上同时出现两枚《天安门放光芒》错版票，也属较为罕见。《首都名胜》（特 15）邮票全套 5 种，原定 1956 年 6 月 15 日发行。其中第三枚为天安门图案。审稿时，有人指出图案中彩霞不像彩霞，光芒不像光芒，反倒给人阴沉压抑之感，所以在发行前三日下令收回。但此时个别邮局已有售出，据统计，流出的总数在 700 枚左右。这两项拍品虽为旧票，但仍不减珍稀风采，尽管不是所有邮票爱好者能够购买这枚邮票，但是，很多人还是为此特意从外地赶至上海，为的是在拍卖会上一睹为快。

被编为首届邮品拍卖会第 541 号及第二届邮品拍卖会第 527 号、528 号、529 号拍品的错版票是《纪 54（2—1）第五届世界学生代表大会》。第五届世界学生代表大会于 1958 年 9 月 1 日在北京举行，国家邮电部为此发行一套纪念邮票，全套同图两种，分别为 22 分绿色和 8 分玫瑰红色。不料大会临时改名为"国际学联第五届代表大会"，所以在发行前四天决定将全部邮票收回，再次赶印正票，但错版票也因个别邮局提前出售而流入市面。这几件拍品拍卖会前就被人看好，所以均以高于底价的价格拍卖成交。

在第二届邮品拍卖会上《纪 92（8—1）中国古代科学家 4 分'公元前'》错票，引起了激烈的竞价。蔡伦本为公元后出生的科学家，但文字设计出现了常识性错误，多了一个"前"字。发现后有关人员用手工逐枚涂改，不料整版中漏涂一枚，再发现时已晚矣，造成一定数量的错票外流。这项拍品从 2000 元起拍，经过十几轮竞价，最后以 30800 元拍出。

一般产品出现误差或者瑕疵，即被视为残次品，身价肯定大跌，甚至被销毁。但对于艺术品而言，次品的结局却是例外。作为收藏品，它们因错而贵，这大概就是"物以稀为贵"的原则使然吧。未发行邮票，每一件稀世藏品都有一段鲜为人知的故事，都可以唤起人们对历史的追思，它们都是历史的佐证。

蓝军邮首次在沪拍卖

军邮，顾名思义，就是军队使用的邮票。1953年，我国邮电部门为了方便军人通信，发行了一套3枚陆空海三军使用的邮票，分别为黄军邮、紫军邮和蓝军邮。经过短期使用，发现很难管理，于是决定停止使用并且收回。其中，蓝军邮是最后印刷的，因此存世量极少。

因为数量极其稀少，在市场上甚至在邮票收藏界，蓝军邮都属于难得一见的藏品。据了解，在国内，蓝军邮仅仅在中国嘉德国际拍卖有限公司（简称嘉德）和南京一家拍卖公司露过面。上海国拍首届邮品拍卖会上出现的蓝军邮，品相不错，因此成为海内外收藏家角逐的目标。拍卖会上，经过反复竞争，最后这枚珍贵的邮票以38.5万元的价位落槌，加上佣金，总价接近43万元，是该场拍卖会成交价最高的拍品，充分体现了拍卖能够挖掘标的价值的特点。同时也说明，只要拍品的本质好，即便是处于市场低迷的状态，它的价值仍然是存在的，买气不失，竞争照样会发生。

上海首次拍卖出租汽车经营权纪实

1996年11月18日下午，上海首次出租汽车公司所有产权在物贸大厦四楼大厅拍卖成功，上海浦东丽华出租汽车公司所有产权以1810万元的价位被上市公司——上海大众汽车出租公司买断，公司易帜。在上海市出租汽车经营权严格控制、几年内几乎没有增量的情况下，上海浦东丽华出租汽车公司产权重组，其所拥有的90多辆出租车经营权通过拍卖改变归属，而上海大众汽车出租公司通过拍卖实现了扩大出租车总量的目的，实力大增。这在上海属于首次，上海国拍主持了这一拍卖活动。

上海浦东丽华出租汽车公司是因为涉嫌金融诈骗案而被执法机关查封并委托拍卖的，拍卖的是该公司所有产权，而产权属下的实物资产主要包括桑塔纳在内的76辆出租汽车、17辆公交专线车以及通信设备、办公用品等，其中76辆出租车经营权最为紧俏。因产权涉及范围广，处置时政策性强，同时还涉及职工安置等问题，拍卖引起了政府以及社会的广泛关注。为了确保拍卖成功和无后遗症，上海国拍在充分了解查扣物品及市场情况的基础上，决定分两步走处置这些资产。第一步，先期拍卖除开交通工具之外的产权；第二步，实施出租车经营权以及其他相关实物的拍卖。为此，上海国拍同市公共客运管理处、市公安局车辆管理部门一起，做了大量摸底工作。在此基础上，派出工作人员，前往该公司清理出租车，安排统一停车场地，做好司乘人员的疏导工作等，同时对参加拍卖的单位资质进行审定，并制定拍卖有关规定，比如明确拍卖成交后出租车经营权可以转让，车辆可以过户，买受企业可以继续经营出租车业务，必须继续聘用原丽华出租车公司的职工等，在拍卖前排除一切障碍，直至万事俱备，只等落槌。

为了保持城市车辆总数的稳步增长，以利于中心城区交通畅通，近几年上海出租车经营权资质审批极严，投放数量几乎为零。而社会对出租车的需求量增大，要求出租车增量的市场呼声很高，可是政府对车辆投放控制却很严，几乎一车难求。因此拍卖消息传出后，短短时间里，到上海国拍咨询、登记的出租汽车公司就已经超出了50家。经过资格审定，有11家出租汽车公司获准参加竞拍。

11月18日下午，几乎上海所有出租车公司的经理都到了拍卖现场。拍卖师从800万元起拍，拍品为上海浦东丽华出租汽车公司所有出租车（带经营权这一无形资产）。竞买人群雄逐鹿，豪气十足，不到半小时，标的价位已升到1510万元。此时，场上的竞拍者仅剩上海大众出租汽车公司和上海浦东强生出租汽车公司两家企业。它们都是上海出租车行业的龙头企业，现在拍卖场上狭路相逢，竞争变得更加激烈。拍卖师不断调整加价幅度，控制场上竞买节奏，新闻记者的目光、镜头对准举槌人。随着价格的节节上升，举牌人一脸的严肃，观众更是心惊肉跳，场上只有拍卖师的拍卖报价声在回荡："1560万元"，"1800万元"……经过漫长且扣人心弦的反复较量，最后，上海大众出租汽车公司以1810万元的价位成为赢家，而这一价位已经超出起拍价1010万元。拍卖在充满火爆的气氛中结束，上海首次出租汽车经营权拍卖取得成功。

上海浦东丽华出租汽车公司包括出租车经营权在内的所有产权及资产拍卖成功的实践证明，企业产权委托拍卖公司采用拍卖形式处置是完全可行的，拍卖是盘活存量资产的有效路径。本次拍卖成功的意义在于：一是拍卖不但实现了国有资产价值的最大化，也充分体现了采用拍卖形式可以促进办事制度公开化；二是对于一个面临破产的企业遗留的错综复杂问题，需要政府有关部门通力合作，为其变现排除障碍；三是与单纯的产权交易相比，采用拍卖方式，可以引发竞争，价高者得的拍卖特点能够较好实现资产价值的最大化，而产权挂牌，如果一人摘牌，便可以成交，没有竞价过程，容易造成资产流失；四是企业职工的妥善安置是确保企业资产重组成功的关键，人员分流得当，没有后顾之忧，资产处置时成交价就高，反之则低或甚至流标；五是处置国有资产时，不但要考虑有形的，还要考虑无形的资产，因为类似经营权在内的无形资产具备极高的含金量，是耗费了大量的人力、物力、财力凝聚起来的，是国资的重要组成部分。除此之外，上海国拍在亲历了国有企业产权拍卖的全过程后，对产权拍卖的程序、有关规定、政府相关管理部门等情况有了了解，为以后主持类似拍卖打下了基础。

记沪港列车首开纪念品香港拍卖

　　1997 年 5 月 25 日下午,香港中环德辅道中李宝椿大厦 18 层,香港苏富比拍卖公司的拍卖厅座无虚席。来自苏富比拍卖公司的拍卖师汪衣淑繁女士热情洋溢地主持着"沪港列车首开纪念品拍卖会"。会场内气氛宽松,时不时响起一阵朗朗笑声,随着拍卖师的槌起槌落,拍卖会 61 件拍品一一成交。其中最高成交价为一对上海至香港首开列车金、银纪念车票,拍至 5.5 万港币,而一尊特大掇只壶以 5 万港币落槌。按苏富比拍卖公司惯例,拍卖师主持拍卖会,如果拍品悉数成交,将获得嘉奖。于是,苏富比拍卖公司董事、亚太区主席林李翘如女士把一枝鲜艳的玫瑰和一副洁白的手套赠给了汪衣淑繁女士,既肯定了她今天主持拍卖的成功,同时也表示了对香港回归、沪港列车首开由衷的祝福。

　　1997 年 7 月 1 日,香港在被割让了 150 余年后终于回到祖国怀抱,中华人民共和国将恢复对香港行使主权,香港百年回归,是一件令世界瞩目的大事。5 月 19 日,沪(上海)港(香港)列车首开香港,把长江之滨的东方明珠与珠江口的东方之珠连在了一起。为纪念这一重大事件,在上海国际商品拍卖有限公司的建议下,上海铁路局围绕"沪港列车"首开展开了一系列活动,制作了形成系列的一整套纪念品,包括纯金、纯银仿真纪念列车车票,铁路购票磁卡和由沪港两地著名书画家题辞、作画、紫砂陶艺大师许四海先生亲手制作的紫砂壶等。其中两尊特大鸳鸯掇只壶自重 38 公斤,壶围 1997 厘米(喻香港 1997 年回归),可容 75 公斤水。此壶制作工艺复杂,制作时工艺要求极高且须有适宜的天气与之配合。据介绍，以往许先生制作类似大壶成功率为 50%，此次为香港回归创意并特制特大鸳鸯掇只壶，吉人天相，竟然一举成功，令人惊叹不已。据了解，在此以前，国内已经制作过的金银车票有京（北京）九（九龙）线开通、首开等题材，票型为硬纸或电脑仿真。而沪港列车首开纪念票为第三种票型即九龙票型，新颖且技术含量更高，是当时全国首家经过国务院港澳办批准使用"香港回归祖国"标志图案的铁路纪念品，因此具有极高的收藏价值。

基于围绕香港回归进行的拍卖活动具有重大意义，上海国拍大胆地提出了走出上海，到香港与苏富比联手拍卖的创意，并且匠心独具地与上海铁路局合作筹划了香港、上海、温州三地联拍，把围绕香港回归进行的拍卖活动推向了系列和高潮。

随着香港回归日近，国内外舆论一致认为这是中华强盛的体现，爱国主义热情高涨。纪念品的收藏价值已成为次要，其意义已远远超过纪念品本身的价值。因此，当拍品随首开的沪港列车于 5 月 20 日抵达香港九龙红磡车站时，苏富比（香港）有限公司以最隆重的仪式迎接了它们，香港的媒体也纷纷对此做了热情洋溢的报道。而内地拍卖公司走出来，与世界一流拍卖公司合作，联合举行拍卖会，同样是一件新鲜事，在香港刮起了一股旋风。

作为香港苏富比的当家人，林李翘如女士是严肃也是十分认真的。5 月 25 日下午 2 时 30 分，拍卖开始，拍品一个接一个成交，场上竞争激烈且气氛轻松、欢快，近 30 家新闻单位记者到场，闪光灯织成一道绮丽的风景线。

香港是中国书画、瓷器、古玩集散地，是中华文化及与之有关的艺术品收藏、交流的国际中心之一。但是，对诸如纪念品等这一新颖的收藏以及收藏群体的了解则相对较为贫乏，据了解，除邮票之外，一般新的收藏种类在香港难以成交。而近年来，随着人民群众生活水平的提高、投资的多元化，内地涉足收藏领域的人越来越多。由于内地人口众多，市场基础雄厚，而投资方向却十分有限，艺术品门槛太高，入门比较困难，纪念品价格较低、技术含量不高，正适合刚刚涉足收藏的人群的需要和能力。由于市场上高档次的藏品数量极其有限，如邮、币、卡等，在内地深受欢迎，价格一升再升，到了离奇的地步。另外，内地和香港出行条件不同。内地人出行，火车仍然是主要代步工具,而香港人则以飞机为主。因此前者对于金、银车票、购票磁卡有较为直观的认识。购票磁卡不但有使用价值,而且有收藏价值,且随着电脑的推广,内地购票将逐步实现电脑操作。而香港人却不会因为拍下了一枚金、银车票而去乘一次火车或专程到内地使用购票磁卡购火车票,因而形成了纪念品收藏"一根扁担,一头热一头冷"的局面。再次,内地和香港的拍卖方式和招商手段也存在差异。虽然此次拍卖的主办双方一是内地规模最大的拍卖公司之一,一是世界级著名拍卖公司,但是属于第一次合作。同时,拍卖活动目的旨在庆贺香港回归、沪港列车首开,拍卖本身的经济目的已在其次,珍品凝聚回归情,使海内外收藏家和群众对这一系列拍卖寄予了厚望,拍卖的责任骤然上升。

苏富比拍卖公司是一个跨国企业,成立于 1774 年,距今已有 200 多年历史。作为世界现代拍卖业鼻祖之一的苏富比,虽然以拍卖书籍、书稿起家,但是早就成为国际上最享盛名的艺术品拍卖公司。面对中国内地近年十分热门的纪念品拍卖其却是一筹莫展,加上毕竟是第一次合作,苏富比香港公司从领导到职员对此都没有底气。直到上海国拍派出精干的工作组到达香港,才使该公司松了一口气。上海国拍通过香港的媒体及自己的客户群,向香港群众、收藏界介绍了纪念品制作的思路及内地这一收藏市场的情况,令香港朋友眼睛为之一亮。展示期间不少人慕名前来参观,拍卖时竞买人竟将拍卖厅坐满,以致不少人只得站立在后面参战。

由于类似拍卖在香港还是第一次,因此拍卖开始后,站在拍卖场一侧的林李翘如女士脸上仍露出焦愁之情。随着拍卖高潮的不断出现,林李翘如脸上的担忧之情才慢慢消失,并且露出了笑容。当香港特别行政区政府市政使陈方安生的母亲方召麟女士出现在拍卖会现场,并志在必得地与一中年港商展开竞争且最终以 5 万元港币拍下特大掇只壶时,林李翘如女士情不自禁地鼓起了掌。这掌声其实也代表了今天所有到场人的心声,表示了对香港回归的美好祝愿,对拍卖成功的宽慰之心。

香港苏富比拍卖公司是苏富比拍卖公司一个重要的海外分公司,其一年两度的艺术品拍卖在国际上享有盛誉,在拍卖业具有极大的影响。而上海国拍则是中国内地恢复拍卖业后最早成立的拍卖公司,也是目前内地最有影响力的拍卖公司之一,此次与苏富比拍卖公司联袂拍卖，是国内拍卖企业首次走出内地与世界著名拍卖企业强强联手，意义非凡。国家主管拍卖业的国内贸易部有关负责人赵杰先生亲临拍卖现场指导。他认为，随着《中华人民共和国拍卖法》的实施，内地拍卖业正逐步走上正轨，走出国门。与国际接轨正成为拍卖企业壮大实力，接受新事物，规范拍卖行为的好途径，上海国拍与香港苏富比此次联袂拍卖的成功，为内地同行提供了有益经验。

　　上海国拍与苏富比香港公司合作联袂举行拍卖会，实质上是上海国拍借助香港回归这一重大历史事件，走出去与国际一流拍卖公司合作、学习的有益尝试和实践；也是国内拍卖企业首次在内地以外地区与其的合作。这一意义远大于拍卖活动本身实现的经济价值，双方的合作也为苏富比日后拓展中国内地市场提供了经验与契机。

从原海军登陆艇拍卖看媒体与拍卖的关系

1997 年,上海某执法部门委托上海国际商品拍卖有限公司拍卖因拖欠修船款而被依法查扣的一艘轮船。这艘轮船属于深圳一家娱乐公司所有,业主是一位香港商人。该公司计划将轮船改造成集娱乐、餐饮为一体的海上娱乐中心,停在深圳市海边营业,为此委托上海一船厂进行整体改造。

改造过程中,由于香港发生金融风波,市场变化和投资方资金链断裂的原因,此船工程过半后,委托方停止支付工程款,并且不再露面。船厂在催讨无门的情况下,一纸诉状将委托方告上法庭。由于委托方确实无支付能力,执法部门决定对该船进行查封并委托上海国际商品拍卖有限公司拍卖变现以清偿债务。

接受委托后,拍卖公司按照惯例在报纸上发布了拍卖公告,然后按常规实施招商活动。但直到拍卖前夕,市场对此没有任何反应,拍卖以流标告终。拍卖公司在总结时发现,造成拍卖流标的最主要原因在于拍卖的信息覆盖不够。经过再三分析,上海国拍认为按现在的市场和经济形势,这艘轮船已经没有继续改造的可能和必要,此船潜在买家应该是拆船企业。而当时上海主要拆船基地崇明等岛屿因兴建船厂等原因,拆船业受到影响,上海地区的拆船业正处于低谷状态,因此买家必须到外地去找,而且力度必须加大。远距离招商,信息的发布工作显得十分重要,仅凭在上海一家媒体发布拍卖公告,其招商、推介的力度显然不够,因为这些媒体的受众面主要局限在上海。然而,此船价值并不很大,按委托的底价成交,佣金不到十万元。上海当时媒体公告价格约在 3 万元,到处刊登拍卖公告须花费大笔款项,从成本核算的角度分析,入不敷出显然不现实。拍卖公司仔细分析并阅读评估报告时发现,这艘船的历史具有特殊性,有很高的新闻价值,大有文章可做,通过媒体宣传,可以起"四两拨千斤"的作用。

有关资料表明,这艘轮船原来属于中国人民解放军海军的登陆艇,来自于大洋彼岸,为美国制造,在抗日战争末由美国政府赠送给国民党政府,共 2 艘,型号、吨位均差不多。解放战争行将结束时,这艘登陆艇被解放并从此进入中国人民解放军海军序列,长期负责海军物资运输任务,曾经是我国海军吨位最大的登陆艇之一。因为使用年份太长,已经不适应继续服役,因此退役卖给了深圳市这家公司,而另一艘登陆艇当时仍在海军服役。根据材料分析,可以看出,这艘登陆艇的历史具有巨大闪光点,挖掘得好,拍卖这一商业活动具有极强的新闻性,完全可以借助媒体扩大影响,弥补不可能多次投放拍卖公告而导致的信息发布不够的缺陷。

于是,公司拟发了一篇名为"原美军登陆艇即将在沪拍卖"的新闻稿,传真到上海各主要媒体。因为颇具新闻性,同时标题十分抢眼,第二天,几乎上海主要平面媒体均做了报道,上海电视台、东方电视台等立体媒体也在第一时间赶往上海浦东后滩修船厂现场采访,并在当晚的新闻节目中播出了此条新闻。当天晚上,中央电视台新闻联播播发了这条消息,次日国内不少报纸予以转发。由于媒体的高度关注和倾情报道,短短时间里,原美军登陆艇拍卖的消息迅速覆盖了全国。以后的时间里,上海国拍接到了包括美国驻上海总领事馆、《洛杉矶时报》《纽约时报》及好几家拆船厂的电话。大家对美国造的军舰拍卖表示了极大的兴趣与关注,拍卖的条件很快成熟。于是拍卖公司再次发布拍卖公告,拍卖在全社会关注下重新开槌,这艘已有五十多年历史的登陆艇最后以 174 万元的价位拍卖成交。

在长期的拍卖实践中,上海国拍公司充分把握拍卖标的、拍卖活动的新闻性和新闻价值,善于通过媒体的报道,达到扩大信息覆盖面、宣传拍卖、宣传企业、加大招商力度的目的,是国内这方面案例最多、最为成功的拍卖企业,这样的案例在上海国拍发展史上随手拈来。

受江西省一中级人民法院委托,上海国拍在 1999 年曾先后连续几次发布拍卖公告,拍卖位于黄浦江边一家集团公司所有的码头、仓库。因码头地处偏僻,加上土地出让、房地产权属上存在诸多瑕疵,公告后,市场没有什么反响,几次拍卖均不能成交。

随着形势的变化,上海对于环境保护工作越来越重视,黄浦江作为上海的母亲河,对黄浦江的治理和保护已经成为这个城市最为重要的工作之一。就在这个码头拍卖流标后不久,市政府公布了重新规划黄浦江、开发黄浦江的总体规划,明确规定浦江两岸原则上不再新批码头、港区,上海的媒体大量报道了这方面的消息。这就使拍卖的形势发生了变化,被司法强制执行的码头价值凸现。上海国拍同时也意识到仅凭公告,招商的力度显然不够,不能够迅速、全面地告诉投资者黄浦江的重新规划,如果不及时抓住现有的投资机会,将错失良机。于是公司再次借助媒体之手,拟发了一篇题为"黄浦江一码头走上拍卖台"的新闻稿。由于切合形势,又抓住了媒体报道的最佳时间,结合浦江规划的大背景,重点突出了这一码头的潜在投资价值,此消息立刻被上海媒体采用。上海《文汇报》不但在经济版头版发表报道,而且专门为此标的绘制了一幅彩色位置图。因为十分直观,又发表在头版,引起巨大反响,不少投资者致电上海国拍表示竞拍的意向,最后,该码头、仓库以 3600 余万元的价位拍卖成交,促成拍卖的成功,媒体宣传功不可没。

两个同样遭遇冷落的拍卖标的,因为巧借了媒体之手,充分发挥了媒体发行量大、信息发布面广、时间长的特点,最后均顺利拍卖成交。从中可以得出这样的结论,在当今形势下,单凭传统的拍卖公告进行招商显然是不够的。拍卖公司要从标的难以处置、拍卖成交率低的困境中解放出来,必须首先从传统的招商模式中走出来。

上述两个案例的共同点在于,上海国拍在正确把握拍卖标的的情况下,依靠、借助新闻媒体的力量扩大了拍卖信息的发布面、扩大了拍卖的影响,从而寻找到了潜在的买家,由于信息对称,促成了拍卖的成功。事实证明,不少拍卖活动具有新闻性,是社会经济生活中的亮点。而所谓新闻即是媒体采撷或发现社会上、经济活动中、人们身边的新鲜事,拍卖活动中不少事正是媒体所关注的,因此新闻媒体的报道与拍卖活动可以有机结合,媒体是拍卖的朋友。

但在实践中,我国极大多数拍卖公司没有充分认识到这一点,不能正确理解宣传包装的重要性。其表现一般如下:第一,只顾埋头干活,不去总结提高,想不到也不会借助媒体,让很多颇具新闻、史料价值的事成为过眼烟云,拍卖完成了,什么痕迹也没留下,这是十分遗憾和令人惋惜的;第二,对媒体心怀顾忌,总怕媒体不确当报道,错误认为媒体的报道对于拍卖往往是成也萧何,败也萧何,因此对媒体防得多、交流得少;第三,无论什么原因一概抵制,将媒体拒之于门外,鸡犬之声相闻,老死不相往来,殊不知,越不交流,隔阂越大,媒体的报道越可能出偏差。权衡下来,抵制和不重视媒体的报道弊大于利。事实上,不少长期与拍卖业保持联系,经常采写、报道拍卖新闻的记者,在采访、报道的过程中了解了拍卖行业、了解了拍卖的运作过程,写出的文章均较为切题、到位,很少出现偏差或明显外行的语言。对于宣传拍卖行业、宣传拍卖行为、宣传拍卖企业都是十分有益的,而且可以起到事半功倍的作用。报章上那些显然有偏差的有关拍卖的文章,大多因为其作者本人不了解拍卖,仅凭道听途说就草率得出结论,个中原因,拍卖公司也要负一定的责任。

其实,在市场经济高度发展的今天,拍卖作为市场经济的产物,本来就融合在社会生活之中,是社会的热点之一。媒体对拍卖市场、拍卖行为的关注、监督是十分正常的,要拒绝是办不到的。而且随着法制建设的进一步完善,构筑和谐社会需要舆论的监督,记者用其独特的眼光和笔触对拍卖活动进行报道,其作用和影响均是不可低估和替代的。但中国拍卖业中不少企业和从业人员却表现得差强人意。全国不少报刊因为看好拍卖,辟出版面设立拍卖专版,虚位以待,然而结局怎样呢?除开数得清的一两家媒体外,几乎没有哪张报纸能坚持半年以上,原因并在不于媒体缺乏经费,而在于缺乏稿源。拍卖本身需要媒体宣传,媒体提供了窗口,拍卖行业却不起劲、不响应,其所表现出来的冷漠,令不少媒体朋友大惑不解,这确实是一件不可思议的事。

近几年我国拍卖市场可谓风起云涌,拍卖成交额呈几何级数上升,无数拍卖会构筑了拍卖市场大舞台。但这些拍卖活动,真正成为经典案例的并不多,究其原因,拍卖公司本身不注重宣传,本身没有宣传家或者说专门的宣传人员,是造成这种情况的主要原因,宣传总体上是支离破碎的。

事实已经证明,拍卖业要发展,绝不能离开媒体的帮助。原海军登陆艇、黄浦江码头仅是媒体成功帮助拍卖业无数例子中的一小部分,闻名于世的"磁悬浮列车冠名权拍卖"、"首次走私飞机拍卖"等均因为有了媒体的参与才变得有声有色。拍卖活动的举行,虽然依法必须刊登拍卖公告,新闻报道不能取代,但公告的发布与新闻报道并不是矛盾和互相排斥的,正确的做法应该是结伴而行,媒体是拍卖业的朋友而不是陌路人。在实践中,拍卖行业究竟应怎样去借助媒体推动拍卖的发展呢?

拍卖前发布"拍卖公告",这是法定的行为。拍卖公告其发布的时间、内容均是固定、程式化的,省略了不行,过于渲染也不行。社会上不少人误认为它是广告而少有人看。媒体宣传则不然,它应该是"拍卖公告"的有效补充。在现实中,拍卖公司好不容易争取到一宗委托,但要顺利把它拍出去,却十分困难,买家、市场、价格原因都可能导致拍卖失败,不少拍卖公司都在为没有有效的招商方法而苦恼。从这个意义上讲,充分发挥媒体的作用意义显得越发重要。同时,拍卖市场、拍卖行业的进一步宣传、市场的进一步培育、拍卖活动的报道、企业形象的塑造等,也离不开媒体的参与。对拍卖活动中出现的不正常行为,包括委托人、拍卖人、竞买人、买受人的过错,媒体予以曝光,只要其不是恶意、片面的,其实是对拍卖活动的一种监督。而媒体的监督对规范拍卖活动,促进拍卖业健康发展有好处,忠言逆耳利于行,良药苦口利于病,有监督又有何不好呢?况且,监督是媒体的天职。拍卖业遇到问题,碰到困难,媒体可以帮助呼吁,提供支持。拍卖活动具有新闻性,媒体可以给予报道,出自于记者的手、记者的口,比花钱登广告效果好得多,这是公告所不能替代的。不敢想象,一旦媒体与拍卖业成了敌人,结果会怎样。2002年3月,《财富日报》一篇奇文,将中国拍卖业"一网打尽",抹黑整个行业,显然有失公允也极不客观。但是,要纠正它,挽回影响,却很困难。在信息高度发达的时代,拍卖业要发展壮大、营造行业发展的良好氛围和环境,媒体的作用不可小视,化敌为友总比树敌过多好。

上海国拍的经验告诉行业,拍卖公司应从以下几方面进行努力,借助媒体的力量。

其一，挖掘拍卖的新闻性，巧借媒体之手发布消息，扩大影响。不少拍卖活动平淡无奇，同时，不少拍卖活动带有很强的新闻性，关键看你能不能挖掘、把握。中国拍卖行业曾经主持过的"走私飞机"拍卖，"磁浮列车冠名权"拍卖无不颇具新闻价值，拍卖公司的精心策划、精心操作，使拍卖顺利进行。同时新闻媒体不遗余力地报道，不但帮助拍卖公司成功招商，同时也使社会关注拍卖活动，从而极大提高了拍卖行业的知名度。

挖掘新闻，与媒体打交道，拍卖行业要做有心人，否则，不少具有新闻价值的拍卖会成为过眼云烟。为此，起码拍卖公司本身要有自己的"新闻记者"，因为他在第一线，可为媒体提供第一手资料，及时拾遗补缺报道拍卖。同时因为有了较为固定的联系媒体的人，建立了良好关系，发的稿件针对性强，命中率亦高，与记者磨合方便。再者，由于只有一个口子对外，宣传口径相同，效果就好。这就需要拍卖企业具有远大目光，要培养新闻热心人和能静下心来笔耕的人。培养新闻热心人的作用在于有人能比较专心地研究当地主要媒体的栏目、版面，一段时期的报道热点、重心，在于能够及时地为媒体提供第一手消息，在于为媒体排除专业技术等障碍，在于用业内人士的眼光、用记者的角度为媒体提供基础稿件。这种热心人，要有百折不挠的精神，要学会与媒体交朋友，要能写、善写。总之，拍卖行业要做研究媒体的有心人，与媒体交朋友而不应该将媒体拒之于门外。

其二，正确选择媒体，做到有的放矢。拍卖有新闻性，并不等于可以随便寻找一张报纸发表一篇文章、消息即可。可以这么讲，拍卖的新闻报道的目的在于宣传拍卖，在于提高企业的知名度，在于扩大招商范围。细细分析，在拍卖前，后者的作用更重要，因为只有招商落实了，拍卖才会成功，否则是竹篮子打水一场空。因此正确选择媒体，有的放矢发布拍卖信息显得尤为重要。一般讲，发行量大，受众面广的媒体效果好，反之则差。专业性的标的找专业性的报纸，因为不少专业性很强的拍卖标的其潜在买家一般都会订阅与之专业相关的报纸。适销对路、信息对称，消息才会有效。

标的的市场在哪里，就选哪里的媒体，也是一条经验。浙江台州一带曾经是我国旧机器设备的集散地，遇到相近物资，选台州的媒体不会有错；浙北、苏南则轻纺业较为发达，如有通用机械、轻纺类标的，就应首选浙北、苏南的媒体，针对性强效果就好。事实证明，有些名头很大的媒体其实并不适合刊发拍卖公告与发布消息。因此，认真花一点时间研究一下媒体，对拍卖是有帮助的，这也是新形势下，市场对拍卖行为的新要求，也是拍卖企业改变粗放型经营、提高运作技术含量的重要内容之一。

其三，拍卖行业要不断创新、不断有亮点出现，使媒体有内容可写。要使媒体关注自己，企业应该有吸引其的地方。作为拍卖企业来讲，敢于开拓、不断创新，在拍卖实践中不断出现新的社会热点、市民关心的拍卖活动，媒体自然会聚焦于你。大量报道的积累，最终势必扩大企业的知名度，并在社会上产生信任感，对公司发展和业务开拓有不可估量的作用。上海国拍之所以能够在 1995 年改制后迅速崛起于市场，成为拍卖业领军企业之一，是因为其进行的一系列拍卖活动使得媒体一次次为其讴歌，产生了视觉冲击和信息积淀。而这些拍卖活动由于有媒体的参与、报道因此成为行业经典，从而增大了公司的知名度与其在行业内的地位。巧借媒体，一石三鸟，此是最佳例证。

其四，注意企业文化建设，树立企业品牌。与生俱来，拍卖是市场经济的产物，其交易规则、交易方式完全符合市场需要。公开公平公正的交易原则使得拍卖活动具有很强的新闻性，媒体会对拍卖产生兴趣，也会关心和报道拍卖。但媒体不会盯住一个没有文化积淀、品牌形象极差的企业不厌其烦地为其宣传报道。因此，企业必须练好内功，从一件一件小事，一桩一桩拍卖活动开始，树立自己的形象，成为公众眼中的优质品牌，媒体聚焦于你就会顺理成章，少了许多诡异和阻力。而且市场经济也实实在在要求拍卖企业自强自律，提高素质，规范行为，这些基础工作必须扎实做好，否则媒体报道了你九次拍卖，曝光你一次不良行为，你就前功尽弃了。可惜对于这一点，很多拍卖企业并没有看清楚，或者说没有引起足够的重视，这是十分遗憾的。

上海红星轴承总厂破产财产拍卖纪实

企业破产了,其资产如何处置?拍卖是最佳方式。采用拍卖方式,既有国家法律法规做保证,又有大量成功案例证明。从 20 世纪 90 年代开始,我国拍卖行业即涉足企业破产财产拍卖,随着相关法律法规出台,拍卖已经成为企业破产财产处置的主渠道。

为了确保企业破产财产处置的规范和实现破产财产价值的最大化,国家相关法律法规对财产处置要求和拍卖程序作出了明确规定,其中,十分重要的一条是对企业破产财产"鼓励整体拍卖出售"。这是因为,破产企业财产涉及企业资产处置的质量和破产企业的诸多特殊性,对财产进行整体拍卖,有利于发挥财产的整体功能,防止因财产分散造成贬值,从而获取较高的价款。破产企业财产拍卖实际操作中,大多数人也主张采用整体转让的方式进行,认为整体转让有利于资产的彻底配置和发挥资产的最佳效益,同时,整体转让,实施起来简单干脆。但是,造成企业破产的情况非常复杂,企业破产时,所剩余财产情况非常复杂,不是任何一家企业都适合整体转让,也不是任何一个买家都具有如此大的"胃口",买下破产企业所有的财产。1998 年 9 月 8 日,上海国拍在拍卖上海红星轴承总厂破产财产时,经过认真的市场调查,凭借公司丰富的操作经验,果断提出了将上海红星轴承总厂破产财产拆零拍卖的方案,事实证明,这是一条企业资产转让的好路子。

上海红星轴承总厂隶属于上海轴承(集团)公司,是一家国有大中型企业,有

2000余名职工。该厂主要生产各类规格的滚针轴承、调心球轴承等千余种产品,并拥有车加工、热处理自动线等良好的轴承生产设备和先进的测试仪器及精良的配套设备。红星轴承总厂的产品曾被广泛应用于汽车、低噪音电机、纺织、印刷、家用电器、轻工机械和航空航天等领域。其"红星"商标在轴承产业中享有很高的知名度,是我国轴承行业骨干企业。近年来,由于市场变化,企业发展跟不上形势,经营机制不能适应市场经济和转轨的需要,加上企业负责人中有人涉及经济犯罪,经营管理不善,冗员过多,负担过重,以致企业连年亏损。到1997年11月31日,负债总额达2.5368亿元,资产负债率高达111.3%,到了资不抵债的程度,并且无力清偿债务,最终进入破产程序。1998年1月初,上海市卢湾区人民法院依法宣告该厂破产。红星轴承总厂破产财产拍卖的主要标的有房地产、生产资料、生活资料、机动车、无形资产"红星"商标等,可谓林林总总,包罗万象。

进入破产程序后,该企业首先通过产权交易所,企图通过挂牌实现财产转让,可是挂牌半年无人问津,法院遂把目光转向拍卖,最终委托上海国拍实施该企业破产财产的拍卖。

接受委托后,公司对红星轴承总厂破产财产进行了梳理。发现该企业破产财产一是数量较大,二是品种复杂,其中部分非常专业,尤其是因为地处市区,土地使用权和可以改造的厂房价值比较大,整体拍卖,在当时一个企业或个人基本没有能力买下所有财产。面对企业如此杂乱的资产,在深入进行市场调查、询价的基础上,上海国拍经过深思熟虑,提出了拆零拍卖的思路,并具体提出了标的分类的意见。考虑到整体拍卖标的过于繁杂,标的额过于庞大,为了防止国有资产再度流失,法院最终同意采纳上海国拍的建议,拆零拍卖上海红星轴承总厂的破产财产。

上海国拍迅速与清算小组一起将该厂财产按用途、财产类型"五马分尸",具体分割为房地产、生产资料、生活资料、机动车、剩余物资和商标六个大类。由于拆零拍卖,标的细化,每一项标的价值变小,扩大了有能力接盘的买家队伍,不少中小企业甚至个人也可以参加竞买。事实证明这一选择是正确的,红星轴承总厂破产财产拍卖延续了两天半,来自上海、江苏、浙江等省市的80余位竞买人参加了拍卖会,这在企业破产财产拍卖中十分少见。

第一天拍卖生产资料等共 143 项,成交额达 405 万元。第二天拍卖,成交了 4100 万元,其中房地产和"红星"商标拍卖了 2000 余万元。其余财产在第三天拍卖,主要是机动车与生活资料,经过两天半的角逐,上海红星轴承总厂破产财产全部拍卖成交,总成交额达 5902.7 万元。整体转让无人问津,拆零拍卖显神威,生产资料的平均成交价高出评估价 12%,机动车高出 11%,其他财产的拍卖成交价也都略高于评估价,其中通用设备的最终成交价达到评估价的 2 倍以上,国有资产顺利转让。

上海红星轴承总厂破产财产拍卖,有以下两条主要经验。一是企业破产财产的处置不应简单地采用一刀切的方法。尽管法律法规提倡整体处置,但是因为造成企业破产的原因很多,企业破产以后剩余财产情况非常复杂,破产财产的性质、用途以及保管情况等都会影响处置结果,因此不能一刀切,正确的做法应该是视标的和市场情况而定,一股脑儿的"捆绑式"交易很难赢得买家的心。对于一家破产企业的财产而言,有的买家可能只对其中一部分物资感兴趣,买家各有用途、各有算盘,非要一个买主买下全部显然有违情理。拆零拍卖,买家可各取所需,投资额也在能够承受的范围内,于是大大激发了购买欲望,破产财产的变现速度、增值程度都得到提高。二是合理分类,尽显拍卖特点。破产企业的财产品种多,价值、用途不一,尤其一些专业设备,处置难度更大。因此,找出其不同的特点,合理分拆、组合,以适合不同买家的需要,破产财产才能真正得到盘活,死钱才会变成活钱,国有资产才会保值增值。简单的捆绑式处置容易,破产财产的价值不能得到充分体现,还有可能流拍。根据具体情况,采取不同的方式处置,工作量会增加,效果却很好,分拆就是其中一种方式。但是,按照这种思路和做法进行破产企业财产拍卖,不但要看拍卖公司的运作能力,还要看拍卖公司对市场的了解状况,因此,对拍卖公司运作的能力要求比较高。

上海红星轴承总厂破产财产拍卖是我国国有大中型企业破产资产首个以拆零方式变现的成功案例,在社会上产生了巨大反响。国内外不少媒体对此发表了评论文章,给予了高度肯定,认为这是一条国企改革、盘活存量资产的新路子。这个成功案例也成了国有企业破产财产处置、国有产权交易等教材中的典型案例。拍卖实践告诉我们：确定一个好的工作方式，能使破产财产和其他资产拍卖质量明显提高。拍卖是市场行为，其最大特点之一，就是可能每一次拍卖的要求、环境、竞买人的情况都不一样，因此凡事不能照抄照搬别人或者自己以往的经验，因地因事制宜，才是正确的选择和行动的上策。

我国首次影视衍生产品拍卖纪实

在我国拍卖行业,上海国拍是一个充满激情、善于而且勇于挑战新业务领域的企业,在拓展物资、房地产、股权等拍卖领域的同时,还把触角伸向了无形资产领域,设计、主持了一系列在海内外颇有影响力的拍卖活动,既提高了企业的知名度,也丰富了市场、社会经济生活。令社会各界瞩目的历史巨片《鸦片战争》道具"龙袍"拍卖,是我国历史上首次影视衍生产品拍卖,为我国拍卖行业打通与影视业合作的道路,为影视及衍生产品的盘活做了有益尝试。经过精心设计和精心运作,1998 年 4 月 18 日下午,在淮海西路上海图书馆二楼会议室,拍卖会顺利进行。影片中的道光皇帝及皇子的 7 件"龙袍"被来自海内外的买家拍走,全部成交额达 18.2 万元,我国首次影视衍生产品拍卖活动宣告成功。

1997 年香港回归,是中国自近代以来悲惨历史的真正结束,鸦片战争以来的屈辱和这一百多年的动荡到这里可以做一个注脚。不久后澳门的回归,也在昭示着中国正真正成为世界强国。为了纪念这一事件,教育国人勿忘历史、勿忘国耻,著名电影导演谢晋先生耗巨资拍摄了历史巨片《鸦片战争》,影片在香港百年回归之际公演引起轰动。而在其首映一周年之际,上海国拍抓住社会热点,分析市场反响,紧紧围绕香港回归、电影《鸦片战争》产生的影响力,主动出击,经过与著名导演谢晋先生及其团队的多次研究,精心策划了电影《鸦片战争》道具拍卖活动。这次拍卖因率先迈出了我国影视衍生产品再利用的第一步,再一次在海内外掀起波澜的同时,充分显示了公司善于开拓市场、创新发展的敏锐眼光和运作能力。

在国际上，巨片大制中著名演员用过的物品以及服饰、影视拍摄时使用的道具等，一般均可以通过拍卖实现其剩余价值。这种做法既环保，又能够收回一部分资金，是一件委托人、拍卖人、买受人三方共赢的好事。名人用品拍卖是西方艺术品拍卖的一个重要组成部分，走红现今的好莱坞巨片《泰坦尼克号》其部分道具及电影海报在美国拍出巨价，令海内外咋舌。詹姆斯·邦德诞生 50 周年系列纪念活动中，佳士得拍卖 007 经典道具是其中重要内容。但是，在我国，电影电视道具以及演员使用过的物品基本上是丢弃不用的。虽然影视拍摄需要大量投入，不少作品的拍摄使投资人捉襟见肘、难以为继。但是一旦拍摄完毕，大量影视道具、服装便"刀枪入库、马放南山"，形成巨大浪费。谢晋以其艺术家的敏锐眼光，感觉这可以变革、可以与国际接轨，于是就有了通过市场化手段处置这些拍摄完毕后的衍生产品的构思。历来对市场敏感度很高的上海国拍则以其拓展市场、敢于创新且又颇具实施能力的特点，及时捕捉到这一信息，并且迅速进行市场调查和可行性研究，第一时间完善了谢晋的思路，把谢导的设想变为现实。电影《鸦片战争》道具"龙袍"的成功拍卖，为我国影视衍生产品的再利用开辟了道路，因此拍卖意义非凡。

《鸦片战争》中道光皇帝等穿的"龙袍"，由谢晋不惜工本，专请清代苏州"江南织造"传人依据当年龙袍制作工艺精心缝制，所用材料均经过严格选择，工艺与质量堪称上乘。加上电影和导演、演员名人荟萃形成的知名度以及拍卖公司市场推广时进一步挖掘的无形资产，这些道具完全可以作为尊贵的藏品收藏。1998 年 4 月 18 日下午，拍卖会如期举行，来自美国、香港、广东、上海等地的数十位竞买人参加了拍卖会，近百名各界人士观摩了拍卖，其中不少为社会名流。

下午 2 时许拍卖正式开始，1 号、2 号拍品意外流标，第 3 号拍品是 12 岁皇太子的"龙袍"，以 1.5 万元的价位起拍。拍卖师报价刚结束，著名电影演员潘虹就举起号牌应价，在名人效应带动下，场上好几个人举牌争相出价。一番竞争后，场上出现最高应价，受拍卖师之邀，谢晋先生上台，亲自为这件拍品落槌，潘虹成了这一件"龙袍"的主人，场上气氛被调动起来了。接下来的拍品被美国友人杰·拉森拍定，他表示十分喜欢中国的文化,对"龙袍"颇感兴趣,于是专程赶来参加拍卖会,试图通过拍卖,买到心仪的"龙袍"。为了正确把握拍卖会竞买节奏,不使自己错过机会,他特意带来一位翻译和一位竞买助手。拍卖会上,每举一次牌前,他都要和助手们确认一下,然后迅速举牌,以保成功,最后他如愿以偿。

虎门"鸦片战争"陈列馆的代表在拍卖开始前一刻急匆匆赶到。入座时,拍卖会已经开始,他们来不及多想就频频举牌,最后分别以 5 万元、6 万元的价格拍走了道光皇帝的两件"龙袍"。拍卖会后了解到,他们得到本次拍卖的消息比较晚,因为电影所述历史与陈列馆有关,一些场景还是在陈列馆内外拍摄,经过讨论,他们认为陈列馆正好缺少类似陈列品,于是决定派出代表赶往上海参与拍卖。由于时间紧,一路上还担心赶不上,到上海连住宿的地方都未定,便马不停蹄地赶到拍卖会现场,竞拍成功让他们松了一口气。他们说,这两件龙袍将陈列在虎门鸦片战争纪念馆里,让后人永不忘记那段历史。来自香港的唐先生则拍走了 4 岁皇太子的一件小"龙袍",虽然花了不少钱,但是心里觉得物有所值,因为这件小"龙袍"确实做得细致、漂亮、人见人爱,几个竞争一番后放弃的竞买人事后深感遗憾甚至有点失落。

比起其他物品,如房地产、文物艺术品的拍卖,历史巨片《鸦片战争》道具之一"龙袍"拍卖的成交额是微不足道的,比起电影《鸦片战争》的拍摄费用,18.2 万元的成交价款同样是渺小的,然而作为中国历史上首次影视衍生产品的拍卖,作为市场经济与拍卖实践的大胆尝试,历史巨片《鸦片战争》"龙袍"的拍卖是拍卖行业创新的一次大胆、有益的尝试。上海国拍策划、运作的这一我国拍卖、电影历史上首次道具拍卖的成功案例,为中国拍卖行业再添了浓墨重彩的一笔。

多地同步拍卖的有益尝试

"97万元第一遍,97万元第二遍,97万元第三遍,成交!"拍卖师手起槌落,引人瞩目的上海首届国际家庭用车推广展览会展车拍卖顺利结束,29辆进口展车拍卖成交16辆,总成交额达1357.7万元。这一场拍卖,有两个开创性突破:一是国内首次展览会上进口展车通过拍卖处置,改变了以往展览车辆尤其是进口车只能看、不能卖的尴尬局面;二是利用可视电话技术实施三地同步拍卖,主会场设在上海,同时在北京、温州两个城市设立分会场,同一时间、同一标的、同步进行拍卖。这是我国拍卖史上首次利用可视电话多地同步拍卖的成功案例,它充分利用了高科技手段,扩大了招商和拍卖范围,方便了竞买人参与,可以视为以后如火如荼进行的网上拍卖早期的有益尝试。上海国拍大胆策划和实施了这一次拍卖,成为我国拍卖行业利用高科技,尝试网上拍卖最早的实践者。

随着我国城市居民收入的不断增加和消费意识的改变,20世纪90年代中期后,汽车消费持续升温,各种车展因此增多,不但国内的汽车制造商想通过汽车展推广、扩大影响,国外著名汽车制造商同样也看好中国内地巨大的消费市场,纷纷把高档车推向中国内地市场,寻找买家。但是,以往各种参展的进口车只能展不能卖。就是说,国外汽车商不能直接面对中国市场,展览会结束,展车只能进入保税仓库或原样返送回国内,运输、保管费用非常大,而喜欢这些展车的人,同样也只能看,不能买,要买基本没有门路。

世上本来没有路,路是人走出来的。展览会组织者有车辆资源,而上海国拍的投资方之一——上海物资(集团)总公司是上海汽车销售的主要机构,有进口渠道,了解进口车报批的程序和途径,关键是握有进口汽车配额。正在拓展机动车拍卖市场的上海国拍很看好上海历史上规模最大、档次最高的国际汽车展,想利用汽车展这一平台宣传拍卖、扩大影响、寻找商机。这一想法得到了上海物资(集团)总公司领导的支持。经过与展览会组织方联系,首先决定把每月一次的上海市私营企业、私人小客车额度拍卖会场设在展览会上,以增加展览会人气,同时,充分向展览会组织方介绍了公司的资源和能力,可以解决进口车配额问题。在展览会上举行一次进口展车的拍卖活动,既能解决参展商的后顾之忧,同时,又可以扩大展览会影响,这些建议激发了组织方的浓厚兴趣。

经过反复论证,最后,上海国际家庭用车推广展览会组织者与上海国拍达成合作意向。上海国拍在上海物资集团汽车销售有限公司的大力帮助下,解决了进口车配额问题,在此基础上策划实施了进口展车拍卖会,将参展的28辆进口车及一辆新款"东南富利卡"推上了拍卖台。

由于当时国内私人汽车消费市场尚处于起步阶段,一旦大量高档进口车面世,市场接受程度如何,无论是拍卖公司还是展览会组织者心中都没有底。为了确保拍卖的成功,同时也为了扩大影响,上海国拍大胆设想利用可视电话的形式,在上海开设主会场,在国内较为富裕且有条件的城市开设若干个分会场,同步进行拍卖,既方便竞买人,也扩大了招商范围和宣传力度。经过联系,最后选择在北京、温州两个城市设立分会场,通过可视电话、卫星传送三地同时举槌。展览会给了上海国拍一个平台,上海国拍充分发挥了主观能动性,成了此次车展令人炫目的明星。

9月20日深夜,参拍的进口车进入上海展览中心,宝马公司为了赶上展览会后的拍卖,不惜耗费巨资空运了一辆宝马X5到沪。车展后进入拍卖程序的进口车,均是由世界著名汽车制造商提供,顶级、当新款式、最新配置是最大特点,这些车代表了当今世界轿车生产的最高水平,其中不少款式是首次进入国内市场。如此靓车,自然引起爱车族的浓厚兴趣,拍卖活动本来就具有轰动效应,加上上海国拍成功的新闻运作,即将举行的拍卖会在社会上引起了巨大反响。展览期间人们慕名而来,展览大厅人头攒动,大家在名车前拍照留念,索取资料,对拍卖充满了期待,进口车拍卖成了本次车展的最大亮点,拍卖会尚未进行,拍卖氛围已然十分浓烈。

24日下午,拍卖会按时进行,上海拍卖主会场就设在上海展览中心国际车展中。拍卖开始,拍卖师蒋斌轻松地叫通了北京、温州两个分会场,在确认了通信情况良好的情况下,开始主持拍卖。

一号拍品是一辆红色的奔驰SLK230,市场价约为88万元人民币。拍卖师从79万元起叫,主会场内一位持5号牌的小姐立即举牌响应,12号、28号也不甘示弱。拍卖师每次加价1000元,他们先后举牌跟随,价格扶摇而上。直至82.1万元时,12号买家才如愿以偿成为此款奔驰车的主人。第二号拍品仍然是一辆跑车,起拍价53万元。从电视上看到,温州分会场有人举牌应价,这边上海主会场一位小姐也举牌竞价,两地一番角逐,最后上海的这位小姐竞得了这辆宝马Z3,会场的气氛一下子热烈起来。第6号拍品为丰田凌志GX300,同样经过激烈竞争,最后被北京分会场的一位买家以79万元的价位拍走。拍卖会高潮在宝马X5拍卖时出现,一位专程从北京赶来的中年男子以140万元的价位拍下了这辆宝马X5。据厂商介绍说,这一型号的宝马车在国内市场上尚无第二辆。拍卖前这位先生围着车看了又看,流连忘返,简直到了爱不释手的地步。通过拍卖,他如愿以偿,喜悦之情溢于言表。

第26号拍品"东南富利卡",是所有拍品中唯一的一辆国产车,明年才能投放市场,为了先用为快,众多竞买人围绕这辆车展开了竞争。此车从22万元起拍,上海与温州主、分会场之间展开了激烈竞争,拍卖师既要看主会场的竞买人,又要看显示器里分会场的情况,显得相当忙,但他沉稳如常。经过20轮角逐,最后温州分会场801号竞买人笑到了最后,成了赢家,场内响起了热烈的掌声。本场拍卖价格最昂贵的进口车是一辆宝马Z7,也被温州分会场803号竞买人买走。温州人买气之大,令主会场内上海爱车族们自叹不如。加拍的两辆"捷豹S-TYPE",成了整场拍卖会最后的"贵族"。两辆车的竞拍在上海与温州之间展开,经过47轮拉锯战,最终悉数被主会场17号买下。据了解,此人也来自于温州。笔者早就耳闻温州人喜欢好车,果然名不虚传。

拍卖会结束,上海主会场成交 918.7 万元,温州分会场成交 360 万元,北京分会场成交 79 万元。

此场拍卖除了取得了骄人的成交额外,以下几点值得总结:一是由于拍卖公司的加入,解决了国际展览会涉及进口政策或者关税等问题、商品的展览与销售的结合问题,使得展览的服务功能得以延伸,在中国即将加入 WTO(世界贸易组织)的背景下,这种与国际接轨的做法不失为一次有意义的尝试。二是本次拍卖利用了现代通信技术,通过卫星传输,三地同步开拍,上海视通电视电话发展有限公司提供的这套设备将传统的现场拍卖有限的空间扩展到了市外其他的地方,扩大了受众面。这种做法打破了传统拍卖地点、空间的限制,具备了网上拍卖的雏形,高科技充分显示了优势与威力,这对竞争激烈的拍卖业有极为重要的借鉴作用。三是上海国拍虽然是首次介入会展工作,但通过拍卖了解了会展的整个过程,这就为公司多种经营,进一步拓展市场奠定了基础,公司下一步瞄准的可能已不再仅仅是车展车拍卖。拍卖的成功说明,作为一次尝试,不但需要敏锐的眼光、超前的思路,而且需要敢于实践的勇气和行动。这些说起来容易,做起来困难的事情,上海国拍不仅正确面对,而且解决得很好,是思想者又是实践者,公司的实力在实践中再一次得到了显现。

国内最大规模保龄球馆拍卖

　　1998年圣诞节前夕,国内最大一宗保龄球道拍卖在上海国拍拍卖大厅成交。北京康体休闲设备中心以每道13万元的价位,击败近20位对手,以1181万元的总价,买下90道全新美国宾士域公司出品的GS96-GS98保龄球设备。此次拍卖的90道宾士域保龄球设备尚处在安装阶段,原业主为上海名人广场。据介绍,该保龄球馆建成后,其拥有的保龄球道数量、档次、计分系统均处于全国领先地位,但是,球馆未开,为何就要将这套保龄球设备以拍卖的方式转手呢?

　　建设中的上海名人广场位于上海市徐汇区,原址为上海飞跃电视机厂。这是一个包括五星级酒店、大型商场等在内的大型综合性商业设施,投资方为一香港商人,曾经辉煌一时的上海飞跃电视机厂以土地使用权入股,成为合作方,保龄球馆是名人广场的配套项目。

　　建设之初,美国宾士域公司看好上海良好、独特的经营环境,向买家上海名人广场保龄球馆提供了最新设计,同时匹配了最为顶级的国际比赛专业设备。该公司技术人员透露,这套设备一旦投入使用,将是全国乃至全球水准最高、设备最精、规模最大的宾士域保龄球馆。按照原业主计划,这90条球道的一半将供专业比赛使用,另一半则作为练习道。遗憾的是,名人广场投资者因受东南亚金融风暴影响,在香港股市投资失利,资金周转不灵,陷入财务危机,已经形成的借贷关系引起了法律诉讼。名人广场所有资产均被上海以及浙江省有关法院查封,名人广场项目以失败告终。保龄球馆于是进入司法强制拍卖程序，申请人为浙江省宁波市保税区国贸公司，执行方为浙江省宁波市中级人民法院。查封时，名人广场保龄球馆 90 道保龄球已经安装了一半，其余的设备、配件等也均已到齐，存放于球馆内。

20 世纪 30 年代后，即新中国成立以前的上海，就已经有保龄球活动，而保龄球运动再次在我国重新发展则是 20 世纪 80 年代末。当时，国内首家保龄球馆在北京丽都假日酒店开业，虽然只有 20 道保龄球道，却揭开了内地保龄球投资热的序幕。从此以后，国内从北京到各省会城市、地级市一直到县级市都有保龄球馆，在沿海地区，一些乡镇上，也能看到保龄球馆的身影。以上海为例，1994 年年初，上海有了第一家保龄球馆，仅仅两年时间，保龄球馆已遍布大街小巷。鼎盛时期，即便是每局开价高至 20 元至 30 元，仍有不少人排队等候。但是，这种状况只维持了一年多，保龄球市场便出现了门庭冷落、价位下跌、经营难以为继的现象。这是因为，保龄球馆的投资者一般都缺少市场调查和综合分析，盲目上马，一哄而上，造成市场供大于求。同时，国内绝大多数保龄球爱好者并没有把保龄球作为一种体育项目参与，而是作为一种类似卡拉 OK、迪斯科那样的娱乐项目，图新鲜、赶时髦，因此，兴头过去，去保龄球馆的人就少了，不少缺乏经营特色的场馆建成后很快就被市场淘汰。

在这种大背景下，上海名人广场保龄球馆 90 道保龄球设备拍卖能否成交，是放在上海国拍面前的一道难题。与任何拍卖一样，成功完成招商任务是关键。为此，上海国拍有关工作人员对保龄球市场做了深入调查，备足了课。在市场调查中，公司了解到，虽然保龄球馆在大城市趋于饱和，但目前全国仍以每年新建近 6000 道左右的速度在递增，业内人士预测，一两年内增长势头不会减弱。在保龄球行业，目前已有这样一种策略，即同一业主将保龄球设备由甲地（中心城市）搬到乙地（二三线城市），异地经营，打信息差、时间差。这就说明，由于保龄球运动在中小城市仍处在起步阶段，尚有较大的生存空间，将设备拆迁到那里继续经营所获得的利润，远比在趋于饱和的市场中卖掉设备所得的收入高，精明的商家深谙此道。既然保龄球市场还有"文章"可做，那么，拍卖同样有空间存在，何况，拍卖的价位具有较大的竞争力。

经过分析，上海国拍认为，尽管当时保龄球行业面临洗牌、盘整的尴尬状态，市场总体不热,但是,其拥有全国规模最大、保龄球档次最高、技术先进等优势,加上在对设施进行现场踏勘时,发现名人广场保龄球馆配置的备件量大、丰富。同时,公司认为把握好拍卖的新闻宣传,对于招商和拍卖成功至关重要,于是,一轮经过认真安排的新闻报道出炉,并且很快引起反响,保龄球市场的反应尤其强烈。

上海国拍擅长虚功实做,公司向上海、江苏、浙江、广东、北京等经济发达地区的保龄球行业寄送了大量招商资料。以后几天,信息表示全国各地近 40 家客户对此表现出了极大的兴趣。从报道见报后第二天开始,公司的咨询电话便不绝于耳。

经过高速、有效的招商、推介,上海国拍已经胸有成竹,拍卖会如期进行。来自上海、浙江、江苏、湖北、四川、北京、广东、福建等省市的近 20 家企业报名参加了拍卖会,更有数十家相关企业要求观摩,以便了解保龄球市场行情。拍卖会开始,拍卖师报出起拍价后,竞争一触即发。一番博弈,北京康体休闲设备中心脱颖而出,以每道 13 万元、总价 1181 万元的价位击败所有竞买人成为买家。

北京康体休闲设备中心是一家专业从事保龄球馆投资、建设和宾馆高档桑拿浴设备投资、建设商,总部在北京,在国内不少地区有分公司。该中心在上海不但有独立经营的分支机构,而且还有专门生产、改造、维修保龄球及其设备的工厂,是当时国内规模最大的保龄球商, 总经理是一位居住在美国的湖南籍人士——陈少元先生。得知拍卖消息后,他们马上作出参加拍卖的决定,并且充分利用其市场资源,落实接盘的下家。在此之前,他们还在大连等地购买了百余道设备,亦在处理中。拍卖会上,他们胸有成竹,举牌应价不慌不忙,最后如愿以偿。该中心负责人介绍,设备购回后,他们会对设备进行检修、补充,然后卖往全国各地,虽然赢利空间不大,但是,他们看中的是以后设备维修和零部件的配送、供应。在保龄球市场总体不热的情况下,拍卖的成功,不但充分展现了上海国拍处置不同标的的专业能力,同时也创造了国内类似拍卖成交价之最,为公司增添了又一个成功案例,拍卖得到了委托方、申请执行人的一致好评。

一场成功的学生作品拍卖会

由上海国拍和上海大学美术学院联合举办的上海大学美术学院毕业生作品拍卖会于 1998 年 8 月 1 日收槌谢幕,所有参拍的 98 件作品除 3 件流标外,悉数成交,成交率高达 97%。最高一幅学生作品成交价达 3322 元,拍卖会取得了极大成功。

这场国内首次艺术院校毕业生作品拍卖会在申城引起了强烈反响,媒体纷纷发表文章讨论这一拍卖的得失成败,由此引发了一场论战。其中,社会各界的焦点集中在学生作品过早进入市场,受商品经济的熏陶,会不会影响学生学习上。而拍卖界人士则担心低价位作品登上拍卖台,会冲击本来就已经低迷不堪的艺术品拍卖市场。虽然各方考虑问题的视角不同,但是,认为此场拍卖成交率不会很高则相当一致。

众说纷纭引起新闻媒体与社会的重视,于是这场拍卖会预展期间,沪上各主要媒体对此做了较有深度的报道,一场原本很平常的拍卖会一时间成了沪上新闻聚焦的焦点,拍卖因此披上了一层神秘的外套。

举办此次拍卖会,组织者的思路是旨在培育市场,让社会检验学校办学质量与学生学习情况,将学生作品提前推入艺术品市场,使学生对市场有个感性认识,以便进入社会后有一定的适应能力。组织者还认为,国内其他艺术类院校诸如戏剧、电影专业,就有不少学生在校期间即已在戏剧或影视中担任角色。我国老一辈画家在求学期间出卖画作,"以画养画"的也大有人在。在市场经济高速发展的今天,由拍卖公司与校方联袂,将毕业生作品推向社会,使其直面市场、直面社会,应该是一件好事,起码作为一种尝试，对教育、对学生都是一种促进。而上海国拍是一个善于开拓市场，并且具有很强运作能力的企业，其在经过认真思考后决定试水这一领域，帮助学校实现学生的心愿。

在各方密切关注下，拍卖会按计划在 8 月 1 日下午进行，竞买人、新闻界人士等把拍卖大厅挤得水泄不通。

此次拍卖，所有标的底价均为 280 元，对此人们各有看法，但最有发言权的是市场。拍卖师打破常规做法，从 280 元起拍后，不厌其烦地 20 元一档加价。主持拍卖的工作量虽增大了，但调动和凝聚了买气，场上出现了近年来艺术品拍卖会少有的火爆场面，几乎所有成交的画作，价格都有较大升幅。一些绘画性甚强的油画作品价格拍得更高，其中徐岷《绍兴水乡》拍至 3322 元才告落槌成交，两件雕塑也分别拍至 2400 元，98 件拍品总成交额近 20 万元，拍卖取得了极大成功。

受东南亚金融风暴影响和国内艺术品拍卖行群雄并起、拍卖活动过频、赝品伪作充斥等因素的影响，一段时间以来，国内艺术品拍卖处于疲软、低迷状况，精品佳作难求，买气下降。这场拍卖会却从另一角度证明，真正面向市民、受群众欢迎的拍卖标的及其拍卖会才最具生命力。因为艺术珍品、精品一方面难以寻求，另一方面收藏圈子小，对投入的资金、专业技术、鉴定能力要求极高，不是所有人的鉴赏、经济支付能力所及。低价位拍卖则是面对普罗大众，其价位不高但又具有一定的艺术水准，能为社会所接受。随着人民群众生活水平的提高、居住条件的改善、馈赠意识的改变，艺术品进入寻常百姓家已经不再是一种奢望。孕育于民众之中的市场无疑巨大的，上海国拍把握这一商机，巧借舆论之手，使这场颇有创意的拍卖画上了圆满句号，也为今后类似拍卖的开展做了一次探路、试验，结果令人满意、有益、有用。

君子兰初登拍卖台

花，可以欣赏，可以在市场上买卖，可以通过拍卖方式买卖。国际上有先例，荷兰鲜花拍卖闻名于世，但是在我国，至今没有案例。然而，在上海就有过一次鲜花拍卖。

1998年9月，中国首次君子兰拍卖在上海首届国际花卉节期间举行，两盘被人称为"花之魅"的君子兰珍品，分别以6万元、28万元的价位拍卖成交。作为我国第一次鲜花拍卖，此次拍卖给农产品生产者、给拍卖行业的启示是丰富的。

这是一场别开生面的拍卖会，拍卖的标的不是房地产，不是机动车，也不是文物艺术品，而是君子兰。15件在第一届上海国际花卉节上获得君子兰珍品展特等奖以及金、银、铜等奖项的君子兰珍品走上拍卖台。这些被称为"花之魅"的君子兰珍品来自于吉林省长春、辽宁省鞍山等地。它们造型奇异、雍容华贵，让人爱不释手。

第1号拍品，是本届花卉节金奖得主，一盆名叫"佛手"的君子兰，以5万元的价位起拍，由此拉开拍卖序幕。现场有3位竞买人举牌竞价，最后以6万元的价格成交。接下来数个君子兰标的，虽然也是花卉节各项奖牌得主，但是却遭遇了接连流拍的命运。直到本届花卉节特等奖君子兰"翠玉"登台，拍卖会才出现高潮。该拍品从26万元起拍，几乎所有在场的竞买人都跃跃欲试，拍卖师以每次加价1000元的幅度引导竞价，令竞买人欲罢不能。竞争至27.5万元时，场内竞买已经处于疲软状态，此时在场外遥控指挥的黑龙江省大庆市一房地产开发商把价位抬升至28万元，场上竞争戛然而止。这位房地产开发商应该是个拍卖场上久经风雨的老手，他使用的竞价方式,在业内被称为"抢占整数价位"。这是一种很巧妙的竞价技术,往往能取得意想不到的竞买效果,今天果然有效。拍卖师环顾四周,见无人再出价,片刻后落槌成交,开发商如愿以偿,将"翠玉"揽入囊中。28万元的成交价,成为本次拍卖成交价最高的拍品。

君子兰为北国长春等地群众所喜爱和热衷养植、欣赏的一种花卉,具有很高的欣赏和交易价值,民间交易时,往往会出现高价。然而在上海,君子兰交易却明显缺乏适宜的"土壤"和"气候"。本次拍卖会,尽管到现场的人不少,但没有上海本土的,而在现场的众多人中,真正的买家也不多,绝大多数人是看行情的"旁观者",因此,全部15项拍品,最后仅仅拍卖成交2项。但是,笔者以为,作为中国首次君子兰拍卖会,其能够如期举行,并且成交两个标的,而且成交价并不低,对于委托方和拍卖公司来说,已经是成功了,因为,这是一次尝试、探路,失败是预料之中的事,而拍卖结果好于预料。

国际上,鲜花通过拍卖实现交易是通行的方法。花卉生产王国荷兰同时又是世界上最大的鲜花交易中心,那里有规模很大的专业花卉拍卖行,每天拍卖的花卉多达600万份。花商们从这里拍下鲜花,然后通过各种交通工具运往世界各地,年成交额高达四五十亿美元。鲜花拍卖为荷兰创造了巨额外汇,也为荷兰提供了大量就业机会,为全世界提供了一个特殊的旅游景观。我国是个农业大国,农副产品生产和销售的量不能简单地用"巨大"两个字来描述。但是,我国目前的农副产品无论是生产还是销售,手段、技术均非常落后和单一,不能与农业大国的地位相匹配。随着我国各族人民群众生活水平的不断提高,鲜花需求量将会大幅度增长。为此,寻找与国际接轨的交易方式,采用先进、快速的交易手段,在满足国内需要的同时,吸引更多外国花商进行交易,势在必行。同时,经过十多年的发展,我国的拍卖行业已经具有一定规模,市场竞争已经越来越激烈,新的业务拓展存在明显难度。如果能够进入农副产品交易中,并取得一定份额,对于拍卖行业、对于农副产品生产者、对于社会都是一件好事。虽然,我国目前尚无类似鲜花等属于农副产品范畴的拍卖活动,但是,路是人走出来的,试水君子兰拍卖,了解市场、了解行情、了解这一圈子里的人和事,应该是一件好事。

上海是我国最大的工商业城市,又是我国拍卖行业的发祥地,如今这里的拍卖企业已经达到 30 余家,初步形成了市场。据了解,上海加上周边的台北市、东京市这一区域组成了世界上鲜切花最大的消费市场。上海作为世界上鲜切花消费的重要地区,市区内花肆林立。郊区素有种植鲜花的习惯,农业生产条件较好,同时,上海的交通条件在国内处于发达状态。因此,率先开展鲜切花拍卖并通过拍卖,给花农、花商提供一个公开、公平、公正交易的场所,对发展我国的鲜花生产、交易,美化人民群众的生活环境都具有极其深远的意义。从这个角度看,由上海国拍主持的国内首次君子兰拍卖,虽然成交率很低,但是在国内鲜花拍卖尚未开始,甚至没有这方面意识的情况下,这种敢于尝试和敢为人先的精神尤其值得肯定。

上海国拍——我国拍卖师的摇篮

我国拍卖业从 1986 年恢复，经过 10 年的市场经济风雨洗礼，到 1995 年已进入常规发展阶段的前夜。此时，行业已经初具规模，拍卖活动日趋频繁，拍卖范围已经触及商品经济的各个领域，拍卖已成为我国商品流通重要的交易手段之一。

这一时期，国民经济建设发展态势良好，"九五"开始时，已提前 5 年实现了国民生产总值翻两番的目标，经济步入良性循环状态，各种商品市场和要素市场得到空前发展。对于拍卖行业而言，国务院首次指定了拍卖行业政府主管部门，拍卖立法工作已经启动，政府监督管理、拍卖企业实践和理论研究等都已进入了全新时期，拍卖市场因此有了适宜的外部发展环境。

但是，由于我国拍卖业恢复阶段的"先天不足"和步入试点阶段后市场和政策法规及行业自身的诸多问题，整个行业发展呈现参差不齐、极度不平衡的状态。尤其是中西部地区，对于拍卖这样一种市场经济行为，既缺乏感性认识，更缺乏理性认识，无论是经营管理，还是市场拓展、业务运行等均存在极大问题。其余地区，因为企业数量迅速增加、队伍急剧扩容、行为不规范或开业后面对全新的市场束手无策等问题，已形成急需指导和帮助的局面。同时，由于《中华人民共和国拍卖法》立法工作进度加快，行业必须跟上立法后依法运作的要求。基于此，未雨绸缪，在"拍卖法"尚未出台前提高人员素质、规范行业行为，已成为国务院指定的拍卖业政府管理部门重要议事日程。为此，从 1994 年年底起，国内贸易部市场司即开始筹划对拍卖从业人员进行持证上岗培训工作。

拍卖行业人员培训是一件全新的工作，没有参照物，没有现成的教材、师资，没有培训基地。为此，1995 年年初，管理部门即着手进行培训基地、培训师资、培训教材等的考察、选择工作。而培训起步阶段由行业内企业担纲负责组织实施是一种较为可行的办法，上海国拍在行业培训关键的时候，主动承担了这一工作，为培训提供了一流服务，我国拍卖业培训工作由此启动。

经过短时间紧张筹备，1995 年 4 月 20 日，由国内贸易部市场司主持，国内首届拍卖从业人员培训班在上海开班。来自全国 20 余个省市自治区约 140 名拍卖企业负责人及从业人员参加了首期培训。

作为拍卖行业政府主管部门的国内贸易部市场司负责人认为，随着市场的进一步活跃和行业的进一步发展，会有更多的企业和个人进入行业，拍卖市场也必将得到进一步发展。在行业快速发展的大背景下，与其等问题成堆才设法解法，还不如从早期、源头就加以规范、引导，而提高从业人员素质和业务能力是至关重要的，因此，领导十分重视行业初期的培训工作，每期均贴近管理、指导。

第一期培训班期间，全国人大法工委、公安部、文化部、国家文物局、国内贸易部市场司，上海市有关政府管理部门、高级人民法院、产权交易所的负责人、专家、学者成了培训班最早的授课教师。由于领导重视，组织得力，首期培训班达到预期目的，国内贸易部市场司也因此增强了对从业人员培训的信心。上海国拍安排专人负责培训班日常事务。公司工作人员主动出击，根据讲课录音，整理了一套讲义，并由此形成了行业最早的培训课程、培训教材，凝聚了行业最早的培训师资队伍。

早期的培训一期为 7 天，授课内容包括拍卖概论、拍卖实务、强制拍卖、公物拍卖、文物艺术品拍卖、无形资产拍卖、国有企业产权拍卖、拍卖的法律法规、拍卖的策划和管理、业务讲座等，培训内容与市场开拓、业务发展同步变化、增减内容。原华东政法学院国际法系主任曹建民先生、上海第一中级人民法院办公室主任陈旭先生、上海产权交易所总裁张海龙先生、著名收藏家马未都先生、民商法专家田涛先生、国际法专家刘宁元先生、朵云轩创始人祝君波先生、上海市文管会张庆豪先生等先后为培训班授课。作为培训工作组织者的上海国拍针对行业处于起步阶段尤其是中西部地区对拍卖缺乏感性认识的现实,每期培训班举办时,均安排一场拍卖会,让公司的拍卖会开进培训课堂,让学员现场观摩,增加直观影响。这种带有传帮带作用的课程安排,对缩小落后与发达地区之间的差距,使行业后起企业从高起点起步,对于提高全行业经营管理能力、促进行业发展起了不可估价的积极作用。培训结束,学员通过笔试,然后由国内贸易部发放从业人员培训合格证书。

为了加大对培训的领导工作,使之更加有序和具有科学性,国内贸易部成立了中国拍卖行业从业人员培训领导小组,下设办公室和上海培训部。从 1995 年 4 月起到 1998 年 5 月,国内贸易部市场司在上海共举办了十期从业人员培训班,全国近千家拍卖企业约 2500 名从业人员得到正规培训,取得证书,成为国内最早持证上岗的拍卖从业人员。十多年来,这些早期的从业人员已成为中国拍卖业的中坚,上海国拍在其中付出了辛勤劳动。

1996 年 6 月,《中华人民共和国拍卖法》经全国人大批准并颁布,我国拍卖业由此走上法制轨道,拍卖会由拍卖师主持列入法律规定,而此时国内尚无符合"拍卖法"规定、国家和行业认可的注册拍卖师。为了填补空白,使《中华人民共和国拍卖法》在实施后不至于给行业业务开展造成法律障碍,国内贸易部和中国拍卖行业协会在从业人员培训的基础上开始着手考虑注册拍卖师的考试与培养问题。经协调与争取,在国家人事部的帮助下,国家注册拍卖师考试进入实质性实施阶段。

1996 年年底,国家人事部和国内贸易部联合制定了《中华人民共和国拍卖师执业资格暂行规定》,拍卖师正式列入国家行业职务系列。1997 年 2 月 20 日国内贸易部下发了《关于成立全国拍卖师执业资格考试委员会的通知》,通知明确"考试委员会的职责是:指导全国拍卖师执业资格考试工作,审定考试大纲、考试科目、考试试题。考试委员会下设办公室,负责拍卖师执业资格考试的各项具体工作,办公室设在中国拍卖行业协会内"。全国拍卖师执业资格考试委员会主任由国内贸易部党组副书记、副部长陆江担任,中国文联党组书记、副主席高占祥、内贸部市场司司长邓永诚、国内贸易部人事司司长田元兰任副主任,国内贸易部市场司副司长赵杰兼任办公室主任。

1997 年 5 月，上海举办了我国历史上首期国家注册拍卖师考试。考试采用单人单桌，闭卷形式，考试科目分为"拍卖基础理论"和"拍卖案例分析"二门。首次考试，人事部派人到现场视察，考试组织者对全过程进行录像、监督。考试合格者，由人事部和内贸部联合用印，发给"国家注册拍卖师证"。至 1998 年 7 月，在上海培训部主持下，先后举办了 4 期拍卖师考试，820 名拍卖主持人获得了拍卖师执业资格，中国至此有了真正意义上的拍卖师，拍卖师队伍成为全国拍卖行业优秀人才群体。1998年后，由于协会人事变动和国内贸易部即将进行机构调整，上海培训部工作结束，拍卖从业人员培训与拍卖师执业资格考试工作转移到北京等地进行。

1995 年到 1998 年上海的培训工作有以下特点：

第一，在行业发展初期即重视人才培训，强调持证上岗。这对于规范我国拍卖业行为，提高从业人员与企业经营管理水平起了积极作用。两种层次培训的进行，迅速缩短了落后与发达地区先进企业之间的差距，对于中国拍卖行业的健康发展起了积极的促进作用，产生了不可磨灭的影响。当年参加上海培训部培训和拍卖师考试的业内人士，几乎都已经成为行业中坚，不少为行业领军人物、著名拍卖师。

第二，初步形成了我国拍卖行业职业技术教育的框架。早期的培训工作克服了既无样板可学又无模式照搬、几乎空白的困难，白手起家，通过摸索，为行业的培训工作提供了最初的教材、师资和培训模式，提供了可资借鉴的办学经验、值得引以为戒的教训，为我国拍卖行业职业技术教育的发展铺设了最初的路、奠定了良性发展的基础。现在行业从业人员培训、拍卖师执业考试教材主要的源头在上海培训班。当年培训班的授课老师不少仍活跃在行业职业教育第一线。

第三，适时进行从业人员持证上岗培训与国家注册拍卖师考试工作，不但填补了行业空白，提高了从业人员执业素质，使行业企业有了专业人员，更为重要的是拍卖行为更加符合法律的规定，使《中华人民共和国拍卖法》的实施少了障碍，操作性更强。虽然初期的国家注册拍卖师考试内容和形式较为简单，但是，考试所产生的拍卖师取得了法律认可，从那时起，我国有了真正符合规定的法定拍卖会主持人。

值得一提的是，早期在上海的培训和拍卖师考试工作，得到了上海国拍的大力支持。企业成长不忘回馈行业、公司发展不忘回报社会，是上海国拍经营者群体一向认定的理念。尽管当时公司刚刚改制完毕，人员正在集结过程中，市场开拓需要投入极大的精力，但公司仍承担了行业这一重要任务，抽出精干力量，提供财力、物力，精心组织、精心实施，全力以赴，给培训班提供了全面的支持，作出了无私贡献。在服务培训班、服务参训人员的同时，上海国拍也学到了国内同行的优点、经验，了解了全行业的情况。更为重要的是，上海国拍与我国各地的拍卖行业同仁交了朋友，结下了深厚友谊，为以后公司走出上海、走向全国开展业务、进行合作，奠定了坚实基础。授人玫瑰，手有余香，上海国拍充分借助为全国行业同人服务的机会，使企业知名度迅速提升，在行业内外的影响力明显增加，作为行业领军企业扬帆起航的态势由此形成。事实证明，上海国拍除了具有无私服务行业的精神之外，还具有十分超前的企业品牌建设意识，并且取得成功。从1995年春天到1998年夏天，几乎4年时间里，上海国拍为我国拍卖行业从业人员、拍卖师培训、考试提供了优质服务，我国最早的拍卖师由此起步。时至今日，拍卖师们提到早期的培训往事，仍然情不自禁地称上海国拍是我国"拍卖师的摇篮"。

CHAPTER 3

第三章

方兴未艾（1999～2004 年）

民族工业著名商标拍卖纪实

引起社会广泛关注的民族工业标志性品牌、针织行业著名商标"飞马"商标的拍卖几经周折，终于于 1999 年 11 月 30 日尘埃落定。新成立的上海飞马针织有限公司以 310 万元的价格拍下"飞马"商标，"飞马"商标拍卖，"飞马"公司牵回"飞马"。通过拍卖，一家负债累累的企业得到清盘，债权债务就此了结；一家新成立的企业，实现了企业名与商标名的合一，企业生产和销售从此走上快车道；拍卖作为中介机构，以自己的优质服务，为两者搭了桥梁。

"飞马"商标是上海景福针织厂的注册商标。上海景福针织厂是我国针织行业最具影响的企业之一，是民族工业的代表性企业，创建于 1937 年，而"飞马"商标则始创于 1939 年。上海景福针织厂在新中国成立以前即是上市公司，该厂生产的"飞马"针织内衣为高档商品，深受消费者欢迎。

1998 年，上海景福针织厂在国家商标总局重新注册了"飞马"商标，并成为上海针织业第一家外销企业，年产针织品 130 万打，产品销往世界各地，数十年里一直以平均年创汇 1200 万美元的业绩跻身全国针织业创汇大户之列，并成为全国针织品行业首家获得 ISO9002 国际质量认证的企业。

改革开放，市场逐步放开，计划经济寿终正寝，在这一特殊的年代、特殊的环境里，不少国有企业因为主客观原因，在步入市场经济和转轨的过程中落伍甚至被淘汰了，企业不是资不抵债，就是运转失灵，最后破产。对于这些企业的前途，当时国家提倡由行业内实行兼并,即优质企业兼并濒临倒闭的企业。在这种情况下,1995年,上海景福针织厂奉命兼并了专门进行内销生产的上海针织五厂和针织十厂。这一兼并的结果是,上海景福针织厂不但兼并了上述两个工厂近5000人员,还兼并了近1亿元的债务。兼并后,上海景福针织厂改外销为内销,这对景福针织厂来说是件十分困难的工作。

为了适应这一变化的需要,工厂在全国开设连锁店百余家,耗资数千万元做商品广告。由于背上沉重的包袱,又改变了传统且擅长的销售渠道,去趟完全陌生的国内市场这条大河。本身就存在水土不服的问题,况且为了打开市场大量投放广告,又没有及时开发新产品,虽然曾经红火了一阵,但却是属于夕阳西下、回光返照。没过多久,企业就负债累累,到了资不抵债的程度,围绕经济纠纷的官司不断,最后终于走向破产。

1998年,因为涉及票据纠纷,上海市金山区人民法院在上海景福针织厂已经没有任何实物资产可查封的情况下,依法查封了该厂无形资产"飞马"商标,并委托上海国拍公开拍卖这一商标。

为了招商和挖掘无形资产,上海国拍抓住民族工业普遍困难这一中心,进行了卓有成效的宣传。拍卖消息发布后,在全国引起了极大反响,人们对于民族工业著名商标因涉及债务纠纷而被拍卖感到惋惜,并由此联系到对民族工业和著名商标的呵护和国有老企业如何改制、如何跟上时代步伐等问题。很短的时间里,这些问题成了媒体讨论的热点,同时也有效推动了拍卖招商工作。考虑到工人安置及绝大多数债权人的利益,就在即将拍卖的前一刻,法院决定中止拍卖。而后该商标又经历了恢复拍卖、再中止、最后终止拍卖的历程,可谓好事多磨。这一事件说明上海景福针织厂涉及经济纠纷和工厂生产、稳定工作情况十分复杂,有关方面十分慎重。

1999年11月17日,上海景福针织厂在停产一年多后宣布破产并且经过破产清算后再次走上拍卖之路,而此时,"飞马"商标的知名度和价值已大打折扣,几乎到了无人问津的地步。因此拍卖会上,上海国拍注册拍卖师徐玄炫小姐报出630万元的起拍价后,竟无一人应价,再三询价、鼓动,仍然没有人出价,拍卖会仅维持数分钟即告结束。

11月30日下午,拍卖重开,同一拍卖师在同一会场主持同一标的"飞马"商标拍卖,经过重新评估,此次起拍价已经下降为280万元。在座的4家竞买人中有三家举起了号牌,一番竞争后,持2号牌的竞买人把价位推到了310万元时,场上已无人恋战了,"飞马"商标的拍卖价被锁定在了310万元。虽然这一价位比半月前的拍卖起拍价少了320万元,但这一价位至今仍保持了国内司法强制执行商标拍卖最高价这一纪录。

本场拍卖值得一提的是持"2"号牌的买受人。

经过报名登记,取得竞买资格,持"2"号牌参与竞争并最后成为买受人的是上海飞马针织有限公司的代表。上海飞马针织有限公司是一家多元投资的有限责任公司,于1998年10月由上海针织集团公司、上棉十九厂、上海纺织品发展公司和浦周工贸公司四方合资组建。虽然此"飞马"非上海景福针织厂的"飞马",但这一企业90%的员工来自上海景福针织厂,是企业破产前夕,为了稳定,进行安置职工时从上海景福针织厂剥离出来的,他们对"飞马"有着深厚的感情。基于这一点,企业成立后使用的商标仍然是"飞马"牌,不过那是经过上海景福针织厂同意,特许使用的。现在上海景福针织厂破产了,企业却没有自己的注册商标,一旦"飞马"商标被其他企业买走,工厂就面临生产无商标产品的尴尬境地。因此,尽管企业刚起步,财务开支很紧,公司还是决定参与竞买。现在,通过拍卖,拍回了"飞马牌"商标,一是遂了心愿,使得这一本土民族工业著名商标没有流失到外地去,留在了上海,留在了上海景福针织厂老职工手中;二是因为有了商标,企业从此可以名正言顺地生产、销售有著名商标名称的商品,企业和产品的知名度因此大增;三是节省了企业重新注册商标、培育市场的大量资金和时间。

对于飞马商标的拍卖方而言,上海国拍从1998年5月接受"飞马"商标拍卖以后,马上进行了有效的招商和拍卖准备。但是,在拍卖过程中,几经中止、恢复、再终止,一路坎坷一路摸索一路协调,公司对商标评估、企业情况、商标含金量、商标拍卖程序、司法拍卖特殊的过程等与"飞马"及相关的情况做到了如指掌,这些为"飞马"

商标从破产财产中剥离出来单独委托国拍拍卖奠定了基础。

上海景福针织厂由创汇大户沦落到破产地步,原因很多,但与拍卖有关的则是上海景福针织厂尚有近亿元的库存商品。这些商品均打有"飞马"商标,上海景福针织厂在全国尚有百余家连锁点,在秦皇岛甚至当地的针织厂仍在生产"飞马"针织内衣,因为允许使用这一商标协议尚未到期。当今市场,针织内衣品牌众多,对于投资者来讲,与其花钱去重塑一个老品牌,还不如集中精力去营造一个新品牌。其实"飞马"商标对于 40 岁以下的人群已十分生疏,因此真正要拍卖,接盘的企业并不多,而且即便愿意接盘,还要看价格。新组建的上海飞马针织有限公司则是最合适的买家。

这是一家新成立的企业,硬件不错,但尚无较好的"软件",即注册商标。买下了"飞马",是走了一条捷径,不但于情于理十分合适,从此可以名正言顺地生产"飞马"针织内衣,而且马上可以进行外销,使产品重新进入海外市场,这对于其他公司则不是一件容易的事情。上海国拍以其丰富的经验与决策能力,审时度势,有针对性地进行招商,既始终保持了与委托方的密切联系,无论是在该商标司法强制执行阶段还是以后破产清算,一直没有因为委托性质和委托人的变化而放弃,同时,始终牢牢锁定潜在买家,在发现企业人事变动时仍然保持联系,不断强化其竞买积极性,从而游刃有余地操作了这一拍卖。8 月 30 日下午拍卖槌重重落下,上海国拍的案例簿上又添上了浓浓的一笔。

国内首场可按揭产权房拍卖

1999 年 3 月 30 日下午，国内第一场可按揭贷款产权房拍卖会在上海市黄浦区青少年活动中心主会场进行。因为拍卖会上所有 20 套产权房成交后，买受人可到有关银行办理房产总成交额 50%、为期 10 年的组合贷款，包括公积金贷款和商业贷款在内，这一措施极大缓和了拍卖成交后买受人必须在短时间内付清款项的压力，从而引起了巨大的反响。经过近一小时的激烈竞争，20 套产权房拍出 18 套，成交总额 362 万元，拍卖会获得极大的成功。

此次拍卖的产权房是因为涉及债务纠纷，为人民法院查封、冻结，并强制拍卖，由上海市第二中级人民法院等委托。拍卖房产主要位于杨浦区国权路及闵行区七莘路"广波花园"、莘庄镇"金城乐园"、宝山区宝钢九村等地区，房型为一室一厅到四室二厅不等。其中，国权路 95 弄内 10 套产权房建成于 1996 年 10 月，"广波花园"内的房屋也建成于前几年，房型比较老且大多位于多层楼房的顶楼或底楼，面积最大为 120 平方米，最小为 56.35 平方米。但上述房产权属清晰，权证齐全，拍卖成交后没有后遗症。类似房地产，以往拍卖时，最终价格一般是市场销售均价的 70% 左右，这一价位显然很有诱惑力。

但是，按拍卖行业约定俗成的规则，通过拍卖获得的房地产价格虽然具有优势，但是成交后，对价款回笼的时间要求很高，交款的时间很短。一般而言，拍卖成交后，买家必须在规定的期限内（一般市内 7 天、市外 10 天，最多 30 天）交清房款，否则将被视为违约，履约保证金将会被没收。因此，虽然通过拍卖会买受房地产，与市场相比价位相对比较低，但大多数工薪阶层缺乏资金支付能力，于是只能望房兴叹，拍卖成交率也因此居高不上，影响司法强制执行资产处置的速度，最后延滞案件的审结速度和质量。事实证明，目前上海虽有很多空置楼盘，市民实际购买力远低于现行房价，楼盘因此难以动销。究其原因，不是市民不需要房，而是房价超出了市民的心理价位和实际支付能力。这种情况在拍卖会上表现尤为突出。对此，上海国际商品拍卖有限公司一直在苦苦思索，努力寻找突破口，以突破房地产拍卖成交率低的瓶颈。直到 1999 年春天，才找到合作伙伴，与有关银行通过反复研究、磨合，寻找到了结合点，这就是对拍卖成交的房产实行可按揭贷款。

此场房产拍卖，由建设银行黄浦支行办理成交价 50%、10 年期组合贷款。这一做法，使房产拍卖获得了与房地产二级市场几乎同等的信贷支持，解决了买家一次性付款问题，使不少市民有能力在拍卖会上一试身手，因此消息传出后，社会反应强烈。在咨询阶段，拍卖公司共接听了上万个电话，开出看房单 750 份。截至 3 月 29 日下午，共有 254 人交纳了拍卖保证金，这一数据意味着平均每套房就有 20 余位竞拍人。果然，拍卖会开始后，现场一改往常低迷的情景，不但人气足，买气也足。

1 号拍品，位于国权路上的一套三室一厅、面积为 97.3 平方米的住宅，拍卖师以每平方米 1350 元的价格起拍，瞬间就有 50 来人举牌应价，价格因此一路扶摇直上，冲高至每平方米 2100 元，仍有 10 来人举牌响应。经过整整 40 轮竞争，最后，该房由持 17 号牌的一位女士以每平方米 2680 元的价位拔得头筹，显示了巾帼不让须眉的气概。此后，各标的均经过一番竞争，大幅度超出底价成交。拍卖会上两套未成交的住宅，流标原因主要在于竞买人对拍卖缺乏了解，拍卖师报价后犹豫再三，同时左顾右盼，以至于错失良机。此次拍卖成交价偏高的主要原因则在于参拍者多，其中不乏已经住在附近或者就在本小区里，对小区情况了解，或者为了方便，而且有金融支持，成交后可以办理按揭贷款，需求变成刚性，导致房价上扬。不过，拍卖的最终成交价仍低于市场销售价，仍然实惠。以国权路的房产为例，由于紧贴内环线高架，交通便利，小区闹中取静，周边有很多学校，其中不少为名校，如复旦、同济大学，当时的市场价每平方米在3000元以上。

很长一段时间以来，一方面市民需要解决住房问题；另一方面房地产销售情况并不乐观，使得大量楼盘空置，套住了大量银行信贷资金。因为到期债务得不到清偿，引起诉讼，进入拍卖渠道的房产日益增多。据有关方面统计，上海共积压的新建住宅在1000万平方米左右，其中超过30%即300万平方米以上的积压房，开发商无力归还银行贷款或有其他债务。但因付款方式不同于二级市场，拍卖的房地产同样成交率不高，沪上拍卖房产最多的上海国拍每场房产拍卖成交率一般不超过50%，主要原因就在于拍卖成交后，付款时间短，市民支付有困难。可按揭组合贷款的推出，解决了市民资金短缺的问题，一定程度上缓解了市民购房难的状况，推动了消费。

由于有银行"撑腰"，此次拍卖竞买者买房的愿望相当强烈，竞争激烈。在仍然以低于市场价的价位买下房产的同时，一涉拍坛，享受了竞争和胜出的饕餮盛宴。对于拍卖公司来讲，成交率偏低的"瓶颈"因买气大增而得以打通，拍卖时间缩短、成本下降。作为委托人的法院，因为竞拍人多，成交价和成交率提高，加快了结案速度与结案质量，从而维护了债权、债务人的合法权益。银行则扩大了信贷范围、规模，盘活了存量资产，及时回拢了资金。在扩大内需、消耗空置楼盘成为社会热点之际，这场拍卖会的意义可想而知，上海国拍再一次领先行业、领先市场，为艰难前行中的中国拍卖行业开辟了一条打破成交率低的新通道、提供了一个新思路，一位知名经济学家为此预言，今后愿意到拍卖市场购置房产的市民将会越来越多。

"青啤"斥巨资收购"上啤"
——上海首次中外合资企业特别清算资产转让拍卖

　　一家中外合资企业经过特别清算,将清算资产在产权市场拍卖,这在上海尚属首次。1999 年 9 月 26 日,青岛啤酒股份有限公司以 3800 万元的价位,成功受让外资所持有的上海啤酒有限公司特别清算资产,借道拍卖成功进入上海市场。在上海国际商品拍卖有限公司主持下,昔日"天鹅"今折翅,80 年酿酒历史成绝唱。

　　上海啤酒有限公司的前身是上海啤酒厂,创建于 1912 年,已经具有 80 年历史。作为上海民族工业的重要组成部分,除了生产啤酒以外,还有不少人文景观。据介绍,厂区办公房和部分厂房为匈牙利籍著名建筑设计师邬达克设计。1993 年,菲律宾商家所有的香港亚洲啤酒国际有限公司(简称亚洲啤酒)和上海啤酒厂合资,组建了上海啤酒有限公司,注册资本 2000 万美元,其中中方占 40%,合资期限到 2023 年 7 月 19 日止。

　　合资公司成立后,对设备进行了更新改造,引进了先进的生产技术,但是,企业的效益却每况愈下。1997 年,由于中方投资人破产,合资企业股权发生变化,通过市场收购,外方持股比例上升到 90%,其余 10%股权为江苏吴江啤酒厂持有。

　　一方面,啤酒业本身具有投资大、利润薄、投资回收期长的特点;另一方面,因为亚洲金融危机的影响,市场消费能力下降,从而对亚洲啤酒公司造成影响和压力,亚洲啤酒销售发生困难、资金紧张。在此情况下,亚洲啤酒公司决定,上海啤酒有限公司从 1998 年 10 月起停产。同时考虑到因为离合资期满时间尚远，长期停产对企业不利，而且维持费用很高。于是，上海啤酒有限公司向上海外资委提出特别清算申请，并于 1999 年 5 月获准进入特别清算程序。为了公允地体现破产清算资产的价值，切实维护债权人和原投资方的利益，积极筹措职工安置费，以利于稳定，评估结束后，上海啤酒有限公司特别清算委员会决定委托上海产权交易所执业会员上海国拍负责该破产资产的处置。上海啤酒有限公司特别清算资产，包括该企业位于上海市普陀区宜昌路厂区的生产和办公用房及其土地使用权、啤酒生产流水线、动力能源、环保设施以及原材料、辅材料、生活资料等。1999 年 7 月 5 日上海国拍正式将其挂牌上市，挂牌价为 5000 万元人民币。

挂牌期间，上海复星高科技（集团）有限公司、青岛啤酒股份公司（简称青岛啤酒）参与摘牌，由行业内权威专家组成的评价委员会对投标企业的标书进行了综合评价，"青啤"成为赢家。

青岛啤酒股份公司是国内最大的啤酒制造企业，目前拥有全资和控股企业 18 家，总资产 41 亿元，啤酒年生产能力为 120 万吨。"青啤"成功收购上海啤酒有限公司清算资产，实现了青岛啤酒在上海的"销地产"，为青岛啤酒进入上海这个特大型城市创造了良好的条件。据悉，"青啤"入主"上啤"后，将在上海注册成立青岛啤酒（上海）有限公司，计划投资 5000 万元，对"上啤"进行修复、改造，提高其装备水平，以期逐步形成年产 9 万吨啤酒的生产规模。

作为国内规模最大的综合性拍卖公司，上海国拍不但具有策划、主持采用传统方式进行各类有形、无形资产的拍卖活动的能力，而且善于领先一步采用互联网等高科技手段进行拍卖，同时，对于不具备现场拍卖的标的，公司在行业内率先创造性地开发了密封递价拍卖方式，较好地解决了拍卖活动中的疑难问题。还在国内产权交易尚处于萌芽状态时，上海国拍就看好了这一市场，认为除开拍卖以外，公司的业务范围应该进一步拓宽，交易功能应该同步拓展，使企业的竞争力明显提高，产权交易就是一个值得尝试的新领域。为此，公司未雨绸缪，于 1995 年便成立了产权经营公司，成为产权交易所最早的会员，成功主持了许多国有企业产权交易活动。"青啤"

收购"上啤"特别清算财产，则是其中一个案例，可谓领先一步。不同的是，此次主持处置的清算财产，其性质是中外合资，类似事件在上海属于首次。处置过程中，上海国拍优质、高效、专业的服务，为上海啤酒有限公司破产清算和投资方收购工作奠定了良好基础，同时也证明了上海国拍除了拍卖本职外，产权交易也是强手。

清雍正"海水龙天球瓶"拍卖的台前幕后

当拍卖师手中的木槌漂亮地划了个半弧,重重击在拍卖台上,国宝级文物,清雍正釉里红"海水龙天球瓶"在经过近 20 分钟、逾百轮的竞价后终以 728.2 万元的价位易手。这一价位创造了上海迄今为止艺术品拍卖单件最高成交价,也创造了当年中国瓷器拍卖最高纪录。

2000 年 12 月 17 日下午举行的这场艺术品拍卖会是上海国拍该年度秋季艺术品拍卖会的延续,因涉及外埠政府委托,而且拍品中有一件国宝级瓷器,故这场拍卖会充满了神秘色彩,吸引了不少国内外收藏家的到来。本场拍卖会拍品由瓷器、玉器、珠宝、名表、字画组成,而清雍正釉里红"海水龙天球瓶"最引人注目,成了全场的焦点,坐满整个拍卖会场的人几乎三分之二以上是冲它而来。在市场低迷的状况下,虽然绝大多数人是来看行情,但从另一个侧面也说明了此瓶的尊贵以及拍卖的影响力。

拍卖开始没几个回合,起拍价为 380 万元的这尊天球瓶价位就被提升到了 500 万元,此后的十几分钟的竞争就集中在 12 号和 46 号两位买家之间。他们两人,你加 1 万元,我也加 1 万元,你加 2 万元,我也加 2 万元,不温不火,绝不越雷池半步,显示了极其成熟的竞拍心理和技巧。

拍卖会场上,天球瓶的价格交替上升,拍卖师时而朗声报价,时而静观竞买人出价,平静中酝酿着风暴。透过一次次不依不饶的出价,天球瓶竞价激烈的程度几达白热化,从而也引起了在场人员的数度热烈掌声。长时间胶着上升的价格和拍卖师的报价声,让会场里的旁观者似乎比买家还要紧张,不时有人憋不住跑到场外猛抽香烟。经过长达20余分钟的角逐,拍卖师才在728.2万元的价位上落槌,竞争终于尘埃落定。买受人46号脸上露出了胜利的笑容,12号却一脸的遗憾,因为在价位升至728.2万元时,他仅犹豫了片刻,拍卖师报数三声后已然落下手中木槌。真是高手博弈,差之毫厘,失之千里,机会就这么失之交臂。面对记者的采访,这两位买家除了表示自己是受人之托参与拍卖而且志在必得外,就再也不愿透露其他任何信息了。事后人们了解到,其实两位真正的买家均在拍卖场内,与代理人近在咫尺。两个买家,一个以手势、一个以翻图录为暗号,指挥着出价,苦了两位代理人,既要观察委托人的举动,又要观察拍卖师的动作,还要注意竞争对手的表现。两位不愿公开露面的先生导演了一场沪上艺术品拍坛空前的激战。

清雍正釉里红"海水龙天球瓶"之所以拥有数百万元的身价,主要是因为它的稀有和珍贵以及精致生动的画面、滋润的釉色。

据介绍,该天球瓶是雍正年间皇宫里最好画师的作品,其升腾的云彩和看似杂乱却颇有章法的龙须,显示了画家深厚的功力。与在位时间较长的康熙、乾隆两朝的官窑瓷器相比,只有十余年历史的雍正年间的官窑瓷器因为总量有限而更有收藏价值。同时,此瓶器型硕大,品相完好如新,是难得一见的佳品。1998年春季,中国嘉德公司的拍卖会上该天球瓶以400万元落槌,连同佣金,此瓶的成交价高达440万元。据专家介绍,类似的另一尊天球瓶前几年曾在香港拍卖,成交价为500万元,但此"海水龙天球瓶"器物比香港拍出的价位要高。当年,浙江省的一位买家从北京拍定它后将它运回浙东一濒临东海的县级市。

1999年5月初,浙江省温岭市爆发了一桩令人震惊的黑社会性质的案件,数十位领导因此锒铛入狱,而此案的主角即是天球瓶的主人张畏。他于5月2日被浙江警方逮捕,天球瓶连同其他数百件珍贵艺术品一并被查扣。

在以往的岁月里,张畏曾经多次到上海国拍参加钱币拍卖会,并且成为拍卖会最大的买家,被誉为钱币拍卖会上的一匹"黑马"。凡是他参加的拍卖会,他必定出价,而一旦出价,最后的买家肯定是他。他的出现,使得中国钱币收藏主力中国香港、中国台湾、新加坡、日本的买家兵败上海,中国近代钱币的价格因此上升了近30%。

在一个偶然的机会,上海国拍有关人员得知张畏被捕的消息,立即把他和那些珍贵钱币联系在一起,凭着高度的市场敏感性,开始密切关注这批珍贵钱币的下落,并设法与温岭市的有关部门取得了联系。经过深入交流,了解到张畏从上海国拍拍回的钱币并没有流失,而且其中还有从中国嘉德公司拍回的大量珍贵钱币。目前,这些钱币全部控制在警方和当地政府手中。这超出了预料,因此也增强了上海国拍有关人员的信心和紧迫感。

凭着独特、负责的工作精神,经过长达一年多的跟踪,在与当地政府反复联系、沟通下, 上海国拍终于如愿以偿, 取得了这批珍贵钱币的拍卖委托。2000 年 9 月中旬,上海国拍派出的工作小组在温岭市政府办公室从警方和政府手中接受了所有钱币和收缴的珠宝、首饰、书画、雕塑、象牙雕、名表等。在办理完手续准备离开时,政府办公室主任不经意说起,警方抄家时,在张畏家留下一个花瓶,因为成色很新,没有取走,花瓶因此留在了政府办公室的仓库里。听了介绍,公司工作人员提议去看一下。当搬开堆在花瓶上的墨水、洗衣粉等杂物,"海水龙天球瓶"赫然出现在眼前。在场的公司所有人员激动万千,国宝就在眼前,真是踏破铁鞋无觅处,得来全不费工夫。

披着台风一夜行车,第二天拂晓天球瓶与钱币安全到达上海,招商工作也随即开始。一方面由于属于国宝级藏品;另一方面因为市场低迷,大家希望天球瓶拍卖能够破解危局,因此天球瓶惊动了市场。预展时,一批批藏家反复对此瓶进行鉴赏、考证,久久不愿离去。

12 月 17 日,天球瓶拍卖时,海内外买家与数十家新闻媒体出现在拍卖会场,拍卖刚一落槌,上海电视台、东方电视台在第一时间里报道了这一消息,中央电视台新闻联播也在次日作了报道。人们在惊叹天球瓶拍出了天价的同时,也为市场低迷状况下精品能够保值增值而振奋。而上海国拍凭着职业的敏感和市场拓展的能力、孜孜不倦的工作态度,在为公司增添业绩的同时,也为我国艺术品拍卖增加了一个新的案例。同时也证明,一个综合性拍卖公司是可以吸引世界一流买家,也可以做好艺术品拍卖的,关键是拍品的质量。

笑着,告别"奥丽安娜"号

　　"奥丽安娜"号,世界四大名轮之一,与"法兰西"号、"伊丽莎白"号、"皇家公主"号齐名。"奥丽安娜"号轮全长 245.06 米、高 51 米,净重 41922 吨,船上有 903 间客舱,俨然一座浮动的海上城堡、一幢完整的酒楼。在上海母亲河黄浦江里停泊一年半后,由其主要投资方杭州西湖国际旅游文化发展有限公司(简称西湖国旅)委托,上海国拍于 2000 年 9 月 28 日公开执槌拍卖其所持的上海"奥丽安娜"号观光娱乐有限公司 85%的股权,以实现投资人的重组。

"奥丽安娜"号的前世今生

　　8 月 14 日下午,"奥丽安娜"号像往常一样停泊在位于小陆家嘴金融中心的黄浦江东岸。夏天的太阳火辣辣地照射在洁白的"奥"轮上,江水拍岸,风樯不动,一切显得那么怡静、安详。船内的会议室里,"奥"轮公司大股东——杭州西湖国际旅游文化发展有限公司,上海"奥丽安娜"号观光娱乐有限公司董事长、总经理陈亚君先生既沉重又兴奋地宣布:"因为公司投资重心战略性转移,经营方向发生变化,同时从公司自身实力和上海大都市旅游的实际出发,'奥'轮公司要改变目前的状况,要进一步地发展,要选择一个更具实力、更有经营经验的企业来接管,以更新的管理理念,更大的投入发掘'奥'轮的有形、无形资产。如果能够实现这一目标,那么,'奥'轮的将来,比现在更有意义,员工们也更有前途。公司决定退出投资,目的在于再造一个全新的'奥'轮公司,再造一艘全新的'奥'轮。"会场上响起了经久不息的掌声,尽管这掌声有点凝重,但是,对"奥"轮的钟爱使投资者与员工达成了难得的默契。

杭州西湖国际旅游文化发展有限公司是个规模并不很大的公司,而它却是"奥"轮所在的上海"奥丽安娜"号观光娱乐公司的大股东,占了85%股份。当初,这样一个公司投资4000余万元,买下"奥"轮、组建"奥"轮公司,无疑需要极大的勇气,而今,在"奥"轮公司经营尚可的情况下,果断退出投资,更需要勇气和胆略。因为他们将面对杭州父老乡亲的疑惑目光,面对对"奥"轮心仪已久的上海人的惊讶、责怪⋯⋯然杭州西湖国际旅游文化发展有限公司的决策者深深明了自己的弱点,壮士断腕,"知耻者近乎勇",凤凰涅槃,为的是"奥"轮重生。

"奥丽安娜"号由英国龙骨公司制造,1959年12月下水,1960年12月3日实现处女航。当时,亚历山大王妃受伊丽莎白女王的委托,在英国南安普顿港执掌下水剪彩仪式并为"奥丽安娜"号命名。1962年10月1日,英女王伊丽莎白二世登临"奥丽安娜"号,并题词纪念。

"奥丽安娜"号以技术先进、船体美观、豪华舒适、航载量大等特点备受国际船舶专家与游客的赞美。1986年3月24日,"奥"轮完成了最后一次航行任务后被卖给了日本人。26年间,"奥丽安娜"号环球航行了650万公里,到过全球108个著名港口,接待游客40万人次,这些人非富即贵。"奥"轮设备先进于"泰坦尼克"号,"奥"轮的故事甚于"泰坦尼克"号,它使多少人喜结良缘,记录了无数国际名人的足迹、倩影,"奥"轮知名度之高,在欧美一定年龄阶段里的人对它都知晓。作为世界四大历史名船之一,"奥丽安娜"号在当代世界造船及游轮史上占有极其重要的地位,时至今日,不少英国人仍然还梦想重游"奥"轮。

"奥丽安娜"号退役后,由日本别府市购买并斥资3.7亿日元改建成世界唯一的大型综合性游轮观光船,以世界名船博物馆为主体的58处特设风景区(点)与船上众多的人文景观具有极高的观赏及收藏价值。"奥"轮停泊在别府整整9年,成了别府的重要景点,它是别府的"朋友"和"情人"。"奥"轮上有903间客房,经营者为了完善"奥"轮的功能，自然想到开发和利用这些客房。但别府市是个温泉城，城市范围不大，已经有了很多温泉、住宿合一的私人旅馆，这些旅馆最大的特点就是规模不大。现在一下子增加这么多房间，传统的旅馆业理所当然受到刺激，"奥"轮这一设想遭到别府人的猛烈反对。别府旅馆业同业公会出面干预，最终"奥"轮黯然离开别府。据说离开时，别府市长带领市民到海边为他们的"情人"和"朋友"送行。

"奥"轮来到了中国北方城市秦皇岛，仍然作为旅游项目，由港务局经营，虽然未做任何修饰，它仍吸引了无数的游客。由于种种原因，1998 年年底，秦皇岛市决定出让"奥"轮，杭州西湖国际旅游文化发展有限公司与杭州解百集团股份公司出资 5000 万元，力克国内诸多大公司、大集团，购下"奥"轮，并历经坎坷、艰难将船引进上海。即将成交时，秦皇岛市的主要领导批示，要求秦皇岛想方设法买下该轮，《河北日报》还专门发表署名文章《别了，"奥丽安娜"号》，对"奥"轮表现出依依不舍的情愫。

1999 年年初，在经过短暂、紧张的筹划，包括修建码头、装修船舱、培训了 500 名员工后，2 月 14 日，即在农历春节喜庆氛围中，"奥"轮正式对外开放营业。首期开放经营面积约 2 万平方米，虽然仅占全船面积的三分之一，但正式开放区域内，观景面积已达 10750 平方米，其中餐厅面积 2800 平方米，有 5 个中西餐厅、6 个酒吧、4 个娱乐场所。当时，"奥丽安娜"号停在黄浦江浦东其昌栈码头。黄浦江在陆家嘴拐了个弯向东流去，几步之遥便到了其昌栈，离陆家嘴不远，但陆家嘴以南与陆家嘴以东是两个概念。其昌栈历史上是英国和美国人的码头货栈，新中国成立以后是粮库和煤库，周围和对岸是工厂、港区和简屋区。百余年前，英美商人在此开设码头、栈房后，形成了一个集镇，商肆茶馆菜场齐全，曾经是黄浦江浦东一侧比较热闹的地方。但是，由于属于老街，基础设施差，加上常年失修，危房简屋居多，道路建设也不是很好，起码目前这里绝不是旅游的理想地方，"奥丽安娜"号停在这里可谓先天不足。

从营造浦东沿江新景观、融合大都市旅游氛围的角度，也从公司自身发展的需要出发，经过艰苦工作，积极争取，"奥"轮在黄浦江里来了个大迁移，向市中心移动。为了移动这艘 4 万余吨无动力的庞然大物，黄浦江为之停航三小时，最后，"奥"轮落锚与外滩一水之隔的浦东东昌路码头。在极短的时间里，"奥"轮公司为"奥"轮二次建造码头、移动地方,投入了近千万元的资金,可谓伤筋动骨。"奥"轮现在停靠的地方,已是上海黄浦江能容纳"奥"轮最好的地方了。白天,"奥"轮沐一身阳光,洁白的船体熠熠生辉;夜晚,6000 盏泛光灯使"奥"轮溢光流彩。站在船头极目四望,西边,隔着粼粼江水是灯光辉煌的外滩;往南,南浦大桥披一身彩灯横跨浦江;向东向北,东方明珠、金茂大厦、陆家嘴中心地带玉宇琼楼,恍如仙景,"奥"轮停泊在一块寸金之地。

开业至今,"奥"轮已接待了海内外游客近 50 万人次,其中不乏国家、省市领导人,有一百多家大中型企业及团体在船上举办了各种商务活动。2000 年 3 月,34 位当年在"奥"轮工作或与"奥"轮有关的英国人登临"奥丽安娜"号。当他们亲眼看到"奥"轮至今保存完好,惊喜之余充满了感激之情,"奥"轮第二任船长的儿子为此连连说了五次"谢谢"。上海"奥丽安娜"号观光娱乐有限公司的行为,事实上起了保存英国造船和游轮史的作用,因为"奥"轮是历史的见证、荣誉的见证。"奥"轮以其独特的英国游轮历史文化、英国皇家背景、世界名船固有的魅力,已成为黄浦江两岸最重要的灯光夜景和上海都市旅游的知名景观,与东方明珠、金茂大厦、野生动物园等上海著名景观齐名。一年里,到"奥"轮拍摄的电视剧、电影已达 30 部,玫瑰婚典 900 余对新人从此出发,国际模特大赛的美女们在这里崭露头角,"奥"轮已与高速发展之中的上海连在了一起。

新千禧年的到来,给"奥"轮公司带来了盛大节日。公元 1999 年 12 月 31 日傍晚至 2000 年 1 月 1 日凌晨,一千元一张的门票售出 5000 余张,高达一万元一桌的宴席订出 15 桌,4000 元一桌及其以上的晚宴共订出 87 桌,"奥"轮成了黄浦江上的不夜城,华灯齐放、歌舞升平。庆祝新年的浓烈气氛稍稍下降,凌晨,开来 27 辆巴士,来了 2000 余位苏州客人,为了尽兴,他们直到天亮才离开"奥"轮。仅这一天,"奥"轮收入就高达 87 万元。当晚举行的即兴拍卖,从船上随手拈来的钟表、摆件,每件都拍至千元以上,因为船上遗留的"奥"轮原物,时间最短的也已达 26 年以上,而且来自于欧洲,已经属于"古董"了。

"奥丽安娜"号拍卖的原因

但顺景是短暂的。由于面对的是大都市旅游的高水准与多层次的要求和标准,"奥"轮要想站得住脚,需要大量的投入,以便改造日显陈旧的设施,管理的理念、经营的思路,餐饮、功能均要形成自己的特色,这一切都给原投资方带去了严峻考验。更为严重的是,轮船停泊地岸边高档住宅建设速度惊人,先后入住的业主对于面前黄浦江中的这艘挡住风景的庞然大物表现出异常的愤慨,矛盾激化,一触即发,使得经营者心存顾虑。

杭州西湖国际旅游文化发展有限公司是个实力并不很强的公司,而它在"奥"轮公司却是大股东,控股85%;而另一个投资者,杭州解百集团股份公司是个上市公司,在"奥"轮公司却是个小股东,仅占15%的股份。据专家测算,"奥"轮第二期改造至少须投入4000万元以上,按此数字分割,"西湖国旅"须投入3400万元,而"解百"仅须投入60万元。1999年,"奥"轮虽然接待了40万人次,营业收入近3000万元,经评估公司以7月31日为基准日评估,"奥"轮公司总资产已达1.54亿元,净资产已达1.12亿元,但1999年"奥"轮仍然亏损了200万元,其中"西湖国旅"将承担170万元。最近,"西湖国旅"已成功改制为民营企业,与此同时,该公司在马来西亚霹雳洲怡保市与马方合作投资组建了马来西亚中华工商城,占地3万平方米,有500个摊位,5年内持续总投资将达500万美元,中马各占50%,中心建成后将成为中国商品在东南亚的集散地和窗口。在这种情况下,"西湖国旅"必须冷静地审视自己,审视"奥"轮公司的现在与未来。经过反思,他们明白,如果没有高层次的策划,没有与上海国际大都市地位相合拍的管理理念和经济实力,"奥"轮的发展是困难的,没有好的项目、没有齐全的功能,"奥"轮难以吸引更多的游人。而要实现这一目标,作为主要投资方的"西湖国旅"缺乏这样的实力,照此经营下去,"奥"轮必然陷入困境。而一个尚在正常营运的企业,与一个濒临困境的企业要实现转让,前者无疑更具有吸引力,它最可能实现资产的保值增值。于是"西湖国旅"决定扬长避短,退出投资,他们聪明地选择了通过拍卖形式转让其持有的85%股权,因为拍卖最大的特点在于公开化,最能体现"奥"轮的价值,而且拍卖极具新闻性,这一切对于出让成功至关紧要。

值得一提的是,此次拍卖的是公司股权,而不是资产,股权转让比资产处理更为深刻、灵活,更有利于资产重组。股权转让仅是变更了投资方,投资人重组是企业经营中常发生的事,股东变更了,公司仍然存在,它对于法人治理结构,对公司的安定团结、经营的正常没有很大的影响。这是一种很好的思路,选择这一做法,既体现了杭州西湖国际旅游文化发展有限公司决策人的水平,也体现了其对"奥"轮股权出让充满了信心,当然也充分显示了拍卖主办方上海国拍的睿智。对拍卖而言,这或许是个好兆头。

"奥丽安娜"号作为历史名轮,一个大型综合性的旅游项目,时至今日仍后无来者。且不说那一幅幅英国皇家的珍贵照片,那40年前英国的瓷器、雕塑、船上用品、世界名牌海德堡印刷机,至今仍不落后的电影放映机等都价值连城。即便退一步,将船拆解出售,钢板、铝合金、纯铜螺旋桨都会让人一掷千金。尤其它具有的减鳐设备,国内除开军用外,民用船只几乎没有这样的设施,它可提高船的平稳性和抗风能力,这一切均弥足珍贵。但是,拆散了"奥"轮,无疑等于拆散了一部历史,拆散了无数人的怀旧情结。150余年前,上海开埠,英国人凭借洋枪洋炮首先进入上海,现在上海将公开拍卖英国唯一以女王名字命名的、令他们骄傲的"奥丽安娜"号。这艘船英国人早早出让了它,而它却在中国人手里保存得十分完好,难怪英国《泰晤士报》发表文章,对此进行评论,表现了他们对此次拍卖的深切关注。委托方同意将参考价定为6000万元,把很大的空间让给新主人,目的也在于不愿看到"奥"轮被肢解,宁可少收入,让新主人有更多的经费投入"奥"轮,进行再开发,用心可谓良苦。

再过一个多月,"奥丽安娜"号就要拍卖了,它的新主人会在哪里呢?

上海作为国际大都市,有良好、宽松的投资环境,进入上海是外埠有实力企业梦寐以求的。仅6000万元就可以买下资产过亿元的"奥"轮公司85%股权,且可马上接手经营,实在是难得的机会。况且"奥"轮尚有三分之二的地方未开发,903间房间钥匙仅少了一套,尚未开启的船舱充满了神奇色彩,完整的二期改造方案可使买受人省去诸多的麻烦。"奥"轮四大功能即观光、餐饮美食、休闲、欧洲俱乐部仍是主打产品,刚注册的270个商标一旦形成系列产品,将进一步烘托着"奥"轮公司向前发展。"奥"轮是一片热土,一个仍然令投资人看好的项目。

"奥丽安娜"译为中文是"白色的贵妇人"。英国人在40年前建造了它并给了它足够的荣誉,但英国人没有留住它,使它漂泊异国他乡。日本人投巨资改造了它,将一艘充满英伦情调的皇家游轮改造成日本味十足的观光娱乐船,然而它同样没留住这个"情人"。秦皇岛人大气魄买下"奥"轮,并自豪地将它拖入渤海湾,然而秦岛人也没最终留住它。"奥"轮太靓、太凝重了,经营它不但需要投入,更需要新的理念。"奥"轮被精明的浙江人买下并将其泊在上海,而今,它的命运又将出现一次转折,不同的是此次"靓女出嫁","奥"轮人笑着告别它。"奥"轮情定何方?人们拭目以待。

"奥丽安娜"号拍卖纪实

"6000万元,成交!祝贺你,杭州宋城集团荣幸地成为'奥丽安娜'号新的主人。"紫檀木做的精致小槌漂亮地在空中划了个半弧,重而稳地击在桌上,发出清脆的响声。国家注册拍卖师叶肇咸先生洪亮的声音在"奥"轮宽敞的宴会厅里响起,几十名新闻记者不等槌声逝去就已把杭州宋城集团董事长黄巧灵先生围得水泄不通。由上海国拍主持的上海"奥丽安娜"号观光娱乐有限公司85%股权拍卖会由此降下帷幕,这场通过股权拍卖实现投资人重组的拍卖活动从此收录为中国拍卖业的经典。

以"奥"轮为载体的上海"奥丽安娜"号观光娱乐有限公司85%股权拍卖的消息一经传出,立即引起了海内外媒体的密切关注,最短的时间里,媒体聚焦"奥"轮。据不完全统计,腾出半个甚至一个版面对"奥"轮及拍卖进行报道的有《大公报》、《国际金融报》、《北京晚报》、《上海交通报》、《上海家庭报》、《上海商报》、《浙江青年报》、《东方航空》、《经济生活报》、《上海日报》等,英国《泰晤士报》也刊发了署名文章,表示了对"奥"轮拍卖的关注。上海卫视"星期视点"播发的专题片更引起了社会共鸣。纵览这些报道,可以发现其有一个惊人的相同之处,即几乎所有的报道均对"奥"轮寄予了无限同情、关爱和希望,期望多于批评,而即便是批评也充满了善意。对于一个在上海经营的外来企业、一个在上海人生地疏的公司,在经营了一年多后,不管什么原因即将退出投资,媒体不是按照惯例横挑鼻子竖挑眼,批评、谴责,截然相反的,记者们用自己诚挚的语言,正确、客观地描述了"奥"轮公司及其处境,对拍卖的成功充满期望。这实在不是一件易事。看到这众多的报道,不但"奥"轮公司的老总陈亚君感动了,"奥"轮公司的员工感动了,连浙江省有关部门的领导也感动了,杭州市委宣传部门一位负责人由衷地感叹:上海的媒体水平高,"奥丽安娜"号"葬礼比婚礼隆重"。

由于媒体的报道,短时期内形成信息爆炸,唤起了人们对"奥"轮的注意,从 8 月 15 日新闻发布会的次日起至 9 月 26 日,"奥"轮餐厅接待散客近 4000 人。而在平时,这段时间里只能接待 1000 余人。"奥"轮面临拍卖,情系何方,新主人是谁是个未知数,人员何去何从,不得而知,船上人心可能涣散,服务质量可能下降,然而,在这种情况下,"奥"轮人表现了了不起的敬业精神。直至拍卖时刻,"奥"轮内外一尘不染,运转井井有条,这为拍卖的成功提供了很好的保证。

到拍卖前夕,"奥丽安娜"号这个"白色的贵妇人"落锚黄浦江已经 550 余天,白天她一身白色,在阳光下显得十分妩媚靓丽;晚上,6000 盏泛光灯使她流光溢彩,又别有一番情调。不可否认,550 余天岁月荏苒,550 余天"奥丽安娜"号就生活在人们的眼前,她已实实在在融入了上海母亲河,成为黄浦江沿岸的重要景观之一,成了上海都市旅游不可或缺的一道风景线。

流经上海市区的黄浦江是上海都市旅游的重要组成部分,也是未来上海重点开发的景区。放眼世界,可以看到这样一个现象,即世界著名城市大都与江河有缘。不可设想如果伦敦没了泰晤士河、巴黎没了塞纳河、圣彼得堡没了涅瓦河、曼谷没了湄公河会是什么样子。上海作为名城,黄浦江作为名江,一旦没有了"奥丽安娜"号这样一条名船,少了一片璀璨的黄浦江会是什么样?现在"奥"轮要拍卖了,人们在匆匆工作之余想起确实应该关注"奥"轮,于是用各种行动表示着自己对"奥"轮的关心。有一则小插曲,特别能够说明问题。笔者所在公司刊发了一则招聘广告,有位小姐前来应聘。问其有何特长,为了证实自己的组织能力,她列举了一周前,她曾经组织原来任职公司百余人上"奥"轮就餐展开活动的案例,同时告诉我们,"奥"轮要被广东人拍走了。可是,她并不知道,眼前的考官们即是此次拍卖活动的始作俑者。

多少个深夜,笔者乘渡船归家,船至江中,但见人们指点浦江东岸灯光灿烂的"奥"轮,说它要拍卖了,语气中充满了惋惜之情。可以讲,一段时间以来,不少家庭谈话的主题少不了"奥"轮和"奥"轮拍卖,媒体上刊登的消息也是"奥"轮和"奥"轮拍卖。在拍卖前一天和当日,《新闻午报》《申江服务导报》连续报道"奥"轮拍卖的进展情况。虽然"奥"轮要拍卖了,但从 9 月 28 日起到 11 月 18 日,每个周末、周日的晚宴已订满,最高的一单订了 12 桌。人们用行动表示着对"奥"轮的关心。从停止航行开始,"奥"轮已经转嫁数次,饱受迁徙之苦,匆匆然,怅怅然。如今上海这个国际大都市能挽留她吗?人们翘首以待 9 月 28 日的拍卖。

上海国拍接受杭州西湖国际文化旅游发展有限公司委托主持拍卖,从拍卖的标的的确定,到拍卖活动的实施、善后工作等均做了精心策划。此场拍卖的是股权,而通过拍卖一个尚运转正常,具有巨大财产的企业的股权,实现投资人重组,在国内拍卖市场尚属首次。上海国拍是积极倡导者,因为公司深谙股权转让比资产转让更彻底、更简便、更安全这一道理。股权转让,由于企业法人地位未变,运行照样可以继续,对企业、对职工更为负责。如果拍卖成功,可为国有企业资产重组提供方向与路径。当然倘若拍卖失败,负面影响对"奥"轮公司则是雪上加霜,经营将更加难以开展。上海国拍的运作能力也必定受到质疑,公司品牌也将因此打折,后果同样不堪设想。但上海国拍经验老到,凭着其对无形资产拍卖的充分理解和对市场的独到认识,他们抓住了"奥丽安娜"号曾经的历史与逐日兴起的都市旅游热的结合点,抓住了新闻报道后市场对拍卖的反响哪怕只是雪爪鸿泥、吉光片羽,便跟踪追击,扩大战果。接受委托后,公司四处出击,运转自如地利用各种渠道,对"奥"轮进行包装、推介,使得拍卖一步步接近成功。

有投入必有产出,言必行,行必果。到 9 月 28 日下午,已经有 6 家竞买人会师"奥"轮。下午 2 时准,拍卖师宣布拍卖开始。从 5800 万元起拍,杭州宋城集团的代表马上举起 228 号牌应价,而此时宋城集团老板黄巧灵则坐在一边,面带微笑,静静地如同一个旁观者。片刻 229 号报价 5850 万,接着有人报价 5900 万元,场上空气凝重,只有摄像机、照相机的镜头在紧紧捕捉着举牌人。"5950 万元。"一位女士举起了号牌,人们转过头正在寻找这位买家时,宋城集团再次举牌直接报价 6000 万元,228 号竞拍人被摄像机包围,场上一片惊叹,不少人紧张得心脏几乎停止跳动。价位停留在 6000 万元已数分钟,拍卖师环视场内,朗声询问是否有加价。场上无人再继续加价。"6000 万元第一次,6000 万元第二次,6000 万元成交!"槌声在"奥"轮响起……"奥"轮由此改弦易辙,杭州宋城集团成了"奥"轮新船主,黄巧灵倾该之间被媒体包围。《文汇报》的记者石琨先生为了抢到新闻,别在腰间的 BP 机也被挤掉了,记者之多、采访之热烈可见一斑。

其实,十分兴奋、侃侃而谈的杭州宋城集团董事长是以接近 9000 万元的价格买下了"奥"轮 85% 股权的,因为"奥"轮公司 85% 股权还包括近 3000 万元债权债务。但不管怎样,面对如此众多的媒体,对于计划中即将进军上海的杭州宋城集团来说,无疑节省了千余万元的广告宣传费,何况那种由企业或者广告公司筹划的活动,往往是事倍功半的。

新船长的风采

初秋的申城,天高气爽,金桂飘香,景色尤为美丽,略带冷意的晚风轻轻掠过江面,灯火阑珊的黄浦江格外美丽妩媚。在拍卖的前一夜,笔者搭乘渡轮西去,在东昌路与十六铺对开的江面,凭栏东望披一身彩灯的"奥"轮,心中一如涌动的浦江浪潮。

一个小时前,笔者接到杭州宋城集团人力部经理郑国庆的电话,这位英俊的年轻人是一位硕士生,据说常有文章发表于报端。他告诉我,他与黄总刚赶到上海,现在正在南京东路外滩隔江眺望"奥"轮。黄总接过电话告诉我"感觉好极了",同时他告诉我,他要乘"忆人"号游轮在江中贴近"奥"轮,零距离看看"奥"轮。虽然我不能与之同登舟共游江,但此时的我却在渡轮上巧遇了"忆人"号。此时南外滩江域唯有

"奥"轮一片灿烂，同样满身披着彩灯的"忆人"号在巨大的"奥"轮面前显得那样渺小。我想，此时黄巧灵的心情肯定十分复杂，也十分写意，因为他几乎已经断定明天他将成为"奥"轮新的船长。

杭州宋城集团是国内颇有知名度的民营旅游企业，麾下有杭州宋城、美国城、杭州乐园、龙泉森林公园、房地产、广告公司等，占地约 26.1 万亩，总资产达 15 亿元。该公司总经理黄巧灵先生来自山重水复的丽水山区龙泉市，年轻时当过兵，有极好的枪法，在龙泉一带很有影响。15 年前，他在海南三亚经商，然后到杭州建立宋城，商海沉浮已然百炼成钢。继续对外扩张，争取早日上市，是宋城的战略方向，因此最近宋城在南京签约兴建"明城"扩大资产总量。黄巧灵团队极其注重周密规划、精心运作，不打无把握之仗，这成为杭州宋城集团对外投资的原则。杭州与上海相邻，上海作为中国最大的工商业城市、都市旅游大市场，杭州宋城集团早就看好了上海，有进军上海的计划，更有过进军上海的行动，但几次在上海的推广行动，反应并不强烈、效果不理想。上海太大，零零星星的信息很快就被淹没在信息的海洋之中。对上海的行事规则不了解，以致功亏一篑，令黄巧灵惆怅万千……"但是进入上海始终是杭州宋城集团的心结，但如何寻找机会杭州宋城集团则有自己的策略。"黄巧灵对笔者如是说。"奥"轮 85% 股权拍卖因为"奥"轮标志性地位给黄巧灵和宋城集团带来了契机，黄巧灵与其助手果断出击，终于赢得了机会，6000 万元拍下了"奥"轮。其产生的影响，使杭州宋城集团在上海乃至全国的地位提升，此举让黄巧灵起码节省了 1000 万元广告费。记者们为此说黄巧灵是聪明人，遗憾的是上海的企业与企业家与"奥"轮失之交臂，如今人们只好以"奥"轮不会离开上海聊以安慰自己。

其实，为了成功拍下"奥"轮，黄巧灵是下了工夫的。在上海国拍奔走于市场进行招商的关键时候，黄巧灵主动联系了上海国拍的主要经办人，第一时间在杭州西郊宋城集团总部与上海国拍人员深入交谈，虽然当时其并没有明确表态参与拍卖，但是高手交流，彼此已经心照不宣，只是差点火候而已。9 月 18 日凌晨，黄巧灵在观摩悉尼奥运会开幕式时与笔者通了电话，表示要到上海看看"奥"轮。开幕式一结束，他便火速赶到上海，凌晨 5 时下了飞机，在浦东机场附近稍作休息便与笔者一起登上

"奥"轮,直至下午 2 时才在船上用午餐,然后再次下到闷热的底舱。为了"奥"轮,宋城高层开会不下 10 次,5 次派人上船,分析了可以搜集到的有关"奥"轮一切资料后,黄巧灵做到了心中有数。他认为,管理和经营"奥"轮,宋城是最合适的人选,因为他们有经验,原"奥"轮公司缺少的正是他们所有的,因此面对记者,黄巧灵对答如流:"下一步要对奥轮的无形资产进行梳理、提升,以英伦文化、海上皇宫为目标,营造一个全新的'奥'轮……如果说'东方明珠塔'是陆地上的明珠,那么,未来的'奥丽安娜'号将是水上旅游的旗舰。"我相信黄巧灵说的是心里话。

拍卖结束了,除了奥丽安娜公司部分股权顺利转让之外,作为一场全新意义的拍卖,它为在困境中苦苦探索的中国拍卖业真正走向市场做了探索和实践,并有了满意的答案。对于西湖国旅,他们则实现了投资的战略转移,从今以后得以扬长避短,在其他战线再奏凯歌。而把"奥"轮交给杭州宋城集团这样一个对娱乐观光业颇有造诣的企业,对于"奥"轮不啻一件好事。"奥"轮通过拍卖"涅槃",我们期望一个全新的"奥"轮重新出现在浦江之上。

新年撞钟权拍卖轶事

转眼间,丁亥年过去,戊子年到来,作为农历春节传统习惯和活动的一部分,除开衣、食、住、行之外,大年初一零时到寺庙撞钟是不少祈求平安、幸福人士的向往与追求。名刹古寺因此往往排起长队,尤其头钟更是一响难求。在上海国拍拍卖历史上就有过一场新年撞钟权的拍卖,时至今日,回想起来还意味犹新。

仿佛是约定俗成,仿佛有不成文的规定,名刹古寺新年头钟作为稀罕之物,历来不是为政府要员留着,就是由名人享受,或被大款巨商独占,因此,头钟敲钟时未到却早已名响有主。

头钟资源紧缺,连一向清心寡欲、少有社会庸俗概念的寺庙众僧也不得不身涉俗世,为安排由谁来敲这头钟而烦恼。21世纪开始后,国内一些寺院改变以往做法,仿佛突然一夜之间明白了最为市场化的拍卖行为恰恰是解决新年头钟供不应求问题的最好办法,于是尝试采用拍卖的方式配置撞钟权。上海国拍于是成为最早主持类似拍卖活动的企业,拍卖槌不经意中敲进了庙堂之中。

无锡市西郊、浩渺太湖之畔的灵山景区内,最为著名的当属高80米的释迦牟尼青铜像和有1300余年历史的祥符古寺了。这里有一通大钟也十分了得,它就是灵山大佛脚下的灵山大钟。该钟通高3.5米,重12.8吨,素有"江南第一钟"之称,重击之,声传十里,余音不散。每逢农历新年,到灵山撞钟是无锡及周边城市不少群众一件很重要的事。

　　按中国传统习俗，一年中有 12 个月、24 个节气、72 候，正合 108，灵山大钟新年撞钟即 108 响，寓意祛除人生 108 种烦恼，其实表达了人们祈求平安的良好愿望。因为 108 响钟声资源极其有限，即便除夕夜到灵山通宵排队也不知能否如愿以偿。各方需求如此紧迫，不少方面还不好拒绝，这让寺庙主持们难以应对。于是，在无锡华东拍卖行邀请下，作为尝试，历来崇尚创新、试点的上海国拍派出人员赶往无锡，大家一起策划了这一场在国内尚属首次的撞钟权拍卖，在上海、无锡两地拍卖灵山大钟新年 108 响撞钟权。

　　2001 年即蛇年春节前，拍卖活动一拉开序幕就引起社会广泛关注和热烈争论。不少人认为这不过是一种商业炒作，是推销和宣传敲钟权利的不同战法而已；也有人认为新年撞钟权拍卖属于一种"支付转移"，其结果既满足了富人的精神消费，又解决了供不应求的困难，寺庙还增加了收入，没有什么不好；大多数观点则认为，在市场经济大背景下，连佛门净地也不能免俗，可见商品经济威力无穷，敲钟权可以拍卖，接下来还要拍卖什么呢？人们甚至有点忧心忡忡，舆论可谓众说纷纭，莫衷一是。苏、沪媒体因此说："竞拍撞钟迎新春"，"钟声百八响，响响是钞票"。一时间，灵山撞钟权拍卖成了热门话题。

　　灵山大钟新年头钟敲钟权拍卖在上海和无锡分别进行，2001 年 1 月 18 日上午，拍卖首先在上海国拍拍卖大厅进行。可能上海人比较实际，更注重与亲人团聚共享天伦之乐，也可能上海本来就拥有龙华、静安、玉寺等声名显赫的古刹古寺，因此不必舍近求远去无锡，所以拍卖会只成交了 7 响，除第一响以 1000 元成交外，其余 6 响均以 800 元成交。

　　下午，无锡拍卖如期进行，这里的拍卖可谓挟地域优势和人气，情况明显好于上海，共拍卖成交 73 响，其中第 99 响拍至 4400 元，其余各响成交价在 3000 元左右。锡沪两地相距不过 250 里，拍卖价格如此悬殊，不少无锡买家后悔没有去上海参加拍卖，以致上海流拍的撞钟权事后成了香饽饽。

　　值得一提的是，无锡灵山大钟撞钟权拍卖不是绝唱。时隔两年，江苏省镇江市金山寺春节撞钟第一响竟然拍至 7288 元。国内价格最高的撞钟权，当数 2003 年江西省南昌市一家连锁超市总经理，以 40888 元买下南昌"绳金塔"新春第一响撞钟权。虽然，这不是拍卖的结果，但是，从中可见类似紧缺资源的配置，拍卖空间仍然存在。

　　拍卖是市场经济的产物，它具有其他商业业态所不具备的交易能力，但拍卖又不是万能的，人们对它的认识程度也随着市场的发展在不断深化。对于紧缺资源、难以确认价格的财产的处置，拍卖是一种询价的好办法。因为具有这一特点，2500 余年，拍卖行为才得以生生不息。从 2001 年至今，白驹过隙，十多年岁月匆匆，现在回想当年的撞钟权拍卖，笔者倒是感觉有很多不足和欠妥之处，主要是技术上的问题，如运作过程时间短，过于仓促，对招商和市场接受程度过于自信。如果当时把招商工作做得更为扎实一些，拍卖结果肯定会更好。其他如寺庙撞钟权是否适合用拍卖方式配置，拍卖是否可以参与或者完成所有商品、财产的处置等，均应做更深层次的思考。但从合理配置紧缺资源、用市场化手段解决一些难以解决的问题而又不违背法律法规这一角度出发，笔者至今以为类似拍卖创意值得总结、推广，因为可能就是这些领域恰恰是拍卖行业走市场化、社会化的蓝海。

记无锡市首次流通行业国有资产拍卖

20世纪初,我国经济体制改革进入关键时刻,企业改制、资产重组在全国范围内进行,国家经济建设速度加快,既需要大量人才,也需要大量资金的投入。国内首先是在东南沿海地区开始,不少城市为了甩掉包袱、筹措发展经济的资金,同时也为了集中人力、物力、财力抓好关系国计民生的建设项目,把一些与群众生活、消费有关的流通领域里的资产通过拍卖等形式转让,国退民进,搞活市场、搞活经济。在此大背景下,大量流通领域里的资产进入了拍卖程序。拍卖行业凭借这一舞台,充分发挥了行业盘活资产方面的优势,为国有资产退出流通领域、盘活企业存量资产、引导民营经济投资实业、保证国有资产退出时的公开公平公正和实现资产价值的最大化方面做了大量卓有成效的工作。在这时代进程中,上海国拍积极参与,成功主持了不少拍卖活动,在国退民进潮流中留下了自己的痕迹,无锡市部分国有流通企业资产拍卖就是其中一个案例。

2001年3月6日下午,位于浩瀚太湖边上的太湖大酒店中心会场座无虚席,无锡市首次流通企业资产拍卖会正在这里举行。此次采用拍卖方式出让的国有资产有湖光照相馆、市建筑五金批发公司房产等8项,由无锡市国有资产管理局委托。拍卖会由江、浙、沪三地的拍卖公司主持,分别是无锡华东拍卖有限公司、温州汇丰拍卖有限公司、上海国际商品拍卖有限公司。

无锡是我国经济比较发达的城市,为了进一步加快发展速度,需要实现对国有资本的调整，让其从一般性竞争领域中退出，实现资产重组，使得国有资本轻装上阵。于是，该市决定对一些机制僵化、缺乏动力的中小国有企业采取逐步退出、通过拍卖形式转让的措施。首批拍卖的 8 家企业主要集中在流通领域，而这些企业的资产主要是位于无锡市繁华市区的房地产，其中价值最大的是湖光照相馆房产，面积达 1231.37 平方米。

湖光照相馆是一家在沪宁线上很有知名度的老店，属于赢利单位。截至拍卖前，共有 15 位竞买人登记参加拍卖，而前来观摩、摸行情、看风向的人足有一百余人，主要来自于江浙沪三地。拍卖会上，湖光照相馆房产从 800 万元起拍，江苏、上海、浙江来的竞买人展开了激烈竞争，一直搏杀至 1800 万元才罢休，成交价超出起拍价近 1000 万元，超过底价约 800 万元。

位于无锡市区五爱路上的建筑五金批发公司房产以 202.3 万元的价格落槌，其余 6 个标的因为标的价值较小、起拍价过高而流拍。拍卖取得预期效果，在国内引起较为强烈的反映。此次拍卖，无锡成功进行了"国退民进"、盘活国有存量资产的尝试，是一次市场化运作的大手笔，因此也成为 21 世纪国企改革的一个亮点。从拍卖操作上分析，此次拍卖有以下成功之处值得总结、推广。

一是集中委托，提高效率，排除干扰。国内类似无锡的拍卖活动早有实践，但综合分析处置情况可以看出由于委托方各自为政，加上对政策认识不清，对交易方式和交易机构选择把关不严，却又十分重视自己的权力，造成处置时问题不断。此次无锡市国资局代表政府行使国有资产管理职能，将所属商贸、物资等部门的部分资产集中起来，进行筛选后集中委托拍卖。由于一个口子对外，形成了合力，对于最棘手的如人员安置、债权债务、所有权等问题，在拍卖前加以统筹解决、排除。由于做到了部门利益服从整体利益，一种声音对外，并且承诺对买受人给予优惠政策，真正体现了无锡市改革开放、革除弊端、招商引资的诚心与决心，为拍卖排除了障碍，为买受人消除了后顾之忧，因此拍卖时竞争激烈，推出的国有资产价值实现了最大化。

二是打破地域限制选用拍卖机构，以实现优势互补，达到加大招商力度的目的。按照我国拍卖市场的传统和惯例，一般而言，当地的拍卖活动，一般均委托当地的拍卖公司操作。此次无锡市委托了江、浙、沪三家拍卖公司联手运作,肥水流入外人田。但事实证明,这一作法是高明的。无锡虽然有改革开放早、经济较为发达的优势,并且曾创造了"苏南模式"。但无锡的拍卖市场起步较晚,市场存量也有限,如果把视野局限于无锡一地,既不利于拍卖运作,也不利于招商引资。委托江、浙、沪三家拍卖公司合作进行拍卖,则较好地整合了各方优势,其目的既在于提高办事的公开化程度,又在于能够使处置的资产卖个好价钱,实现国有资产保值增值。

上海是中国最大的工商业城市,新一轮改革开放的前沿,这里媒体多,信息密集,且上海国拍技术力量雄厚,经验老到。由于其的加盟,无锡首次流通企业资产拍卖的信息得以迅速在全国推开,同时也使拍卖中遇到的技术难题迎刃而解,弥补了无锡当地拍卖公司这方面的不足。温州是我国民营经济最为活跃的地区,在完成了资本原始积累之后,温州人不再甘心在当地发展,对外投资是其重要的理财形式。与温州汇丰拍卖行合作,则充分利用其贴近温州的优势,使招商工作扎扎实实地进行。华东拍卖公司是本土企业,优势在于贴近无锡市,对情况熟悉,对无锡市国有资产退出流通领域政策、措施把握度高,办理有关手续方便。事实证明,无锡市首次国有资产拍卖,充分利用了上海的技术、温州的市场、无锡华东拍卖行的实际操作,三方优势互补,取得了意想不到的成功。

三是靓女先嫁,才能使国资增值保值。事实证明,当企业临近破产时再处置资产,所剩资产已支离破碎,除了土地使用权外,其他资产价值荡然无存,国有资产基本流失干净。此次,无锡市痛下决心,把地处无锡闹市、有60余年历史的原湖光照相馆房产推出拍卖。这是优质资产,拿出来拍卖,是需要勇气和决心的。该标的拍卖底价1000万元,大多数无锡人估计最高可能拍至1200万元。不料拍坛突起风云,拍卖师报出起拍价后,价位一升再升,来自温州的买家稍一犹豫,无锡一位葛姓中年男子就以1800万元价位夺魁,其价格远远超出了底价。而该照相馆职工群体还曾提出以300万元的协议价受让这一资产。拍卖以公开公平公正、价高者得的原则,使国有资产价值得以充分体现。如果不坚持公开拍卖,起码有价值近千万元的资产流失。拍卖结果也证明,优质资产能拍出好价钱,因为它物有所值。而如果等企业到了破产阶段,资产质量已经很差,则难以实现其价值。此次拍卖的另外 6 个标的,不是因为地处偏僻、房屋陈旧就是因为价高,虽然总价仅在 30 万~40 万元,但始终不为人们看好。这就说明了这一道理:国企改革,不应该非得等到企业破产才去采用拍卖手段变现,因为当企业破产之时,国有资产几乎已流失殆尽了。资产越优质就越能体现价值,把这些存量资产盘活了,腾出资产和精力,国家和政府才有精神去干更大、更重要的事,这也是无锡拍卖的重要经验。

四是对于拍卖企业而言,走出去,寻找市场是今后的发展方向。在国内,除了艺术品拍卖活动的区域范围比较大,不受地域影响外,综合性拍卖公司一般都在本地区活动,很少有走出去到其他城市寻找业务和进行招商的。如今市场和形势已经发生变化,一些经济比较发达、市场比较活跃的城市,拍卖市场分割格局已经形成,再要争取更大的市场份额,难度很大。而一些城市由于拍卖市场起步较晚、企业规模较小、技术和运作能力较弱等原因,拍卖市场空间还比较大,使得走出去寻找业务成为可能。而国有企业资产重组、退出等商业活动为先行一步的拍卖企业提供了走出去的机会。上海国拍凭借先进的管理、专业能力强、与国内拍卖行业同人联系密切等优势,不失时机地走出去,寻找新的市场,已经有了很多案例和经验,无锡市国有资产拍卖则是其又一次成功的案例。同时,囿于种种原因,拍卖标的的招商,一直是拍卖企业的瓶颈,而大量资产的流拍,不但增加了拍卖企业的运作成本,也耽误了委托方处置的进度。让出一部分收入,走出去与其他地方的拍卖企业合作,优势互补,使标的得以成功处置,企业本身才有收入,可谓退一步海阔天空。这种合作发展、实现共赢的做法可能是行业今后的发展方向,上海国拍先行了一步。

上海首次司法强制执行资产集中拍卖纪实

因为经济纠纷,债务人的财产由人民法院判决后进入执行程序,然后委托拍卖变现,用于清偿债务,这是人民法院的一项重要工作。但在实践中,"执行难"却是个全国性问题。造成执行难的原因很多,其中,被执行者不配合是重要原因之一,强制执行的资产处置质量、处置效率是另一个重要原因。集中执行,既可以造声势,对那些抵赖、拒不配合的被执行人产生震慑作用,又可以加快处置的速度、规范处置行为。上海市第一中级人民法院就实施过这样的行动,取得了良好的社会效应和执行效果。

2001年4月7日下午2时,集中执行、评估价约为2.45亿元的执行财产,在上海市第一中级人民法院大法庭公开拍卖。如此巨额的法院执行财产专场拍卖在上海市还是第一次,拍卖会直接在法院进行。同时采用现场与法院网站上同步竞拍,在上海同样属于第一次。上海国拍成功主持了这一次拍卖活动。

这是一场特殊的执行资产拍卖会,说它特殊,主要原因在于:一、为了加大执行力度,推动执行工作顺利进行,上海市第一中级人民法院采取了执行财产集中拍卖的方式将价值超过2亿元的执行财产一次性拍卖,在上海是首次;二、为确保执行的公正与效率,同时增强强制执行工作和拍卖运作的透明度,本次拍卖改变了以往法院委托拍卖公司后不再参与具体运作的做法,而是将拍卖会场直接设置在法院大法庭进行,由法院现场监督;三、拍卖会借助网络技术同步进行,即由拍卖公司的网络系统与第一中级人民法院网站连接,将拍卖实况同步直播,以增大拍卖的公开程度;

四、拍卖会标的多、价值大。本次集中拍卖的执行财产，涉及 22 起执行案件，包括 138 套内、外销房和办公房约 27038 平方米，以及生产流水线、冷冻机、收银台等设备物品，总评估价约 2.45 亿元。

司法强制拍卖，表面上看，其规则、拍卖方式与一般拍卖并无区别，但是，司法强制拍卖其实是人民法院强制执行程序的重要组成部分和延续。其资产处置的速度、质量，直接关系到所涉及案件的审结效率和执行结果。因此，接受委托后，上海国拍身感肩上担子的重量，公司集中精兵强将组成项目组，领导亲自挂帅，专业人员第一时间与众多执行法官取得联系，第一时间到达标的现场进行踏勘，第一时间到政府相关部门了解标的的税费缴纳等情况，每天与委托方联系通报工作进展情况。公司上下一条心，机器高速运转，充分体现了公司整体实力和优势。

由于做了大量的招商、宣传工作，拍卖会共有 700 余人参加。通过办理竞买手续、领取竞买号牌的人数达到 361 人，大法庭座无虚席。经过 3 个小时竞争，成交率达 64%，成交额达 8200 万元，单笔最高成交额为 2800 万元。拍卖的全部房地产成交过半，其中 20 套房产全部拍卖成交，这在本市拍卖史上是绝无仅有的。拍卖结束后，上海市第一中级人民法院院长陈旭认为，举行这样大规模的执行财产专场拍卖，为的是强化执行力度，展示法院公正形象，为的是打击抗法行为，力解"执行难"，捍卫法律的尊严，维护经济秩序和市场信用。拍卖在沪上引起了当事人和社会各方的强烈反响，部分被执行人慑于法院采取强制执行措施的决心和力度，在拍卖公告期间就迅速制订了还款计划，与申请人主动达成和解协议，因此经法院同意予以撤拍的标的物价值高达 1 亿多元。随着这些执行财产的易主和债务人履约，有关金融机构、企业获得了被拖欠已久的款项。

本次拍卖是法院增强司法强制执行力度的一项重大举措，也是迄今为止上海单场标的额最高的拍卖会。在主持拍卖的过程中，上海国拍除了牢牢把握拍卖活动的每一个程序和质量外，按照法院要求，将网上技术用于司法强制执行拍卖中，既表现了把握、组织、主持超大规模拍卖会的能力，也显示了领先一步使用高科技手段进行拍卖的能力，再次为公司和行业增添了一个成功案例。

法人股拍卖上演激情争夺战

在上海国拍最近举行的上市公司法人股拍卖会上，屡屡上演争夺战，这引起了投资者的关注。

3月10日，虽然申城气温骤降，天空中飘着绵绵细雨，倒春寒带来的冷意，使得路上的行人行色匆匆。但在上海国拍拍卖大厅里，冲着法人股而来的买家却是激情飞扬，会场里因此春意盎然。当拍卖师报出"宇通客车"法人股每股起拍价6.20元后，立刻有两三家竞买人举起了号牌。一场令人激动的竞拍由此展开。

由于拍卖师是以每股1分的幅度加价，竞买人的举牌速度几乎达到每秒钟一次。从表面上看，每一次加价，单价的增幅并不惊人，因此每个买家几乎是不假思索就举牌应价了。事实上，因为拍卖的法人股总数大，因此每举一次牌，总价也要增加2万多元，但众竞买人似乎对该标的志在必得，对于这一数额并不在意。当价位超过每股7元时，最后两位竞争者中的一位退出了竞买，持998号牌的竞买人刚舒了一口气，脸上露出笑容。不料风云突变，一位持966号牌的竞买人突然插了进来，大有横刀夺爱的意思，使刚刚停顿下来的竞拍继续延续。价格一路攀升，直至每股8.15元时，998号才如愿以偿。此时的成交价已接近2000万元，比起拍价高出了460万元，竞价次数竟达到195次。这种竞争，在法人股拍卖中极为少见。

"宇通客车"法人股拍卖争夺战的硝烟尚未散去，围绕 *ST江纸国有法人股拍卖又起战火。

3 月 14 日下午,由法院委托的 ★ST 江纸国有法人股在上海国拍拍卖。江纸第一大股东江西纸业集团因承接江西抚州造纸厂转移的 2.2 亿元债务,被福建省高级人民法院判决承担清偿责任,法院为此冻结了江纸集团所持有的公司国有法人股 5170 万股。由于无力偿还债务,法院了解到上海法人股市场活跃和上海国拍运作法人股拍卖的能力后,委托其在上海拍卖上述股权以清偿债务。

至 3 月 14 日之前,★ST 江纸 5170 万股国有股拍卖已流拍两次,起拍价因此降了两次。此次拍卖由每股 0.234 元起拍,数家竞买人,尤其是其中两家竞买人志在必得,使得原来的"烫山芋"突然变得炙手可热起来。拍卖师果断以每股加价幅度 1 厘报价,竞买人耐心地一次次加价,直到每股达到 0.304 元时,竞争才告停止。此次拍卖成交总价达到 1571.68 万元,超出了首次拍卖时的起拍价。委托方和债权人、债务人均感到出乎意料,对拍卖深表满意,尤其是对拍卖师创造性地以每次 1 厘的加价幅度主持拍卖倍感赞赏。

20 世纪末,法人股拍卖曾经在上海热闹过一段时间,由于政策和市场发生变故,近几年一直处于不温不火的状态且前景扑朔迷离:其一,拍卖实践中,法人股的成交并不依赖股市行情的好坏,虽然起码时至今日,法人股仍然不能上市交易,买家对于法人股的投资兴趣主要来自于公司本身的业绩和资产情况,业绩和资产稍好的,容易吸引投资者;其二,投资者一般对上市公司的控股权有较为浓厚的兴趣,买受后能够控股的,同样容易引起兴趣;其三,投资者看好以后法人股解禁、上市的前景,现在的价格上市后空间很大。此次拍卖的"宇通客车"其买家为"宇通客车"的大股东,拍下 2362200 股股权后,大股东地位得以巩固。★ST 江纸虽然连年亏损,2003 年预计仍将亏损,公司面临暂停上市的风险,但此次的买家一旦拍下 5170 万股 ★ST 江纸国有法人股,就稳坐江纸大股东位子,江纸重组也就有了希望,而企业重组往往能够使上市公司股价上涨。商人在商言商,难怪拍卖时买受人如此发力。事实再一次证明了这个结论,3 月 15 日拍卖刚落槌,3 月 16 日沪市 ★ST 江纸便告涨停板。

上海国拍是国内从事法人股拍卖最早的拍卖公司之一,有着丰富的经验和精湛的专业技术及买家队伍,法人股拍卖实践显示了公司实力和运作能力,同时也充分显示了拍卖的魅力。

"示芭"轮沪上拍卖记

2002年5月28日下午2时27分,随着国家注册拍卖师徐玄炫小姐手中拍卖槌的一声响,被上海海事法院扣押、属于阿拉伯联合酋长国籍的"示芭"轮以1300万美元的价位在上海国拍拍卖大厅成交,买家为世界航运业巨头之一的"瓦威克塞尔航运公司"。"示芭"轮拍卖的成交价,创下了我国新中国成立以来因海事纠纷而强制拍卖的国内外轮船最高价格。

"示芭"轮拍卖缘起于一起国际债务纠纷。

2002年1月11日,原告德国再建设银行因被告阿拉伯联合酋长国阿布达集装箱航运公司违反双方签订的船舶抵押贷款合同,且又未及时归还贷款,向上海海事法院提起诉前扣押船舶的申请,请求上海海事法院扣押当时正航运至上海,在上海长兴岛维修、属于被告所有的"示芭"轮。上海海事法院依据我国有关法律及国际惯例,于原告提出申请日的当天就裁定并扣押了"示芭"轮,同时责令被告提供2200万美元的现金或其他充足可靠的担保。

由于被告没有任何行动,原告正式向上海海事法院提起诉讼。2002年3月4日,法院组成合议庭,对该案进行公开审理。然而被告自始至终既不提供担保,又不出庭应诉。鉴于"示芭"轮被扣押在长江口外的长兴岛,每日都在产生巨大的维护费用,已不宜再继续扣押的实际情况,原告曾经于2002年1月30日申请拍卖该船舶,以抵偿债务。为了减少当事各方的损失,上海海事法院依据《中华人民共和国海事诉讼特别

程序法》规定,于 2002 年 3 月 4 日作出拍卖该轮的裁定,保存价款,清偿债务。为了组织好这一拍卖,海事法院组成拍卖委员会,对"示芭"轮进行船检、评估,并在海内外媒体刊登拍卖公告,同时通知了"示芭"轮船籍登记机关阿联酋交通海事局。由于船主对此仍无任何表示,拍卖委员会遂决定于 5 月 28 日下午拍卖"示芭"轮。

拍卖标的金额巨大,同时又涉及关税等问题,如果中国境内企业竞得"示芭"轮,将支付巨额关税,因而此场拍卖会境内外竞买人其实并不站在同一条起跑线上,因此拍卖在事前并不被市场看好。因为以前曾经拍卖过外轮"普利迪尔",具有类似的经验,上海国拍从开始就有心理准备,做了大量深入细致的前期招商工作。

5 月 28 日,浙江永安船务公司、利比利亚瓦威克塞尔航运公司等两家境内外企业来到了位于上海金陵中路 96 号的上海国拍,各交纳了 200 万元竞买保证金,参加竞买。因为场上出现了数位外国人,使得拍卖会蒙上了一层神秘的面纱,观摩者议论纷纷,不知"示芭"轮"鹿死谁手"。

下午 2 时 20 分,国家注册拍卖师徐玄炫用中英文报出了"示芭"轮起拍价"1300万美元",坐在前排、持 8 号牌的一位先生举牌应价。随后拍卖师再次宣布,加价幅度为每次 10 万美元,并且用中英文反复询价。会场内,浙江永安船务公司的代表商量了一番后仍保持沉默。数分钟后,拍卖师将加价幅度由每次 10 万美元调至 1 千美元,场上仍无人加价,"示芭"轮遂以 1300 万美元的价位落槌成交。

"示芭"轮由德国哈特威建造,1998 年 11 月下水,排水量 23660 吨,载重量 14310吨,可载 1538 标准集装箱,是世界上最新一代的集装箱轮。据悉,全球同一型号的船仅造了 10 艘,因此"示芭"轮仍属"物以稀为贵"的范畴。"示芭"轮营运时间仅 2 年 6个月,是我国新中国成立以来海事法院拍卖的成色最新、价值最大的海轮,按当天汇率计算,其成交价高达 1.076 亿元人民币。该轮的债权人、债务人、买受人均为境外人士,境外各方当事人在中国境内打了一场官司,中国海事法院依法受理、判决、委托拍卖,而中国拍卖企业则主持了一场标准的涉外拍卖,这些在我国均属首次。此案的受理与拍卖、审结过程充分显示了加入 WTO 后我国执法部门、拍卖企业与国际接轨的能力。

据了解,持 8 号牌的先生是一家名叫"瓦威克塞尔航运公司"的董事兼总经理单力先生。拍卖会结束后,单先生介绍,该公司是专门从事国际间海上运输的公司,是世界航运业的巨头之一,其最大股东"布拉索尔"拥有 50 多艘船舶。虽然该公司在中国没有船只,但在上海、浙江却正在进行造船业务。拍下"示芭"轮使得该公司拥有了该船型现有的 10 艘中的 6 艘,不同的是,前 5 艘为正常渠道购买,而第 6 艘是通过拍卖所得,可谓殊途同归。

上海国拍是我国综合性拍卖公司的代表,其业务触角已经到达可以流通物资及财产权利的全部,具有处置各种形态财产的丰富经验。轮船拍卖是该公司强项之一,此前曾先后主持拍卖了罗马尼亚籍万吨海轮"普利迪尔"号、比利时籍"诺贝尔·布尔克"号以及世界四大名轮之一的"奥丽安娜"号等,但"示芭"轮价值巨大,招商的难度大得多,对公司仍然是个考验。同时,此次拍卖,由于各方当事人都是境外人士,又在中国加入 WTO 的大背景下进行,是中国拍卖业与国际接轨的一次实战。而实践表明了中国拍卖企业的运作和企业的专业技术已经可以与国际接轨,已经具备了实战的能力。

安吉野生白茶王头茶沪上拍卖纪实

"20500元,成交!"精致的红木小槌重重落在拍卖台上,发出一声脆响,国家注册拍卖师詹伟进激动地宣布:"中国安吉野生白茶王头茶拍卖会第1号标的50克野生白茶王头茶拍卖成交!"拍卖会场上6台摄像机,数十名文字、摄影记者将买家上海凤溪园林绿化有限公司董事长兼总经理刘秀芳女士围得水泄不通。作为"2002中国安吉白茶节"一个重要组成部分的"安吉野生白茶王头茶拍卖会",4月10日下午在黄浦江畔敲响,这第一槌响得漂亮。

美丽的安吉,神秘的野生白茶王

安吉位于浙西北,天目山脉绵延全境,和皖南的山区连成一片,境内的龙王山是天目山脉最高的山峰。据传,龙王山是上海母亲河黄浦江的源头,涓涓山水从这里出发,汇集了320余公里积雨面积内山溪小河之水,最终形成浩荡的黄浦江,一路奔流不息,在上海融入长江、大海。自从发现并披露了这一秘密以后,安吉不再寂寞,成千上万的上海人从钢筋水泥筑就的城市到这里寻源、度假,到龙王山寻找黄浦江源头成了近年上海十分走热的旅游项目。

其实,除了龙王山,安吉还有浩瀚的竹海,它是我国最为著名的竹乡之一。电影《卧虎藏龙》轰动国际影坛,使得安吉的"大竹海"声播海内外。在安吉的天荒坪有亚洲第一、世界第二大的抽水蓄能电站,它处于华东电网的链接地带,白天发电,晚上抽水上山,为电网削谷平峰,功能奇特。虽然大自然鬼斧神工令人叹为观止,但人的主观能动性的充分显示,也可让高山低头,让河水上山,山原上巨大的水库和神奇的构思让人佩服之至。安吉又是画坛海派创始人之一吴昌硕的故乡。这位中国近代著名的金石、书画大师、西泠印社首任社长,1844 年出生于安吉县偏远的鄣吴村。受满山秀竹、潺潺溪水浸润,一旦走出大山,仗了大山的灵气,凭着对艺术的孜孜追求,他获得了巨大成功。后人给了他最高的评价:"诗书画外复做印人,绝艺飞行全世界,元明清以来至民国,风流占断百家。"

令安吉人自豪的当然还有茶叶。

由于特定的生态环境,安吉有茶叶生长得天独厚的地理和气候条件。全县有茶园 6 万亩,年产茶叶近 3000 吨,名茶荟萃,声名远播。为了摸清安吉究竟有多少茶叶资源,1979 年,安吉进行了茶资源普查。普查过程中,工作人员在该县大溪村背后海拔 800 米的深山里发现了一棵野生白茶树。由于该茶树生长地气候独特,基因变异,每年清明前,茶树嫩芽长出后,随着天气逐渐转暖,绿色的茶芽异变成白色,以长到一芽二叶时为最白,而夏秋茶叶又呈绿色。该茶树树龄已逾 300 年,树冠径达 5 米余。它吮岩崖渗发之净水,吸群山云雾之精气,成为绝无仅有的"嘉木"。用这棵野生白茶树生长的茶叶制作的茶,外形细秀,形如凤羽,色如玉霜,光亮油润。泡制后,内质香气馥郁,滋味鲜爽甘醇,带有一股清竹味,汤色鹅黄,清澈明亮,叶弦玉白,茎脉翠绿。经生化测定,其氨基酸含量为 6.19%~6.26%,高于普通茶一倍,而茶多酚含量为 10.7%,为普通茶一半。野生白茶树引起了科技人员的关注,但野生白茶产量毕竟太少太少,远不能满足消费者的需要。于是,安吉的茶研人员采用无性繁殖短穗插栽育苗技术,经过整整 20 多年的努力,使这丛唯一的野生形态的白茶走出深山,育子孙后代万千于平原旷峙。现在全县白茶种植面积已在 16000 亩以上,白茶树当仁不让成了白茶王。

上海茶叶学会秘书长陈子法先生介绍,茶有红、绿、黄、黑、青、白之分,主要因为制作工艺的不同。安吉白茶属于绿茶的范畴,但是以其特有的外形、内质和丰富的营养而在茶界独树一帜，是茶中的另类，它主要是因为生长基因变异导致。近年来，安吉白茶屡屡获得国内国际金奖，并在名茶荟萃的浙江省被评为名茶第一名，这足以说明其实力。在当今市场上，一斤无性繁殖的白茶售价在1400～1500元之间，是安吉人馈赠亲友的佳品，长在野生白茶树上寥寥无几的茶叶价值可想而知了。这棵远离喧嚣的都市，远离公路，长在深山里的全国唯一的野生白茶树，让人敬仰，而崎岖的山路却让人望而却步。它年复一年，日复一日在毫无污染的深山里与日月星辰同在，和山水林竹荒草野树同长。

一个极妙的主意：野生白茶王头茶拍卖

除了山清水秀、除了高山峻岭、除了满山的秀竹、除了清醒的空气、除了茶叶，安吉还有什么？远离城市、交通不便，使得安吉县在很长时间里未为山外人知，静谧、安然，与此结伴而行的是交通闭塞、经济落后。随着旅游大潮的兴起，原本的落后及弱点，竟然成了宝贝，但是，要让这些宝贝为外面的世界、外面的人们所了解，却是一门学问、一个系统工程、一个难题。为了向世人展示安吉的秀丽和丰富的资源，让天目山中的这颗明珠放出异彩，使与上海近在咫尺的这块地成为都市人休闲、度假的胜地，安吉人苦苦思索，终于想到巧借白茶做文章，却又不知如何运作才能事半功倍。

"2002年中国·安吉白茶节"将于4月15日～21日在该县举行，组委会在总体设计白茶节活动时大胆创意了一项特殊的商品交易活动——野生白茶王头茶拍卖。安吉野生白茶王，属白茶之祖，具有重大的宣传价值，但它"生在深山无人识"。白茶节组委会决定先行一步，请专家对其头茶采摘加工、包装，并对此过程进行跟踪、监督，特制部分白茶精品，在白茶节上举办安吉野生白茶王拍卖会，并果断决定在上海寻找一家拍卖公司主持拍卖。

安吉与上海相距300余公里，但一条黄浦江把两地连在了一起，可谓"一衣带水"，源远流长。

上海作为中国经济最为活跃的城市，信息密集；安吉虽属山区，但安吉上海同饮一江水,在上海选择一家拍卖公司无疑是明智的,关键是必须找到一个好的合作伙伴,这个伙伴应该具有很强的市场运作能力。于是,在湖州联合拍卖行与安吉拍卖有限公司的帮助下,组委会找到了国内规模最大的拍卖公司之一——上海国际商品拍卖有限公司。后来的拍卖事实证明,这一选择同样是明智的。上海国拍有关人员接到电话后,敏锐地感到这是一场极具新闻性和颇有特点的拍卖会,虽然标的不大,虽然茶叶拍卖已非首次,但区别在于"野"与"非野"。在现代社会,野生、绿色成为宝贝,茶叶因"野"而意义非凡,运作成功,公司的案例中必定又多一项经典。同时,基于对于安吉白茶节组委会对外省拍卖行同人的信任,上海国拍也理应义不容辞地接受委托。公司总裁们一致认为应认真做好这项拍卖,同时建议拍卖会放在上海进行,东方明珠可以让野生白茶熠熠生辉、大放异彩。县政府慨然应允,双方不谋而合。

三月的天,孩子的脸,一会阳光灿烂,一会冷雨潇潇。3 月 26 日深夜 11 时,沪上大雨如注,喧嚣了一天的城市已安静下来,市民在淅淅沥沥的雨声中悄然入眠。然而,在沪杭高速莘庄出口处却静静地停着一辆黑色的轿车,一任大雨冲淋着车身。上海国拍负责白茶王头茶拍卖的三位同志在这里等待安吉白茶节组委会负责同志已多时了。

原来,在得知上海国拍愿意接受委托、主持拍卖的确切消息后,组委会办公室负责人、县政府办主任张为华同志与王康科长及安吉拍卖有限公司经理祁成成就决定拜访上海国拍。由于公务在身,他们早上出发到宁波,办完事后连夜冒着大雨赶来上海,具体商定拍卖诸事。时针滑过 11 时 20 分,安吉同志的车子急速驶出收费口,双方寒暄几句后,便驱车赶往坐落于市中心的上海国拍。11 时 40 分,位于金陵中路 96 号的上海国拍大楼四楼会议室的灯打开了,委托方和拍卖公司关于白茶王头茶拍卖的洽谈正式开始。委托方说明了来意和白茶王头茶拍卖的构思;上海国拍则以其对市场特有的洞察力和成熟的运作能力,提出了实施的初步意见。由于双方开诚布公,意见很快形成一致。12 时 30 分左右,拍卖被正式确定下来,并制订出了运行的时间表。张主任颇具山里人的豪爽性格,快人快语,连夜宵都不吃,即起身告辞。委托人和拍卖人站在滂沱的大雨中握别,轿车的尾灯闪烁着暗暗的红光,消失在雨水朦胧的上海街头,驶向黄浦江源头。

第三天,关于安吉野生白茶王头茶拍卖的消息已次第出现在上海等地的主要媒体上。虽然国内曾拍卖过龙井、铁观音、得雨活茶,但是关键是能够找到新闻点,加上绝大多数人对野生白茶王头茶既未听到过更未看到过,倍感新鲜,拍卖引起了社会普遍关注。一时间,上海、浙江、北京的茶商、茶叶爱好者纷纷来电询问,中央电视台科技焦点栏目,香港有线电视台也对此表示了极大兴趣。野生白茶王头茶拍卖迅速热了起来,用上海茶叶学会秘书长陈子法先生的话讲:"选择野生白茶王拍卖,选题对了,一对百对,它给茶界带来了信心。"

亲睹野生白茶王风采

说白了,白茶拍卖,即便全部高价成交,绝对数也不大,但是上海国拍,只要接受拍卖委托了,便没有一场拍卖会、没有一个标的是不重要的,不会因小而不为。

为了运作好野生白茶王头茶拍卖,运作者本身增加对野生白茶王的了解是十分重要的。拍卖的一个重要特征是向竞买人如实介绍拍卖标的的实际情况,即所谓标的来源及瑕疵告知义务,因此到现场勘察野生白茶树是十分必需的工作。

4 月 3 日,上海及临近地区天气突然变热,气象专家申明,夏天提前来到。是日清晨,安吉县城递铺镇的气温就已经达到 25℃。上海国拍有关人员和沪上《解放日报》徐志铨、《文汇报》周学忠、《新民晚报》纪海鹰、《国际金融报》的夏云鹏等摄影记者,不顾县委、政府领导的再三劝阻,谢绝了县里安排去风景点旅游观光的邀请,坚持要到实地拍摄、考察。于是,在县府办王康科长带路下,驱车前往野生白茶树所在地。10 时 40 分,大家顶着骄阳开始从大溪村背后的山沟底向高山进发。

通往野生白茶王所在地的山路只有一条,崎岖陡峭,中途还要越过几条小溪,一路上尽是石窝窝,坑坑洼洼、高低不平,最险处要侧身从几根架在沟上的木棍上通过。爬到海拔 500 余米处,已经用掉了 20 余分钟。由于速度太快,此时,大家都已气喘吁吁,大汗淋漓了。几位记者都是有点年纪的人,肩上背着的照相机足足有七八斤,负担更重,但大家心中充满了寻幽探奇的神秘感,因此信心十足。由于上山心切,稍事休息后又一阵急行军,路上巧遇一群采茶山姑,浓浓乡音、清脆笑声,看到生人,一脸的腼腆,红衣映在绿茶中,分外醒目。回归自然,人行青山绿水之中,大家的步伐更快了。

11时30分,我们终于到了海拔800余米野生白茶树所在地,这里正确的地名叫作横坑坞桂家场,整条山沟里只有一户农民居住,房屋就在野生白茶树旁。巧的是,今天这户平时少有外人来访的农家门口一溜坐了好几个明显是山外的人。一走近,王康科长便认出其中一位是该县广电中心的主任,原来他是陪浙江人民广播电台国际部节目主持人顾小姐来的,而顾小姐则是看到新闻报道慕名前来。我们几个男子汉已被烈日高山弄得上气不接下气,而一窈窕女子竟有如此胆气爬上800米高山,让人心惊之余唯有敬佩之意。在深山老林里遇到同行尤其是拍卖公司的人员,顾小姐凭着职业敏感性,感到今天没白来,没容笔者喘一口气、擦一把汗,便把录音机的话筒伸到了笔者嘴前。一气呵成的采访,令顾小姐十分满意。专业的英语水平,令她的现场英语报道如行云流水。在野茶谷遇到野生白茶拍卖的主持人,当然意想不到,顾记者肯定十分的写意,她先我们下山而去,留下朗朗笑声在山间回荡。

我们了解到,这屋子的主人姓桂名全宝,60来岁,此地地名叫桂家场,原来有三户人家,其中两家因耐不住山里的空寂与生活的不便而迁往山下,现在的住户其实只有他一家三代五口人,正确地址叫作横坑坞45号,他在此处已经居住了41年。虽说在高山上,他的房屋却造得不错,二层平顶,所有建筑材料全部从山下肩挑背扛运上来,前后总共花了5年时间,才修起这套面积约200平方米的新房。走进家门,想不到的是他家中竟然有4部电话机,容升冰箱,TCL王牌彩电,家电一应俱全,砍好堆齐的柴火布满屋周,给人一种清洁、富裕充实的感觉。

野生白茶王树就生长在桂全宝房屋左下方的陡坡上,树丛有五六米,高约1.8米。桂全宝介绍,他们家看护这棵奇异的野生白茶树已整整41年了。1979年普查后,此树引起重视,他与儿子对野生白茶树的关心就更多了。为了防止人为损坏,他们将树围了起来,晚上还要起来看看,怕闪失于万一。看护一棵树一天两天、一年两年,做起来还容易，但41年，大约14965天，桂全宝全家坚持如一日，平平凡凡的事累积起来就不再平凡。此时此地、此景此情，让我们全体人员肃然起敬。

当今时代，信息的传播已不分城市和农村、平原和山区，但在信息传播时会出现失真的情况却仍旧存在。因此，当拍卖的消息传到桂全宝耳里时，他急了，带了儿子赶下山，到村里打听是否要把野生白茶王树拍卖了，因为据他的经验，此树如果移动就必死无疑，如果县里要卖树他决不答应。村长也弄不明白，于是一同赶往县城，找到白茶节组委会，才弄清拍卖的是头茶，而不是树，他悬在心中的石头才落地。一席话，让我们对眼前这家朴实无华的山民再一次肃然起敬。

喝罢野生白茶、山泉水泡的茶水，记者们开始工作了，他们爬到岩石顶上拍，站在凳子上拍。《文汇报》的周老师为了拍好娇嫩欲滴的白茶嫩芽，甚至躺到了湿润的泥地上，尽管汗水挂满了脸庞，举起的照相机却许久许久没有一丝移动。要知道，今天所有的摄影记者都是上海名记，年龄亦不小了，这下轮到桂全宝全家肃然起敬了。40多分钟里，记者们用完了所有的菲林，还心有不甘。此时我们了解到了一个更令人惊奇的消息。就在我们来的前几天，即3月28日下午，听到野生白茶王头茶拍卖的消息，韩国茶商郑凤梧先生专程到了桂家场，并在此逗留了半个小时，还给桂家留下了一张名片。野生白茶王有如此魅力，让人始料未及。

此时记者们身上的汗水已干，工作已经完毕，桂全宝的妻子再次泡好了上品白茶，捧出了野生的山核桃、香榧子。大家品着用门前小溪里溪水泡的白茶，看着遍山的绿树，听着潺潺流水、风中摇曳的翠竹声，如赏天籁之音。按照地形走向，眼前的山水最终将流向黄浦江，深山老林原来离上海竟如此近，但是，此情此景，仿如隔世，大家的心醉了。

要告辞了，桂全宝全家再三邀请我们共进午餐，但任务在身，还得赶回上海，顶着骄阳，矿泉水瓶里灌满了黄浦江源头无名溪水泡的白茶，我们开始下山。

20500 元 50 克,创下茶叶拍卖新纪录

4 月 10 日下午,南下的冷空气在到达广州后又折回江浙,冷暖气团交会,上海乍暖返寒,中午起下起了雨,但是位于延安中路 1111 号上海青藤阁茶社内早已人头攒动。截至 4 月 9 日下午,有 6 位竞买人按规定各交纳了 2000 元竞买保证金,10 日下午拍卖前又有一位竞买人冒雨赶来办理竞买手续,拍卖公司此时已胸有成竹。30 多家新闻单位的记者们和安吉县委王勤副书记、县政府杨新新副县长等的到来更让拍卖会锦上添花。两个标的——各 50 克野生白茶头茶真空包装后放置在特制的竹雕茶壶内,既古朴又庄重。壶前放有野生白茶的样品和泡好的白茶一杯,一只白色瓷碟子里还散放着几十片白茶作为实物展示。

下午 2 时,国家注册拍卖师詹伟进在讲清了拍卖采用无底价的意义和方式后,拍卖开始了。拍卖师发问有谁先报第一个价位,台下五六张号牌已经举了起。2000 元,5000 元,群雄逐鹿,价格很快升到 15000 元,场上早已热闹起来。此时竞价已在 186 号和 188 号之间进行,且变得十分白炽,新闻记者们开始坐不住了。

持 188 号牌的女士报价 17000 元,186 号马上应价 18000 元,188 号当仁不让,将价位升至 19000 元。186 号再次报价 20000 元,场上掌声响起,同时伴着阵阵惊叹。188 号高举号牌:20500 元。看着志在必得的 188 号,186 号放弃了竞争。"20500 元成交!"一个新的纪录诞生了。所有的新闻记者围住了买家上海凤溪园林绿化有限公司的董事长刘秀芳,以致拍卖一度中断。

拍卖师整整等了近 6 分钟才得以进行第 2 号拍品另 50 克野生白茶王的拍卖。此标的同样采用无底价形式,此次竞争变得更加激烈。161 号一位男士直接报价 10000 元,186 号毫不犹豫还以 15000 元,几个回合价格已升到 19000 元,186 号站起来报价 20000 元且举着牌子不放。拍卖师环顾四周见不再有人应价,于是果断落槌,这位具有北方男子汉气概的买家,原来就是青藤阁茶社的总经理冯刚先生。

作为沪上知名茶社的老板,拍卖会在他这里开,冯刚要借助这一东风亮亮相,显

显实力。在众多记者面前,他如愿以偿,这 50 克茶叶将成为他茶社的镇店之宝。

几分钟后两位买家来到拍卖公司的工作台前如数交清成交款,兴高采烈地领走了白茶王,并站在会标前合影,记者们仍围着他们试图了解更多的事。而在此时,一旁的电视机正报道着 18 位上海勇士在媒体的牵头下徒步行走在白茶的故乡、黄浦江源头的大山里。

名茶拍卖近几年在国内已不是新闻,上海也先后拍过三次。1995 年, 拍卖过龙井,成交价是 3 万元一斤;1997 年年底拍卖过得雨活茶,成交价为 30800 元一公斤;1998 年拍卖过观音王……在信息高度集中的上海,不起眼的新闻不是在瞬间被淹没就是激不起波澜。拍卖舞台更是风云变幻,你唱罢我登台,要运作一场好的拍卖谈何容易。上海国拍凭娴熟的运筹技巧与安吉白茶节组委会一道巧借上海正兴起的环保热和黄浦江源头探险热,将野生白茶王头茶推到拍卖舞台。而这个舞台设在上海,看来很是离奇,但是一条黄浦江把安吉县和上海连在了一起。白茶拍卖完全跳出了大山,成了国际大都市的一项商业活动,而且是一次引起社会、媒体重视的商业活动,这本身就是一次成功的商业运作。可以这么说,茶叶的拍卖虽然次数不少,但是没有一次拍卖的影响力超过白茶的,结果将影响力尚不大的安吉一步到位展现在大上海面前,其意义不言而喻,拍卖的商业运作堪称经典。野生白茶头茶拍卖活动充分体现了上海国拍的运作能力和负责精神,拍卖活动极大提高扩大安吉县的知名度,扩大了安吉白茶的影响力。

收藏市场需要培育

——从两场波斯地毯拍卖失利谈起

随着人们生活水平与质量的提高,收藏已开始走入社会各个层面。在市场缺乏热点、投资无尚好方向的今天,越来越多的持币人把眼光盯向艺术品收藏,由此引发了新一轮艺术品收藏热,不少散失在海外的珍贵藏品也因此回归祖国。作为一种传统,中华民族历来有盛世收藏的习惯,从而也使民族精华、艺术瑰宝得以代代相传、流传至今。但是实践证明,时至今日,人们最为喜好、追捧的仍然是传统的收藏项目,如中国书画、瓷玉器、钱币、邮品等。对于一些新的收藏品种,市场和人们还处于观望状态,具有异国他乡色彩的波斯地毯先后两次在我国内地拍卖遭遇冷落便是最好的例子。

1999 年 11 月,上海国拍与英国东方艺术品公司合作,在上海波特曼大酒店举行波斯地毯拍卖会,推出 66 张制作精美的波斯地毯。拍卖会假座美国人管理的五星级波特曼大酒店,目的在于紧贴入住酒店的诸多外国人和出入酒店的中国白领,拍卖公司可谓用心良苦。

虽然事前做了不少宣传,且资深英国拍卖师与中国拍卖师同台执槌,但此场拍卖会仅拍掉 24 张地毯,价位超出 10 万元的波斯地毯无一成交。而在稀少的买家中还有好几位外国人,国人对波斯地毯拍卖反应平平。

2002 年 12 月 14 日,上海国拍与一家境外公司合作,在上海五星级锦沧文华大酒店再次举行波斯地毯拍卖会,此次共推出波斯地毯 78 张。这些地毯主要来自伊朗的依斯法奴、卡桑等地,一部分是游牧民的作品及礼仪用大地毯和最好、最珍贵的波斯丝质小地毯。所有拍品均展现了大师级手织技术,较首次拍卖,地毯的质量高了许多。然而,市场是残酷的,整场拍卖仍然是观望的人多,竞买的人少,不少价值数万的波斯地毯仅以 3000~7000 元的价位成交,成交总额几乎和首次相近。

所谓波斯地毯,主要是指产于中东地区、由人手工编制的羊毛地毯,其问世至少已有 2500 年的历史。据说在中世纪时,生活在伊朗高原上的游牧民族用羊毛编制成垫子和帐篷以抵御寒冷,后来逐渐演变成地毯,这项传统的手工艺最后发展成了地毯制造业。到 16 世纪萨法维时期波斯地毯制作达到鼎盛状态,也就从这一时期开始,波斯地毯开始注明制作时间、制作者姓名。波斯地毯的主要原料是毛、丝、棉。手工织成的地毯纹路细腻、图案清晰,做工讲究,它的一个最主要的特点在于其非常注重使用天然颜料。

早期波斯地毯的图案比较简单,以宗教故事和日常生活为题材。随着世界各地的文化传入伊朗,波斯地毯逐渐综合了编织、绘画、书法、摄影等各种艺术。中国的工笔画法传入伊朗后,在萨法维王朝得到大力发挥,并形成了伊朗独特的绘画艺术,而这一艺术也被工匠们融入地毯编织之中。波斯地毯强调手工编织,专业织工从七八岁开始学起,直到适婚年龄才能完全掌握技术要领。由于强调手工织造,因此花上 14~18 个月完成一块传统波斯地毯的制作是很正常的事。出产波斯地毯的国家很多,如伊朗、阿富汗、伊拉克等,但以伊朗出产的最为名贵。收藏地毯是中东、西方各国的一种潮流,世界上最为著名的拍卖行索斯比与克里斯蒂,波斯地毯是其最为基本的拍卖项目之一,买家不但较为宽泛,而且也较为固定。

除开波斯地毯外,中国新疆、内蒙古、西藏等地生产的手工地毯亦在国内外有一定影响,且具有一定的升值潜力。据传,20 世纪初,一位德国人曾买过一块中国手工编织的丝绒地毯回国,引起轰动。而北京出品的地毯又先后两届在世界博览会上得到金奖,因此中国的地毯在国际收藏界也有一定的地位。但较波斯地毯而言,中国手工地毯还未受到顶级收藏家的青睐,价值也较波斯地毯低得多。这一状况的形成,不但有地毯本身的价值原因，也有中国民众与藏界的注意力尚未聚焦地毯收藏有关。作为传统习惯，中国人一般会将地毯铺设于地上，因此，买下并将几千上万甚至几十万元价值的地毯踩在脚下，那是不可想象的。把它挂在墙上，绝大多数中国人又尚不习惯，这可能是目前类似拍卖不能引起重视的最主要原因了。

随着我国对外开放速度的加快、力度加大，越来越多的中国人得以走出国门、走向世界，也有越来越多的外国人走进中国大陆、走近中国民众。在开放、交融的同时，越来越多的中国人了解了国门之外的世界，了解了他们的生活习惯、文化以及收藏爱好。而由于越来越多的中国人开始有了越来越高的收入，文化消费的水平也开始提高，除了传统的中国书画等收藏品以外，具有西方特色的收藏品也会进入人们的视线。因为，中西文化的交融，中外同事、朋友间的互相影响，使更多的中国内地人开始有了与西方人相同或相近的收藏习惯及爱好，尤其是像上海这样的移民城市，这一现象更为明显。作为一个开埠不到二百年历史的城市，它是我国最早向海外开放的港口城市。在历史发展过程中，上海最大的特点在于能兼收并蓄各方文化并形成自己的文化，即"海派文化"，上海因此成为我国中西文化交融的典型城市。改革开放以后，世界上众多著名公司移师上海，使得更多的中国内地人得以进入这些外国公司，成为其职员甚至高级管理人员。近二百年岁月的浸润，上海人对西方文化较能接受成了不争的事实。同时，面对竞争日趋激烈的市场和日渐萎缩的传统拍卖委托，培育和开拓新的拍卖领域成为中国拍卖行业内意识前卫、忧患意识强烈的企业及人士的重要工作。上海国拍就是其中最积极的实践者之一，两次波斯地毯拍卖即在此背景下进行。

从 1999 年到 2002 年，历史的车轮滚滚向前，这是上海发展速度最快的时间。城市建设日新月异，黄浦江向全世界展开了宽阔的胸怀，APEC（亚太经济合作组织）会议的召开、上海赛车场的使用、网球"大师杯"赛的举拍、申博的成功，无不显示出上海已经成为国内最具竞争力的城市，成为全球投资环境最好的区域之一。现在，外国人看上海，上海人看世界的眼光已经发生了巨变，国际大都市正展现令人炫目的风采。而由于海湾局势日趋紧张，波斯地毯的价位开始上升，伊朗的手工毯升幅已达

10%以上。据专家介绍,以后还将上升30%以上。一个最好的例证是,2003年5月在中东某国举办的波斯地毯展示会上,一块波斯地毯精品竟标价500万美元。一块来自伊朗、伊拉克年代稍远的地毯精品可以拍出百万美元,产自阿富汗的手工地毯也可拍到数十万美元,即使是当代的波斯手工毯,如果图案精美,手工编织功夫细腻,也可拍到数万美元。时过几年,上海人对波斯地毯的感觉怎样呢?上海国拍决定再做一次尝试,向善于吸收西方文化的上海再次抛出橄榄枝、一只"气象"探测气球,但是,波斯地毯仍然没有引起中国收藏者和投资者的重视。拍卖结果再次证明,上海的市场至今仍未完全接纳波斯地毯。这多少有些让人感到遗憾、令人扼腕。

　　1996年、1999年,笔者曾先后赴美国、英国、法国、德国、荷兰等西方国家考察拍卖业,亲眼看到,除开街头巷尾那些店铺里摆放、悬挂的波斯地毯供人现买之外,近代世界上最大的拍卖行——索斯比和克里斯蒂以及菲力浦、卢奥等拍卖公司都有专场地毯拍卖会,波斯地毯拍卖甚至是索斯比、克里斯蒂等拍卖行的常设拍卖项目。在那里,有专门的收藏家、收藏圈子,现卖市场影响着拍卖市场,彼此又息息相关,共同支撑,推动着波斯地毯的市场行情和收藏。由于国情的不同、消费习惯的差异和收藏理念的区别,虽然诸如西洋画即油画、水彩画甚至西洋雕塑等已经引起中国内地,尤其是上海人的关注和喜爱,但收藏价值不菲的波斯地毯至今仍未形成市场。波斯地毯拍卖曲高和寡,一方面说明,一个新的收藏领域的形成需要岁月的累积,需要进一步的宣传、推介和耐心的培育。要教人懂得波斯地毯,让人了解其历史、其断代,如何鉴定其质量和编织方式,使人对地域分布、图案分类、质地有所了解,从而喜欢它,不可能一蹴而就、朝发夕至。另一方面也说明新市场开拓的难度是非常大的,甚至是残酷的,市场化、专业化说起来容易,做起来难。它们不但要让你缴纳学费,有时还得让你碰得头破血流,但市场细分、专业运作这条路又是必须走的。否则,今天不努力寻找市场,明天必将会被市场淘汰。这个法则是严酷的,但是是客观存在的。要保持不败,能够与时俱进,在日子越是好过的时候,你就越必须花更大的精力、更多的经费去开拓市场、培育市场。人无近忧必有远虑,在上海进行的两场波斯地毯拍卖的失败恐怕就是最好的说明。

在拍卖市场中,上海国拍主持的拍卖,成功案例不少,在行业内外颇有影响力,但是,却很少有人知道其主持的遭遇失败的拍卖活动。两次波斯地毯拍卖结果都不尽如人意,客观地讲,属于失败的范畴。但是,作为拍卖的主持者,上海国拍并没有回避失败,通过总结,寻找差距和原因,感到拍卖还是"物有所值"。拍卖活动最大的收获在于起码掌握了上海市场对波斯地毯的承受能力,了解了上海市民、上海的外国人对在上海进行波斯地毯拍卖的反应。作为一次尝试,了解了市场、了解了需求,了解了即便是西方拍卖市场重要的拍卖项目,国内接受度也不高,市场还需要培育。举一反三,拍卖公司可以因此调整新市场开拓的思路和方向,这是值得的。同时,经过两次合作,了解了国际上其他拍卖公司的运作程序、能力,了解了高科技时代,海外拍卖企业办事规则如远距离联系工作、确认文件的通常做法。让自家的拍卖师与外国拍卖师同台合作、交流,也是一种锻炼和提高,这同样是一件好事。

烂尾楼已成投资者新目标

到拍卖会上去拍二手房，近年来已成为沪上不少意识新潮的市民购房的新方式，其中部分市民由此得到实惠。但是最近到拍卖行"淘金"的已不仅仅局限于普通市民了，不少颇具实力的企业集团甚至外商，也瞄准了拍卖会上那些原本不受人关注的整层、整幢建筑物甚至再建工程、烂尾楼，通过拍卖，将它们揽入手中，然后启动它。烂尾楼拍卖成了投资者新的战场，这一现象引起了社会的广泛关注。

集中财力，到拍卖行去拍楼尤其是烂尾楼确是一种新的投资理财的好渠道。

2002 年 5 月 16 日，在上海国拍举行的拍卖会上，上海中华企业股份有限公司用 1.3 亿元拍下再建工程中诚大厦。沪上不少媒体对此做了报道，称为"中华企业买大楼"。

中诚大厦位于上海市区繁华地段人民路浙江南路，与淮海东路仅相距数百米，毗邻黄浦江、豫园商圈。因涉及多宗经济纠纷，在结构封顶之后停工，成为烂尾工程。1998 年，上海市黄浦区人民法院受理这一案件，经判决，决定对被查封的该烂尾楼进行拍卖，上海国拍接受委托，负责此次拍卖工作。

中诚大厦工程设计建筑面积 34303 平方米，其中地面建筑 28 层，地下 2 层为停车库，面积为 5408 平方米。中诚大厦虽然办理了部分预售手续，但遗留问题很多，楼层低矮也是买家放弃的原因之一。然而，随着上海老城厢改造力度的加大，附近古城公园的建设和濒临黄浦江地带再难批出高层等原因，中诚大厦虽是鸡肋，仍有不少可取之处,因此拍卖吸引了不少企业集团垂青。截至拍卖前夕,有5家企业各交付了500万元的拍卖保证金参与拍卖,最后,中华企业股份有限公司以1.3亿元的价格买受了中诚大厦。以后,该大楼恢复建设,外形也做了重新设计改造,大楼命名为"中华企业大厦"。随着上海房地产价格的上升,中华企业大厦价值大幅度攀升,已远远不止1.3亿元了,企业因此获利不少。

中诚大厦通过拍卖起死回生,仅是上海诸多烂尾楼拍卖案例中的一个。烂尾楼从"城市伤疤"到投资"香饽饽",拍卖公司和拍卖行为有不可磨灭的功绩。是拍卖为再建工程、烂尾楼处置提供了交易平台,拍卖行业用自己的智慧和劳动,为司法强制执行案件审结、为消除城市伤疤作出了贡献。

一个工程从立项、开工建设到成为烂尾楼,是有其原因的,简言之,就是建设遇到了问题,而且问题成堆,以致投资方到了无法维持或者没有能力解决的地步。按理,烂尾楼是个包袱,是弃之可惜、食之无味的"鸡肋",但是,事实并非如此,其在拍卖平台上反而很吸引投资者,这是什么原因?

虽说是烂尾工程,操作的难度尤其是使它再次启动将遭遇诸多难以想象的困难,但只要了解了其存在的所有问题、各个变通的环节,烂尾楼就有起死回生的可能。据业内人士介绍,同为一幢楼,一是全部建设完毕,一是再建工程,对于有实力的投资者来讲,可能后者更具吸引力。其原因在于,前者已完全亮相,略一计算,便可知有多大利润空间;后者虽是"再建工程",甚至冠以"烂尾楼"如此不雅的名称,但就是因为有诸多问题,才带神秘感,具有可塑性,看准、算清了,低价拍下,或补交欠费、出让金,或使之再度开工,或使之改变使用性质,或通过包装以后再度出手,都可以获取较大利润。对于一部分企业来讲,烂尾楼形成的瑕疵是个无法弄清楚的黑洞,而对于另一部分企业来讲,瑕疵就是利润空间,这就要看企业的实力、运作能力及决策水平了。上海中华企业股份有限公司竞拍中诚大厦恐怕其最终目的也在此。

在市场经济中,艺高胆大,看准了并敢于投资、敢于冒风险,投入大,产出亦大。如今上海城市建设日新月异,投资环境日趋向好,国内不少企业集团纷纷把总部迁往上海,海外不少跨国公司也同样有把总部迁往上海的打算。而上海的土地资源极其有限，想弄到一块土地，修建一幢大楼确非易事。一方面，购下一块土地就有巨大商机，另一方面，争取或者办理土地使用的一系列手续需时间和种种繁复程序。在等待过程中，可能商机或者投资者的激情会消失，于是到拍卖行去拍烂尾楼、再建工程成了不少企业集团，尤其是实力投资者的好选择。

目前，进入拍卖程序的烂尾楼、再建工程或整幢楼盘主要来自于法院强制执行。这大多数是因为开发商无力支付到期银行贷款或与其他合作方发生纠纷而被诉诸法律且败诉后财产被保全、查封直至进入拍卖程序。而司法强制拍卖的目的是为了将所查封、扣押、冻结的资产转化为现金以清偿债务，因此变现是前提、是关键，拍卖的保留价是挤干了水分的。加上因为属于烂尾楼、再建工程，即便是已经完工的整幢大楼，也因其面积过大，整体拍卖难觅买家，这些瑕疵、弊端一定程度上使这些资产价值严重缩水。同时，作为执法机关，人民法院依法享有强制执行的权利，拍卖结果得到法院认可，法院开出裁定书，权利就已经转移，即便烂尾楼问题再复杂，只要梳理清楚，恢复建设至规定的预售标准，买受人可以要求法院确权或者要求有关部门配合办理有关销售手续，因此几乎没有后遗症。

可以讲，价格低是买家到拍卖行"淘金"的关键，烂尾楼拍卖因此开始受人关注。仅上海国拍一家，从 2000 年 1 月至 2002 年 4 月，就先后拍卖成交了再建工程 11 个，成交面积约为 229620 平方米，其中梧桐花园二期工程拍卖成交额达 2.59 亿元，天目广场拍卖成交额达 2.2 亿元。这足以说明，到拍卖行拍卖烂尾楼已经成为投资者重要的投资方向。据介绍，上海中华企业股份有限公司已瞄准了上海市中心 10 幢以上烂尾楼，并为之准备了 10 亿元左右的资金，它以 1.3 亿元拍下中诚大厦仅是开头。在此之前，中星集团也以 0.74 亿元的价位成功拍下了位于北京西路上的金龙广场。金龙广场占地面积为 2530 平方米，建筑面积为 2.4 万平方米，拍卖前已完成地下室结构工程及地上共 17 层全钢砼框架结构部分工程。买家在支付了 7400 万元价款后，只须再支付相应的项目拖欠的土地出让金及配套费即可再度启动。据说，瑞士的一家投资银行瞄准了上海 4 处烂尾楼，其中一处是位于南京路顶尖黄金地段的新世界大饭店，该银行的心理价位上限为 4 亿元人民币。

在上海快速发展的同时，烂尾楼商机凸显，确实是早几年预料不到的。据了解，上海烂尾楼最多时曾达到200余处，后由于房地产市场强劲增长的拉动已消化了不少，现在上海内环线之内的烂尾楼估计还有几十幢，主要是写字楼。目前上海的房地产形势较好，加上政府在政策上支持，正是那些有实力的投资者介入烂尾楼的最佳时机，而到拍卖会上竞拍无疑是介入的一条捷径。

与高额利润相伴同行的是高风险。拍卖会上的烂尾楼价格虽然低廉，但拍卖是以实物原样进行，不负责售后服务，也不承担瑕疵担保责任。同时，拍卖最大的特点之一在于成交后付款期短，即一旦成交，买家必须在少则一个月，多则三个月内（均事先约定）支付所有款项，法院才会解封，下裁决，然后才能办理过户等手续，且不能反悔。所以，到拍卖会上"淘金"，一是必须看得准，有把握，对启动这些烂尾楼、再建工程各个环节有深刻了解和疏通的办法；二是必须具有雄厚的资金；三是要有完整的启动方案，包括改性、建设、销售、租售、市场细分等；四是必须有一定的参加拍卖的经验，如拍卖前详细了解市场、了解标的、了解拍卖程序，做到心中有数；五是选择信誉比较好、运作能力比较强、类似案例比较多的拍卖公司，这样比较放心。总之，到拍卖公司参与烂尾楼拍卖可以淘"金"，但是必须做足功课，不但要"战略上藐视"，更要"战术上重视"，投资者才能真正通过拍卖淘到"金"。

为了"蓝天下的至爱"
——上海"点亮心愿"第三次慈善义拍畅想曲

冬日的上海,北风凛冽,细雨纷飞,淅淅沥沥的天气,令人感到寒意更甚。但是,在2002年一月下旬,上海却到处吹拂着爱的春风、涌动着爱的暖流。在上海一年一度慈善活动的这个重要节点,济贫帮困,为了蓝天下的至爱,申城的市民一次又一次慷慨解囊,伸出援助之手,用自己的行动谱写了一曲曲动人的慈善之歌,用融融的爱心为贫困人群送去了阵阵暖意。而1月26日下午,由上海国拍执槌的"点亮心愿"第三次慈善义拍是这一系列活动中最引人注目的。

"点亮心愿"慈善义拍的诞生

白内障,是老年人常见的疾病之一,它使患者失去光明,从此眼前一片漆黑。不能想象,人失去光明、失去视觉,会是一种怎样的感觉和痛苦。虽然在医疗技术已经十分发达的今天,通过手术驱除病魔、使白内障患者复明早已不是个问题,但对于那些经济拮据、生活贫困的老年患者而言,5000元一次的手术费仍然是他们难以承受的,因此不少贫困老年白内障患者好梦难圆。

作为社会主义国家,改革开放给我国慈善事业的发展提供了契机和良好的环境。成立于7年前的上海市慈善基金会在发展过程中,为社会弱势群体做了大量善事,给他们送去了社会的温暖和关爱,也为贫困群体解决了不少具体困难,为促进社会安定,帮困济贫做了大量有益工作,而基金会也因此得到长足发展。一年前,上海市慈善基金会邀请沪上部分新闻界、艺术界名人座谈和策划了"蓝天下的至爱"的慈善活动,谈及上海不少贫困老年白内障患者因无钱做医疗手术而不能看到上海日新月异的变化,生活也十分不便时,电视台著名节目主持人袁鸣、叶惠贤等提出通过慈善义拍,用义拍所得为部分老年白内障患者提供医疗费用,从而"点亮他们的心愿"。这一提议得到了张瑞芳、秦怡、陈述等老一辈艺术家的一致响应。慈善义拍于是被冠名为"点亮心愿",31名艺术家当即表态并捐献拍品,其中张瑞芳捐出了自己珍藏了多年的拉兹塑像,秦怡认真创作了一幅水彩画,画面是一双充满希望的眼睛。2001年1月6日,"点亮心愿"第一次慈善义拍响槌,近50件拍品亮相。上海拍卖行主持了这场拍卖,著名拍卖师林一平先生登台执槌,沪上热心人踊跃参加竞拍,此场拍卖成交额逾50万元,"点亮心愿"慈善义拍小试锋芒,初战告捷。

同年9月8日,第二次慈善义拍再次进行,此次各界捐赠的拍品增至108件,一些海外人士也捐资捐物。上海新世纪拍卖有限公司成为此届义拍的主槌者,这场拍卖,筹集了善款120余万元。

慈善义拍受到了人们热切关注,上海各界和广大市民广泛支持并参与。二次义拍共筹善款180余万人民币,使250多位老人做了白内障手术,恢复了光明。

为了蓝天下的至爱,上海各界的爱心终于点亮了这些老人的心愿,捐赠、义拍、凝结了人间真情,融合了人们的爱心,这是社会主义精神文明的一曲新歌,是社会进步的显著标志。为了继续做好这一慈善事业,上海市慈善基金会的领导陈铁迪会长、余慧文、马松山、袁采等副会长做了大量细致、周到的工作。2001年1月,中共中央政治局委员、中共上海市委书记黄菊同志给慈善基金会发来贺信,对"蓝天下的至爱"这一社会慈善活动给予了高度肯定:"上海的慈善公益事业已逐步走向社会化、全民化和经常化的轨道,为提高城市文明程度和市民素质作出了积极的贡献。"同时也提出了更高的要求,"继续坚持这项活动的宗旨,不断创造新的活动形式,充分发挥向社会向人们呼唤真情、传播慈善意识、增强慈善观念的作用,为提高市民的整体素质,促进社会主义精神文明建设作出新的贡献"。贺信表达了市委、市政府对慈善事业、对"蓝天下的至爱"这一慈善活动的高度重视,上海的慈善事业由此再次掀起高潮。

第三次"点亮心愿"慈善义拍创历史新高

日转星移,白驹过隙,转眼就到了2001年末。伴随着上海改革开放快节奏和经济的繁荣、市民收入的增多,上海的慈善援助活动一浪高过一浪。为了表示上海文化广播影视系统众多艺术家的爱心,上海文化广播影视管理局提议,发动100名青年画家,各捐出一幅作品,用以支持慈善事业。身为上海市文化局处长同时又是画家的李磊先生身负重任,找到了上海市慈善基金会说明了来意,青年画家们的爱心得到了支持,于是100幅作品在很短的时间内征集完毕。如何处置这些作品呢?白内障患者做手术需要钱,高质量变现这些作品是关键,于是有了两次慈善义拍经验的上海市慈善基金会办公室的同志又想到了义拍,他们找到了与慈善基金会早有联系,并已经成功主持了网上慈善捐赠物义拍的上海国拍。爱心在这时再一次迸出火花,设想在这里得到了认可并被充分完善。作为中国拍卖业的排头兵、领军企业,上海国拍毫无保留地提出了义拍的设想并抽出精干力量立即展开工作,第三次慈善义拍由此拉开了序幕。

借助前两次义拍的经验和影响,尤其是上海市慈善基金会领导的高度重视,除了百名年轻画家的作品以外,第三次慈善义拍的其他拍品征集速度也很快。副会长余慧文女士捐出了香港首富李嘉诚先生赠给她的"旋转底座水晶音符摆件"等4件物品,市委领导黄跃金捐赠了一尊世纪宝鼎……"点亮心愿"第三次慈善义拍准备工作在飕飕寒风中热火朝天地展开。上海大众汽车有限公司慷慨解囊,捐赠了两辆最新款式的帕萨特1.8T轿车,成为此次义拍所有拍品中最为昂贵的物资。众仁花苑是一所带有慈善性质的敬老院,院中两位老人精心手工编织了一件"爱心天使",并将其捐赠给慈善基金会。名模马艳丽是前两届义拍的积极参与者,听说第三次义拍又将开始，她人虽远在北京，仍在第一时间托人专程送来了自己珍藏的一幅画工精湛的山水画。著名画家陈佩秋先生也捐赠了自己精心创作的"兰花蝴蝶"……不少海外侨胞，港澳台人士也加入捐赠队伍，献出自己的一份爱心，百余件捐赠品包括了西洋摆件、雕塑、俄罗斯油画、珠宝、紫砂壶、玉器、书画、汽车，品种之多，数量之大远远超过了以往历届。拍品代表了捐赠者的爱心，每件拍品后面都有精彩的故事，都维系着一群人的赤诚爱心，捐赠场面感人之深，令人难以忘怀。著名艺术家张瑞芳感慨地说："第一次义拍时，艺术家们是从各自家中拿出一些容易引起社会和市民注意的物品，现在拍品甚至有了汽车，有如此多的人参与，仿佛整个社会都涌动着爱的暖流，这真是精神文明的表现，是社会进步的标志。"

时间在流逝，拍品仍在征集中，在上海市慈善基金会的牵头和东方电视台郑鹤皋导演的热情督促下，义拍工作有序进行着。

岁末年初，年拍卖额几十亿元且平均两天半举办一场拍卖会的上海国拍正处于"收官"和"开盘"这个业务最忙的时候，但该公司仍然集中精力，接收拍品，编制图录，宣传义拍，认真招商，一拳一招，均显示了成熟企业的老到和负责。从接受义拍任务到将拍品公开展示，前后不到一个月的时间，中间还有元旦长假，上海国拍几条战线同时作战，长袖善舞，应付自如，充分显示了该公司的团队合作精神和旺盛的战斗力。

2002年1月22日，寒风裹着雨点，洗涮着申城的街头，刚享受暖冬喜悦的申城市民，深感冬日的寒意。上午10时，位于上海金陵中路96号上海国拍大楼却分外热闹，72件拍品，错落有序地陈列在底楼，二楼近百名新闻界朋友和热心慈善事业的捐赠人、竞买人、慈善基金会领导及与义拍相关的人士济济一堂，第三次慈善义拍座谈会暨新闻推介会如期召开。上海国拍的员工排着队，急切走向主席台上挂着慈善基金会会标的捐款箱，将一张张百元大钞投入箱内，同时也将自己的爱心献给了社会。公司的机动车拍卖部远在40余里外的安亭二手车市场办公，人员不能前来，但是他们派出代表赶回市区代为捐赠。10分钟内，共计捐款5800元。公司员工自发向特困老年白内障患者捐款，用自己的爱心点亮老人们的心愿。捐赠场面十分感人，在场的新闻记者纷纷举起照相机、摄像机。

第三次慈善义拍槌响东视大厅

　　1 月 26 日上午,冬雨绵绵,蓝天下的至爱在整个上海涌动,东方电视台全日爱心大放送。电视屏幕,播映着一幅幅令人热血沸腾的画面,传递着一个个动人的故事。下午,雨雾天晴,位于浦江东岸的东方电视台演播大厅早已座无虚席,"点亮心愿"第三次慈善义拍在这里拉开帷幕,上海市慈善基金会会长陈铁迪、副会长余慧文等数百名各界人士来到义拍现场,50 余位热心人士及企业界代表填写了登记表,领取了竞买号牌。东方卫视对此场拍卖进行直播,数亿观众将通过电视看到拍卖实景,可谓盛况空前。2 时 30 分,拍卖开始,上海国拍国家注册拍卖师徐玄炫走上拍卖台,初亮相已引起一片称赞声。徐小姐是近年中国拍坛上一颗冉冉升起的新星。2001 年 7 月,她参加中央电视台组织的拍卖师论坛,与国内众多同人华山论剑,被评为"明日之星"。不久前,她在北京参加中国拍卖行业协会组织的"希望工程"义拍活动,与国内著名的二位前辈拍卖师同台执槌。老中青三代拍卖师的精彩表演,让近百名国内拍卖业老总和拍卖师们大开眼界。作为年轻的拍卖师,主槌今天这样的拍卖会,面对耀眼的水银大灯,面对众多热心于慈善事业的好心人,面对这爱心的海洋,她受到了震撼,她感受到了手中之槌的重量。

　　第 1 号拍品,陈佩秋先生捐赠的"兰花蝴蝶"单片,从 5000 元起拍。现场反应强烈,面对如林的号牌,徐玄炫镇定了下来,有条不紊地主持拍卖,一口气将价位推至 8.3 万元,槌声落下,掌声响起,1 号拍品拍出了意想不到的高价,场上的气氛被调动了起来。徐玄炫调整了一下情绪,开始拍卖第 2 号拍品。这是一尊由李嘉诚先生送给上海市慈善基金会副会长余慧文女士、余慧文捐赠给拍卖会的"旋转底座水晶音符摆件"。此拍品水晶体晶莹剔透、工艺精良。从 8000 元起拍后,众买家一路斯杀,最后,98 号以 25 万元的高价终于如愿以偿。在场的人们为这些好心人的慷慨大方,毫不吝啬地献上了一次又一次的掌声。越过阵阵掌声,人们仿佛看到了一双双被医治好了的眼,一颗颗被点亮的心。徐玄炫手中的木槌槌起槌落间拂起一阵阵春风暖意,爱心如早春之雷在拍卖场上滚动，拍品一件件以超出底价许多的价位——拍出。

第9号拍品"爱心天使"拍卖开始前，拍卖师为这一拍品精心准备了介绍其制作背景的故事，但刚报出起拍价后便被场上此起彼伏的号牌"套住"了。解说词尚未说出，坐在第二排的余慧文女士向拍卖师举手示意。拍卖师注意到这一情况，停下报价，询问余慧文有何事情。只见余慧文转过身面向大家，十分动情地介绍了众仁老人公寓里二位孤寡老人的善举：政府为她们提供了安度晚年的场所，因此她们没有忘记社会，为了回报社会，她们精心编制了这件小工艺品"爱心天使"。"拍品虽小但重千钧。"余副会长话音刚落，这边便有人高声报价"5万元"，那边接着报价"8万"，场上掌声经久不息，"8万元成交！"这一价位是起拍价的100倍。余慧文女士动情地说："物品有价，爱心无价，有这么多热心人相助，相信将会有更多的特困老年白内障患者的心愿被点亮。"

宝山杨行铜材厂倪林根总经理得知义拍的消息，早在1月24日便打电话到拍卖公司，预订了66号牌，表示要拍下"帕萨特"以示爱心。26日下午，他与妻子早早来到东方电视台，办理了登记手续。拍卖会上，他力克群雄，以两笔35万元的高价豪气十足地拍下两辆"帕萨特"，并同时慷慨出资12万元拍下另外几件拍品。此场拍卖连同佣金他共付出了90余万元，成为拍卖会上奉献最多的竞买人。

从2时30分到4时30分，近两个小时里拍卖紧张进行，随着一声声槌响，72件拍品悉数拍出，总共落槌价2957400元，加上佣金共计成交价达到320万元。第三次义拍成交额超出了以往两届成交之和，这意味着有640名患者将因此重见光明，从此看到上海日新月异的新面貌。拍卖取得了极大成功。余慧文女士抑制不住兴奋之情，拉着刚走下拍卖台的年青女拍卖师直夸："你的眼睛会说话，使得好心人爱心大奉献，使得更多的特困老人感受到改革开放的温暖。"拍卖台下的这一幕同样感人至深。

上海国拍成长不忘各界帮助，发展不忘回报社会，此次义拍，公司不但捐出了拍卖所得佣金29万元，同时还捐出现金20余万元，并且派出精干队伍运作整个义拍，用自己的辛勤劳动和赤诚的爱心，展示了企业风采。如今，义拍的槌声早已逝去，但

"点亮心愿"第三次慈善义拍那些使人感动的场面却深深留在了人们的心中。拍卖行业以自己的行动证明了行业的特点优势，也证明了参与社会慈善事业的可行性，证明了行业的发展离不开社会这个大家庭的道理，让爱心之槌再一次响起。

上海首次古树名木冠名权拍卖

　　秋高气爽,风和日丽,正是上海一年四季最好的天气,与静安寺一街之隔的静安公园游人如织,人们享受着闹中取静的都市公园特有的静谧和安宁。一个小时过后,一场特殊的拍卖会即将在这游人如织的公园里举行。

　　坐落在上海繁华市区的静安公园不但因拥有静安八景浓缩景观而吸引人,更因为拥有著名的悬铃木大道和31棵百年法国梧桐树而闻名遐迩。10月21日下午,温暖甚至有些热的秋日阳光穿透郁郁葱葱的梧桐树丛,洒落满地,悠闲的市民在林间草坪漫步,不少身穿婚纱的新人在园内摄影留念。而悬铃木大道中段空地上,上海首次古树名木冠名权拍卖会正在这里进行,拍卖标的共计18项,基本上包括了上海市范围内登记在册的49棵古树名木,树龄从100年到1200年。买受人可以用企业名称冠名,冠名期限1至3年,拍卖底价为107万元,静安公园内31棵百年树龄的梧桐树也在拍卖之列。因为属于沪上首次,同时成交价款将全部用于上海市古树名木的保护和养护,带有公益性,加上沪上全民护绿爱绿意识日渐见浓,因此拍卖会吸引了众多买家,上海与绿化有关的知名企业更是拍卖的主力。

　　下午2时,拍卖正式开始,15家企业按规定办理了竞买手续,换取号牌进入位于悬铃木大道旁中心广场的拍卖会场, 这些企业中有上海本地知名的房地产开发商,也有外资和港资企业。爱树护树,建设文明城市,在沪海内外人士均有责任,此场拍卖充分体现了上海作为国际化大都市海纳百川的风采。

1号拍品为一株位于静安公园内的银杏树。银杏树生命周期很长，树龄可达千年以上，被誉为树中"活化石"。在上海，银杏树大都长在寺庙和墓地。由于现在环境变得恶劣，对银杏树的生长造成影响，因此，上海境内千年以上的银杏树更显珍贵。位于静安公园内的这棵银杏树据说是一棵庙树，一说是五圣庙，一说是关帝庙，庙早已不复存在，此树却生存了150年，至今仍然根深叶茂。拍卖师以2万元起拍，116、188等几块号牌瞬间举起。不到片刻，131号将价位推至3.4万元，从而锁定竞争，场上掌声响起，上海杏林药业股份有限公司得到了此树3年的冠名权。事前，该公司一位负责人士说，公司从事医疗事业，且名称杏林，与银杏有不解之缘，此次参加竞拍，一定要拍下这一棵银杏树。该公司领导为此早已定下了冠名铭牌的设计主旨，上面将有世界著名诗人关于银杏的诗句，文化气息浓郁，可谓用心良苦，颇有创意，此时他们如愿以偿。

2号拍品为一棵生长于市中心繁华地段乌鲁木齐路、淮海路口的香樟树，树龄100年。据说该树原长在一座花园洋房的花园里，该洋房曾经是新加坡驻上海领事馆。"扎根闹市，与高雅淮海路相依"，拍卖师送上了一句充满诗情画意的话，随即报出起拍价2万元，经过3轮竞争，持186号号牌的上海绿地（集团）有限公司首次亮相并一举夺魁。

激烈的竞争围绕第5号拍品展开。这是由静安公园悬铃木大道旁31棵梧桐树组成的拍品。静安公园原为在沪外国人公墓，这31棵梧桐为1897年公墓开办时所植。弹指间，一百多年过去，当年的洋人公墓如今已成为市民休憩的好去处。看着拍卖会场边浓荫遮天盖地、一如哨兵林立的梧桐，人们情不自禁地体会到历史更替、岁月沧桑，一切的一切都令人浮想联翩。拍卖师从9万元起拍，数轮激战后，竞争在186、188号两位竞买人之间展开。价位由10万元开始，每加一次5000元，价位交替上升，两买家互不相让，拳拳爱树之心，如大河之水奔淌在悬铃木大道旁。数分钟后，186号终于以25.5万元的价位逼退188号，成为赢家。在此后的1年时间里，在人流极大的静安公园内，上海绿地（集团）有限公司将冠名这31棵古树。当游玩、路过、晨练、观光的人们看到这两排参天大树、看到悬挂在树干上的企业标牌、看到大树脚下企业介绍的铭牌，企业的形象因为爱树得以展现。拍卖结果，绿地（集团）或许是真正的赢家。

值得一提的拍品是一棵位于黄浦公园门口的银杏树，该树在黄浦江边已伫立150多年，当年就是这棵树旁边的墙壁上挂了那块令中国人愤慨万分的"华人与狗不得入内"的牌子。想当年帝国主义列强凭借铁舰大炮侵占了我国的领土，在我国的土地上耀武扬威，这是一段耻辱的历史。而今我们站起来了，并雄踞于世界之林，这棵银杏是见证人，而我们则应永志不忘，为中华民族的崛起而奋斗不息。最后，上海恒源祥（集团）有限公司以5万元的价位拍下了这棵树的冠名权，可谓意义深远。

第18号拍品，是本次拍卖会的最后一个，也是定价最高的拍品。这是一棵位于嘉定区安亭镇光明村的古银杏树，植于1200年前。该地点历史上原系老顾庙、八字桥庙、金家庙旧址。该树高25米，胸围6.5米，要5个成年人才能将其合围。1983年4月4日，周谷城先生有七绝一首咏其树，诗曰："六朝文物越千年，古寺禅林尽荡然。银杏一株今尚在，从知润物有渊源。"上海开埠仅百五十余年，上海区域面积仅6340余平方公里，却有1200年历史的古树，上海人当为之自豪。为保护此树，嘉定区先后投资200多万元，为"上海树王"兴建了一个古树公园，说明上海人热爱绿化、爱护环境的意识早已有之。此树的冠名权从30万元开拍，最后仍旧由186、188号两家厮杀，直将价位推升至40万元才见分晓。"绿地"再成胜方，绿地绿地，绿色的土地，"绿地人"的行动果然与企业名称相吻合。

历经半个多小时的竞争，上海首次古树名木冠名权拍卖18项拍品全部拍卖成交，总成交额为138.6万元，此款将全部用于相应标的为主的古树名木的复壮、改善工作。

本次拍卖，虽然成交额仅一百多万元，这个数字对于营造上海这个国际大都市的绿色环境显然是微不足道的，但拍卖却具有非常特殊的标杆性意义。

上海目前有挂牌古树名木1451棵，平均1万余名上海人才拥有1棵古树名木。这些树木对上海的城市景观、生态环境、历史文脉的延续与构成起了不可或缺的重要作用。近几年，上海人的环保意识大为提升，植树造林，建设园林城市，市区内外有了不少大型绿地,人们生活的外部环境好多了。有数据表明,上海目前的绿地率已达34.51%,绿化覆盖率达 35.78%,人均绿地面积为 9 平方米,三大指标均已达到国家园林城市的标准。但不可否认,虽然现在上海在大力兴绿造绿,绿化面积不断扩大,市民受益,环保水平提高,但已有的古树名木保护仍未得到足够重视,维修费用、养护资金不足,管护粗放,随意砍伐树木的现象仍然存在。为了唤起社会各界对古树名木的热爱和保护意识,使这些生存于大都市的"绿色古董"有更好的生存环境,使之成为人们追忆历史和旅游的重要景观,上海市绿化委员会、市绿化局、市古树保护工程办公室组织了此次冠名权拍卖,用心可谓良苦,创意可谓新奇。上海的媒体对此做了大量报道,海内外企业表示了极大热情。上海绿地(集团)有限公司是沪上著名的房地产开发公司,近 11 年来共投入近 3 亿元人民币参与上海绿化建设,陆家嘴中心绿地、浦西滨江绿化等标志性工程均出自其手,仅此一家公司就为上海每个市民增加了 0.5 平方米绿地。此次,该公司慷慨出资 93.5 万元,拍下 49 棵古树名木中的 37 棵树木的冠名权,为保护古树名木出了力,也成了拍卖会上的明星。作为拍卖企业,上海国拍尽全力响应了委托方的创意并以娴熟的技能创造性地完善、完成了这一创意。公司还捐出全部拍卖佣金所得,认养了公司动迁后旧址上的一棵树木,显示了中国拍卖业龙头企业的风采。

冠名权拍卖具有新闻性,容易吸引人眼球,于是近年来槌声鹊起。但冠名权拍卖技术要求高,运作的难度大,成功率低,很容易一不小心,让拍卖公司、委托人惹一身麻烦。同时,冠名权拍卖贵在新、奇、稀,贵在出其不意、出奇制胜。上海国拍接受拍卖委托后,马上把首次古树名木冠名权拍卖立意于让人们感到上海的历史远远超出开埠百余年的时间概念,立意于上海城市建设的快速发展和人们生活水平的快速提高,社会环保意识的迅速提升,护树、爱绿自觉性的增强等基础之上。这一立意无疑恰到好处,从而得到社会各界的好评和热烈响应。上海古树名木冠名权拍卖,让拍卖槌再次熠熠生辉。

世界首列投入商业运营磁浮列车冠名权拍卖

2003 年 3 月 5 日下午 2 时 32 分，由上海国拍主持的世界上第一列投入商业运营的磁浮列车冠名权以 2090 万元拍卖成交，上海新湖房地产开发有限公司（简称新湖房产）在激烈的竞争中脱颖而出，成为买家。此后两年时间内，"新湖明珠"号将伴着时速 430 公里的磁浮列车飞驰在浦东大地上、飞驰在媒体的版面、飞驰在人们的心中。这一拍卖活动引起了媒体的普遍关注，有近千家海内外媒体报道了这一拍卖活动，其创造了我国冠名权拍卖成交之最，媒体称之为 2003 年最"牛"的拍卖活动之一，而此次拍卖也引发了全国范围内以冠名权为主的无形资产拍卖热。

磁浮列车冠名权拍卖的经过

磁浮列车冠名权拍卖是在 2003 年早春三月进行的，有 9 家国内闻名的企业参加了竞买，其中民营企业 6 家，中外合资企业 3 家，来自 5 个省市，其中上海本地企业占了 4 家。为了赶上时间，远大空调的总裁乘公务机赶到上海，又遇到延安路高架堵车，电话请求拍卖会适当延迟一点时间。国酒茅台的代表从大西南的贵州省来到上海，因为行程匆匆，来到上海才发现天气寒冷，身上衣服难以御寒，他们在拍卖会场附近大卖场买了几件棉风衣，刚出现在拍卖场就被媒体抓个正着。上市公司上海大众交通的竞买班子还带来了自己条线的十余名记者，并且做好了接受采访的准备。

竞争的热度在拍卖前已露出种种迹象。

2点12分,拍卖会正式开始,工作人员上台宣读拍卖的有关规定。2时25分,拍卖师宣布磁浮列车冠名权"起拍价800万元,加价幅度为20万元"。没有静场,没有犹豫,在上海大众交通率先举牌后,场上7块号牌先后举起,价位马上由820万元升至900万元。接着,大众交通把价位推到960万元,3分钟后,价位已升到1500万元。因为这一价位已经超出市场预期,接近媒体估计的成交上限,其他竞买人先后退出竞争,只剩下大众交通和新湖房产仍互不相让。场内最紧张的已经不是两个仍在出价的竞买人,而是已经退出角逐的其余竞买人,他们不知道竞争会进行到何时,与自己的报价预期相差多少,冠名权将花落何处。此时场上最忙的是记者,他们来回抢景,不敢有任何闪失。拍卖师的报价声一次次在场内回响,她不时向记者们打招呼,请他们让一下,以免遮挡她的视野。

价位此后达到2000万元,场上响起了掌声和惊呼声。新湖房产毫不谦让报出2040万元,此时拍卖师将加价幅度调为每次10万元,拍卖已到决胜阶段,但是仍然10万元、10万元持续上升。价位已经远远超出委托方确定的保留价,达到很高的区域。2080万元由大众交通占据,此时竞争已经到了最后阶段,每一次出价都可能成为最高价。竞价胶着,"2080万元第一次"。正当拍卖师即将收官落槌之间、大众交通即将成为买家之时,新湖房产再次举牌。可能这一价位已经到了大众交通的极限,也可能出于其他原因,一向在拍卖会上高调亮相的大众交通总经理杨国平表示放弃。竞价戛然而止,拍卖师报价三次,片刻,木槌重重落在台上。上海新湖房地产开发有限公司以2090万元的价位击败所有对手,奋勇杀出重围,此时,距拍卖会开始仅12分钟,距拍卖师宣布起拍价才7分钟多一些,但竞价已达67轮。非常巧合的是,磁浮列车从龙阳路起点到浦东国际机场终点,行驶时间为7分02秒,冠名权拍卖竞争也持续了7分多钟,实实在在经历了一场"磁浮"速度。

新湖房产是一家有浙江省投资背景的民营企业,其大股东为上市公司浙江创业。其曾参与上海普陀区旧城改造,在苏州河边有小区名为"新湖明珠城"。面对记者的提问,该公司总经理陈坚先生说,这是世界上第一列投入商业运营的磁浮列车,有巨大的无形资产,用2090万元拍下其两年的冠名权物有所值。他形容,为了这到场的百余家海内外媒体的报道,出这一价位就值得。事实证明他是对的,拍卖使新湖房产一夜成名,其建设中的新湖明珠城一期工程商品房,几天之内便销售一空,二期亦成为市场热门。第二天,上海证券交易所收盘,浙江创业成为当天沪市涨幅最高的股票。新湖房产借拍卖平台冠名磁浮列车,成为实实在在的大赢家。

上海磁浮交通发展有限公司是拍卖的委托方,这是一家按现代企业制度要求建立的企业。修建磁浮交通,上海市政府没有一分拨款,全部投入由 7 家投资方出资,并且通过发行债券、银行贷款筹集资金,38 公里磁浮工程、总投资近 100 亿元的资金就这样解决了。按市场化原则运作,是其遵循的原则。他们亦借助拍卖这一平台,在拍卖公司的一个创意下,回笼了 2090 万元资金,同时让媒体再次聚焦磁浮,引起轰动,磁浮由此成为上海城市新景观,他们亦不失为大赢家。

上海国拍是本次拍卖的主办方,在长期的拍卖实践中,公司虽主持过诸如"中华第一列车"冠名权、"中华第一表"等无形资产拍卖,有着丰富的运作经验,但是,主持类似磁浮这样具有国际性质的无形资产拍卖,也还是第一次。他们从委托方提供的零乱的标的中提出冠名权拍卖,提出一个理念和随之提供的一整套运作方案,实施了一次惊动海内外的拍卖,完整诠释了什么是拍卖;并且告诉了世界,正确把握和实施,拍卖对于宣传品牌可以起四两拨千斤的作用;同时也为中国拍卖增添了一个经典案例,可谓名利双收,拍卖公司也是大赢家。

磁浮列车冠名权拍卖成功关键在于有一个好的策划

磁浮列车冠名权拍卖的成功,依托于上海国拍主持无形资产拍卖的丰富经验和超强的运作能力,而这一切全体现在项目的策划中。拍卖过后看拍卖,可以清楚地看到,磁浮列车冠名权拍卖全过程的策划是相当成功的,拍卖过程中一些细节的策划,尤其具有特色,细节的连接,使拍卖活动成了系统工程。

关于新闻发布时间的确定

考虑到磁浮列车的无形资产和形象,拍卖唯有成功,才能证明这一点,而接受委托时,磁浮项目仍在建设中,直观性不强,无形资产集聚效应不高,对于拍卖的成功有一定影响。经过调查,上海国拍了解到 2002 年 12 月 30 日或 31 日,中、德两国总理要为磁浮剪彩并一起乘坐首发磁浮列车前往浦东国际机场。这一活动,必定引起国内外媒体的广泛关注及聚焦,从而使得磁浮列车知名度大增。在此之前发布磁浮列车冠名权拍卖的新闻,力度显然不够。因此公司在策划时充分注意到了这一点,将新闻发布会时间确定在两国总理乘车之后,即在媒体充分报道两国总理参与磁浮试乘活动,使磁浮列车无形资产得以堆积,且报道已趋于平静时,召开新闻发布会,发布拍卖消息。这能借助先前报道的余威,引起再次轰动,从而撬动市场。这一思路明确后,策划方案要求委托方与拍卖公司恪守秘密,对外封锁消息。这一作法的作用在于防止部分媒体提前报道,从而分散新闻报道的轰动效应,同时也防止其他拍卖公司的竞争,造成精力分散。事实证明,重大经营活动要求各方严守机密是十分必要的。由于坚持了这一点,2003 年 1 月 24 日新闻发布会,风推火势,海内外媒体以少见的热情报道了拍卖的消息,并且引起轰动,效果良好。

布下两大悬念,引发媒体讨论

磁浮列车冠名权拍卖的日期难以确定,原因在于新闻发布后不久,春节就即将到来,一是招商时间不够,二是重大节日前后均不宜组织大型拍卖会。基于这一原因,公司认为,为了使媒体与社会各界对拍卖保持旺盛的吸引力,与拍卖有关的消息不能一下子告知清楚,不能让媒体把话都说完。为了使春节后重新启动宣传有坚实基础,保证拍卖宣传仍然有新闻性,策划方案决定在新闻发布会上不透露拍卖的参考价和拍卖会具体时间。由于设下了两个悬念,从而成功地引起了媒体广泛的猜测与讨论,使关于磁浮列车拍卖的信息不断出现在媒体上,出现在人们的视野里。

春节过后,拍卖公司胸有成竹地按计划公布了上述两个社会关心的谜底。近百家媒体第一时间报道了这一消息,使因春节长假而已被淡忘的拍卖再次引人注目,并重新回到舆论中心,拍卖的招商也由此进入了实质阶段。事实再次证明,留下两个悬念,对拍卖的宣传、招商起到了四两拨千斤的作用,不但延续了拍卖的宣传生命力和深度,而且节约了大量公告费用。

在动态中完善策划方案

策划方案强调拍卖前的宣传,对消息发布的范围、形式做了详尽安排,并提出在报道过程中调整宣传的角度与内容,以适应招商的需要。方案的一个特色就是提出了在动态中完善策划方案的思路,包括拍卖会场、拍卖时间的最后确定和针对不同买家的不同诉求作出不同的宣传、招商方案等。事实证明,再好的方案,也是理想化或者是停留在纸上的,只有在实施过程中才会发现其不足。因此做好预案、选择有经验的工作人员运作重大拍卖活动显得尤为重要。因为,有经验的工作人员能发现事先拟写的方案可能存在的不足,并在实施过程中加以弥补或完善,使得拍卖活动能够顺利进行并且取得成功,事后证明,方案中对此着墨,留有余地是正确的。

按照原来与委托方商量的意见,拍卖会选择在诸如上海国际会议中心之类的著名会场或者酒店进行,但在招商过程中公司发现,这不现实。因为,作为世界第一、中国第一,磁浮列车有太多的光环,人们对它寄予了太多希望和要求,拍卖的最终价位不会太低,参与竞争的企业必定具有很强实力,因此实际参与拍卖的企业不会太多,如果拍卖会在能够坐下上千人的会场进行,显然从形式上及从有利于增强竞买氛围上都是不利的。因此,最后拍卖会场选择在磁浮列车站台上进行,这一改动达到了一箭三雕的目的。由于在站台上,可以把磁浮列车开过来,停在站台边,解决了摄影记者、电视台拍摄磁浮列车的问题,也增加了拍卖会的现场感,有利于调动竞买积极性;由于列车就在现场,那些没有看到过磁浮的竞买人,可以在拍卖会现场直观地观察、了解磁浮列车,节省了时间、弥补了没有看样的缺憾;磁浮列车站台的面积正适合举办这一场拍卖,恰到好处的会场使得人气聚集,会场秩序既井井有条又充分饱和,举牌竞争买气十足。

磁浮列车冠名权拍卖关心的人多、影响大、责任重,作为首次类似拍卖,在拍卖槌没有落下以前,能否成交、成交价格,一切都是未知数,加上农历春节即将到来,拍卖会时间很难确定。原来考虑趁热打铁,在春节前拍卖,后在拍卖运行过程中,发现这有风险,权衡再三,根据实际情况,最后调整到春节以后。事实再一次证明,这一调整是正确的。如果机械地按照原来的策划进行,拍卖可能成功,但是与春节相关的其他报道必定冲淡磁浮拍卖的报道。加上企业家们可能无暇顾及拍卖,即便勉强进行,拍卖也不会产生轰动效应,引起如此重视。拍卖充满智慧,有时候,退一步事实上却是进了一步。

磁浮列车冠名权拍卖后的思考

磁浮列车冠名权拍卖引起了轰动,由此引发了一场由南到北、自东向西的以冠名权拍卖为代表的无形资产拍卖热,但不少却遭遇冷遇和失败。其实,无形资产拍卖对运作的技术要求很高,同时,无形资产拍卖有明显的不确定性。虽然当前市场竞争激烈,一方面拍卖公司在不断地扩容,已经进入行业的苦不堪言,未进门的却仍在想尽千方百计挤进来。行业的利润高于社会平均程度,这一现象不会减弱;另外,传统的拍卖委托相对萎缩,委托方对拍卖企业的资质、运作能力有很高要求,甚至趋于苛刻,并且逐渐把锋芒指向佣金收入上,佣金少成为拍卖公司竞争入围的重要标志。拍卖市场出现了"僧多粥少"甚至"有僧无粥"的局面。同时,政府管理部门及社会的监督管理的力度均在加大,拍卖业面临前所未有的严峻局面。因此,开拓新的拍卖业务、寻找新的增长点,成为行业绝大多数企业与从业人员的追求和实际行动。

党的十六大后,"经营城市"理念的出现,给拍卖业带来了商机,于是无形资产拍卖浮出水面。面对社会紧缺的公共资源,拍卖不失为发掘、实现其价值的好形式,但拍卖不是万能的。通过磁浮列车、"中华第一车"、"中华第一表"、上海古树名木冠名、"飞马"商标等无形资产的拍卖实践,笔者认为主持冠名权拍卖应把握以下要点:

第一,所拍卖标的有无亮点、买点,有无买家所期望的"抓手",这至关重要,没有上述内容,不要勉强。

第二,以标的物所在地为中心的市场对此拍卖是否有诉求,媒体参与的热情程度如何,不好把握或者把握不好,不要勉强。

第三,拍卖的标的一次不能过于集中,数量不能过于庞大,价值相差悬殊的标的不要混在同一拍卖会上进行拍卖。因为标的过多,招商困难,买气分散,价格悬殊,不同实力、不同类型的企业不太可能同台竞争。因为参加拍卖结果不同,社会与媒体的反应不一,有时候花了钱反而得到相反的效果,统筹不好不要勉强。

第四,以冠名权为代表的无形资产拍卖,保留价的确定应该采取"偏低原则",低开高走,把升值空间和想象留给买家以期引起竞争。保留价过高,没有悬念,不利于招商,不利于吸引参与者,做不到这一点,不要勉强开拍卖会。

第五,项目启动、宣传开始时,考证一下近期社会和市场大势,注意不要与政策撞车。如果同一时期有类似拍卖或者拍卖刚引起轰动,则应该扬长避短,不要勉强进行拍卖活动,以招致失败。

第六,冠名权拍卖的难点在于招商:招商的重点应立足本地区;面向近期广告强势行业,面向计划进入本地区的企业或产品;民营企业是招商的重要对象。

第七,冠名权拍卖要善于、敢于调动媒体的参与,其前提在于对媒体的了解程度和融合程度。拍卖公司因此要做新闻报道的有心人,做媒体的朋友。

第八,切忌一窝蜂地进行冠名权拍卖。冠名权拍卖贵在稀有,贵在市场接受度,贵在拍卖公司的运作能力。同时,还要看机遇,大多数时候,拍卖是可遇不可求的,捕捉和把握机遇十分重要。

虹口法院选择拍卖人方式改革给拍卖业的启示

2003 年 9 月 13 日下午,黄浦江与苏州河交界处的海鸥大酒店里,当时上海乃至全国司法强制拍卖单宗价值最大的标的——在建工程大正三角地广场拍卖会在此进行。该标的由上海市虹口区人民法院委托,估值约为 4.8 亿元,有 4 家企业报名参加竞买。

在建工程大正三角地广场拍卖实况

上海国拍国家注册拍卖师徐玄炫走上拍卖台,以总价 3.9 亿元的价位开始主持拍卖。

拍卖开始后,竞价很激烈,所有竞买人先后举牌应价,拍卖形势大好。殊不知情况突然变化,当价位上升至 4.17 亿元时,所有竞买人却不约而同地放下了号牌。竞价停止,拍卖师再三调动,会场上就是没有反响,拍卖陷入僵局。按照惯例,拍卖会上竞争停止,拍卖师可以通过宣传标的、再次发出邀请等方式使拍卖进行下去,但是如果竞买人仍没有反应,则一段时间后拍卖师应该宣布这一标的拍卖失败,不能无限制拖延时间,因此情况非常紧急。但是,此时拍卖师凭着对房地产市场、房地产领域和对所主持拍卖标的的充分了解,以极度的耐心和深厚的专业功底,循循善诱、步步提醒,在坚持了近 17 分钟后,终于打破僵局,再次激发起竞买人竞买的积极性,并且使之一发不可收。经过 42 次竞价，最终以 4.71 亿元的价位落槌成交，创造了我国司法拍卖单一标的成交价之最。

综览全场拍卖，除了标的位置具有很高的稀缺性、在建工程价值的隐蔽性等因素以外，拍卖师高水平发挥，主持过程中所表现的专业水准，给人留下深刻影响。价值如此巨大并且存在重大瑕疵尤其是竞价长时间停滞的标的能够一次性拍卖成功，拍卖师功不可没。

更为重要的是，此次大正三角地广场拍卖，法院从拍卖机构、拍卖方式的选择，与传统做法相比，均有所创新、改革。拍卖的成功在上海和全国产生了很大影响，成为行业经典。

随着拍卖行业的迅速发展，希望进入这个行业的企业和个人迅速增多，沿海一些中心城市和内地部分省会城市已呈现"人满为患"的局面。在行业大增量、大发展的过程中，有个现象值得注意，即不少并不具备拍卖专业人才、专业技术、运作能力的企业却异常活跃。他们凭借强大的社会关系和幕后无形的"手"，在市场上"纵横捭阖"，争取委托，屡屡得手。其手法无外乎通过领导、熟人向有权委托拍卖的部门和机构打招呼，或者通过强力公关，从而取得委托。也有不少拍卖行采取"锲而不舍"的精神，盯住几家法院不放，以致不少法院与拍卖相关的业务庭室里拍卖公司的人甚至多于法官本身，干扰了法院的正常工作，也使司法委托一时难以客观公正地进行。面对这种情况，法院如何保证廉洁、保证委托时的公正，如何保护司法干部，成了议事日程上的大事。2003 年年初，上海市虹口区人民法院查封了在建工程大正三角地广场，闻讯而至的拍卖机构踏破了法院门槛，其中不乏政府机关领导。如何突破"人情网"、"关系网"？经过深思熟虑，7 月，虹口区人民法院进行了一次全新意义上的招标拍卖机构的活动，从而一举打破了上述人情网、关系网，客观、公正地确定了这一宗评估价达 4.8 亿元人民币的司法强制拍卖委托。这一做法给拍卖业带来诸多思考。

虹口区人民法院采用招标方式选择拍卖人的经过

由上海大正三角地广场置业公司投资兴建的大正三角地广场,位于上海市虹口区毗临黄浦江地带,具体位置在塘沽路以北、峨嵋路以西、汉阳路以南的三角地块,前身即闻名沪上的"三角地菜场"。从该地出发,过吴淞路闸桥即是外滩金融中心,且与东方明珠电视塔隔江相望。作为北外滩的起点和区域内重要建筑,大正三角地广场于 1994 年开工建设,1998 年年底结构封顶,电梯等部分配套设施已安装到位。由于投资方的原因,工程于 1999 年停工,成为烂尾楼。由于面对外滩和小陆家嘴中心地带,有碍观瞻,在政府有关部门的要求下,2001 年工程完成了玻璃外墙及楼顶灯光照明工程。大正三角地广场分地上和地下两个部分,地下三层为停车库,地上部分由裙房和三角塔楼构成,其中裙房 6 层,塔楼 22 层。由于涉及经济纠纷和众多债权人,案情错综复杂,上海数家法院先后查封了该项目全部财产,经过协调,最终并案到虹口人民法院整体处置。

由于案值巨大,从 2002 年开始,上海众多拍卖公司便开始关注这一案件审理的进展情况,表现出了极大的热情。面对来自各方的压力和打招呼、递条子,考虑到大正三角地广场是迄今为止上海司法强制执行标的价值最大的执行案,涉及的问题既多又繁杂,同时拍卖结果涉及北外滩开发时土地价值,问题十分敏感,因此,标的处置事关重大。一旦进入拍卖程序,应该选择规模大、运作能力强、操作规范的拍卖公司实施拍卖,而不能按传统的思路和方法委托。

经过反复研究、论证,虹口区人民法院决定另辟蹊径,跳出传统的窠臼,采用招标方式确定拍卖机构。

首先,法院通知上海现有的 6 家中国拍卖行业协会评出的"AAA"级拍卖企业,两家已经公布了"AAA"级资质的拍卖企业,共 8 家参加大正三角地广场项目拍卖机构的招投标;同时邀请部分专家、政府管理部门的领导成立评审组。经过筛选,上海市人民政府法制办一名副主任、上海市商委(拍卖业政府监管部门)、上海市土地房产局各一名处长、上海大学广告系一名教授、虹口区建设委员会主任5人组成考评组。考评小组组成人员，既有房地产、市场营销、规划专家，又有政府管理部门领导、法律专家，有了解房地产市场的，有了解拍卖行业情况的，还有懂得招商的，考评小组组成很全面。

6月29日下午1时，虹口区人民法院会议室，5名专家在主席台上正襟危坐，8家拍卖公司经理按交达标书的顺序先后上台陈述公司的设想、做法，然后由专家从各自角度不断提问。8位经理使尽浑身解数，仍不时被问得十分紧张，个别差点下不了台。陈述与咨询整整进行了7个小时。马不停蹄，5名专家马上进入小会议室进行无记名投票。又经过近2个小时、4轮投票，最后决出上海国际商品拍卖有限公司、上海国泰拍卖有限公司、上海新世纪拍卖有限公司3家为中标拍卖机构，联袂主持大正三角地广场的拍卖。8时20分，专家组组长、上海市人民政府法制办副主任当众宣布了这一决定，并陈述了选择上述3家和淘汰其余5家的理由。整整8小时又20分钟，作为委托方的上海市虹口区人民法院有关人员包括法院领导在内均做"壁上观"，不对选择拍卖机构进行任何表态，也不参与表决。

由法院委托、专家组成评议小组，由专家当众提问，再由专家无记名投票选择拍卖机构，在上海司法强制拍卖委托史上属于首次，在全国也尚无先例。

虹口区人民法院采用招投标形式选择拍卖行的意义

面对拍卖行业激烈的竞争，面对来自方方面面的招呼，作为委托方的人民法院有关人员明显感到巨大压力。作为执法部门，他们依据法律赋予的权利代表国家行使执法权，既要体现司法的公正和廉洁、高效，又要维护债权人、债务人的合法权益，既要考虑法律的尊严，又要考虑社会稳定，担子不谓不重。司法强制拍卖实际上是司法强制执行工作的重要组成部分，尤其是进入变现阶段，拍卖结果将直接影响到案件的审结速度与审结质量，因此选择符合条件的拍卖公司来主持拍卖活动，显得十分重要。

此案例,虹口区人民法院排除各种干扰,抵制了来自各方的招呼甚至领导部门的压力,由专家组通过考核选择拍卖机构,这一更为科学、公正的做法,无疑是一种创新,其意义巨大。

首先,排除了种种干扰,甚至排除了法院内部对拍卖行先入为主的影响。程序的公正,确保了拍卖活动的公正。邀请社会及政府管理部门的人员组成考评小组并由其对拍卖机构进行严格考评,改变了委托阶段法院与拍卖机构接触过度可能造成不良结果的问题,是一种进步,它或许会成为以后司法委托拍卖改革的先行者和样板。

其次,拍卖公司作为中介服务机构,长期以来,以其中介功能为发展经济,提高法院司法强制执行涉案标的处置质量等方面做了贡献。但不可否认,在市场经济条件下,拍卖行可谓良莠不分、参差不齐,选择好了一家拍卖行,对于案件的处置是保障,反之则可能造成负面影响。鉴于此,虹口区人民法院在处置重大、烦琐的执行标的时借助社会力量选择拍卖行,无疑是一种明智的做法。虽然由于是第一次,它可能不尽完善,但作为一种创新,决策者的胆略是值得称道的,决策过程也是值得总结、提倡的。

再次,虹口区人民法院选择大正三角地广场拍卖人的做法,对全国法院执行系统或委托拍卖的机构提供了新的思路。因为面对越来越多的中介机构、面对越来越大的压力,虽然各地法院均先后进行了改革,方式方法不断变化,但是效果不是很好。一方面案件急需了结,另一方面又要确保选对一家合适的中介机构,以保证标的处置的质量。此次虹口区人民法院在这方面进行了重大改革,并且卓有成效,这一尝试确是值得借鉴的。

虹口区人民法院选择拍卖人的改革给拍卖业带来的思考

很长一段时间以来,我国拍卖业总认为拍卖公司作为一个社会中介机构,并没有什么科技含量,没有高深的理论知识,只要有干劲、有冲劲,有与人交流沟通的本领,有较好的社会关系和较好的社会资源就可以了。有人甚至单纯、错误地认为酒量好、善交际、有关系、打招呼便可以做好拍卖,这其实是十分错误的。在信息高度发达的今天,拍卖已经完全改变了传统的做法,因为拍卖标的不再是简单的二手货、生产资料、生活资料了,房地产、机动车、科技成果、无形资产、企业股权债权等均已进入拍卖领域。在做拍卖的同时,还会冒出其他种种新问题,这些问题可能是买家的、卖家的,也可能是行业、社会的,既有技术性,又有社会性的问题,你不能理解它、疏通它,你又怎能去妥善处理它?委托方绝不会轻易地把一件价值巨大、案情复杂的标的委托给一家一问三不知的拍卖公司来担纲拍卖的。这就要求拍卖公司的经理、从业人员不但要有人格魅力,也要成为专家,不但能运筹帷幄,长袖善舞,更要成为经略全盘的通才,否则你就不能带领好你的拍卖公司、你的团队走向胜利的彼岸,实现可持续发展。遗憾的是,现在我们行业内大多数人包括经理层对此并不太重视,要么满足于眼前的辉煌,小富即安,要么对面前的竞争束手无策,埋怨社会、埋怨委托方、埋怨同行。对此,虹口区人民法院的做法不啻给拍卖行业上了一堂生动的课。

不可否认,此次参加虹口区人民法院大正三角地广场拍卖机构招标的拍卖公司,均是上海一流的拍卖企业,在上海乃至全国均有一定的知名度。为了争取这一价值巨大的标的委托,各拍卖公司均不敢掉以轻心,之前均做了大量的调查研究工作,包括现场勘察、市场调查、资料收集、投资分析、市场营销,工作的范围与质量均超出了拍卖公司的范围与能量。上台陈述的拍卖公司经理,都是业内久经沙场的老将,不失为谈判高手、一方面的行家里手,但他们面对的是5个工作性质覆盖了市场营销、城建规划、房地产市场、行业管理、法律法规等诸多方面的评委。评委们从自己的角度、专业出发,不断地发问,令人应答不暇,而这一切对于争取进入委托名册而言均是十分要紧的。一句话说错,都可能前功尽弃,何况这是价值4亿元以上的拍卖活动,对每个拍卖公司都不是一个小数字。如果今后上海或者全国法院在处置大型标的时,均采用这一形式的话,对拍卖行、拍卖行经理的要求显然是提高了。今天安于现状,裹足不前,明天必将被淘汰出局。因此,笔者认为,虹口区人民法院采用此种形式选择拍卖机构,给我国的拍卖业带来了以下必须思考的问题。

一是拍卖公司必须练好内功,提高服务质量,树立公司自己的品牌、差别化竞争的能力。拍卖企业的竞争，应该围绕提高服务质量、完善服务功能上进行，而不要花费在降低佣金收取标准，用在大幕背后的"诗外功夫"上，要注重公司形象、品牌建设、专业化能力这些关系企业生存的根本性的工作。

二是拍卖公司的主要负责人要迅速成为懂业务、懂市场的人，成为专才基础上的通才。应围绕目前和将来可能出现的拍卖活动，建立起自己的知识库，不但要成为拍卖专家，还要成为社会交际家、政治家、经济学家。拍卖公司要迅速改变粗放型运作的情形，要积聚人才，提高专业化运作的能力，从提高每个员工的素质、水准做起，从而达到提高整个企业运作能力的目的。

三是拍卖行业利润丰厚和孤军作战的年代已经过去，利润平均化和联合拍卖正以加速度状态走近拍卖行业，类似此次由三家拍卖公司联合的做法会越来越多。社会对拍卖行业、拍卖活动的监督力度将日益加大，拍卖行业要在社会上立稳脚跟一定要学会让利、学会合作、学会开源节流，注意形象，从一件件小事做起，并要做好做到位。

四是拍卖企业要提高自身整体运作能力，不要安于现状，要从粗放型的传统模式中走出来，尽快转轨变型，同时要学会借助社会力量，借助中介机构的功能为自己服务，以克服本身专业水准低和专业覆盖面不够的缺陷。

从申城首次二手房拍卖说起

二手房何以走上拍卖台

不能否认,近几年上海的房地产市场持续升温,房价一路攀升。由于市政动迁,境外及市外人士的进入并成为购房主力,上海的房地产市场异常火热已是不争的事实。社会形形色色,由于收入和消费意识的不同,抑或是作为一种投资理财的渠道,近几年来,上海的二手房交易可谓风起云生。自 2001 年交易量突破 1400 万平方米以后,一直以较快速度增长,业内人士认为,上海二手房交易量超过一手房只是时间问题。

有人因售后公房住得不舒适,须改善住房条件,手中的钱却又不够,因此只能买一套二手房;有人因市政动迁,动迁房位置较远却又想住在市区,目标也可能是一套二手房;有人手中有不少闲钱却又苦无投资方向,看到房地产市场持续走热,于是想购一两套二手房用以出租。作为市场的另一面,不少人却因为种种原因打算出让住房,筹集资金去进行其他投资。较长一段时间里,卖家、买家要么自己寻找上家下家,要么委托中介机构代理交易。

作为中介机构的拍卖公司盯住二手房市场还是这一两年的事。随着上海二手房市场逐渐走上轨道并形成气候,当房地产中介开始在全市各个角落布局、设定网点的时候，上海国拍已经感觉到房地产市场的脉动。经过长期的考察，2003 年初，公司决心进入二手房市场，并且迈出了第一步。从 4 月 1 日开始，上海国拍在立体媒体推出滚动广告，通过无线电波，向市民传递了进军二手房的信息。几乎同时，公司在平面媒体上也不断推出广告，宣传拍卖的特点、优势，宣传二手房拍卖。在公司自己的网络、刊物上也刊出大量二手房拍卖的消息，包括流程、收费标准等，向近万名客户寄发了类似资料。公司二手房拍卖的广告语上了出租车，而出租车带着广告满城跑。一时间，"要拍卖找国拍"、"卖房买房找国拍"成了申城街头热门话题。拍卖公司跻身二手房市场是一件新鲜事，风乍起，吹皱一池水，对上海国拍这一举动最早有反应的是市民和媒体。

从 4 月初起，就开始有市民到拍卖公司来洽谈委托拍卖自己所有的产权房，到中旬已有近 20 套房产签了拍卖协议，有近 30 套仍在进一步磋商、磨合之中。

此时"SARS"（非典）已经开始由广东侵入华东地区，上海也受到了影响，城市空气骤然紧张，防范措施相继出台，人们开始在政府领导下有序地抗衡这一新病毒的袭击。商机已经来临，机不可失、时不再来，审时度势，上海国拍抢在政府实施限制人群集中的措施前，于 4 月 22 日下午在四星级上海南新雅美华达大酒店 5 楼举行了首场市场委托的二手房拍卖会。

11 套由市民委托的产权房走上了拍卖台。拍卖前，公司开出看房单近 300 份；拍卖时，有近 80 名市民领取号牌。位于徐汇区桂林路 565 号明佳公寓内一套面积为 99平方米的住宅，从每平方米 4650 元起拍，拍卖师把加价幅度控制在每平方米 20 元。数位竞买人举牌响应，最后在 4730 元的价位成交。这一价格，距起拍价每平方米增加了 80 元，另一套则在起拍价上成交。

整场拍卖会 11 套房产成交 2 套，流拍 9 套，首场拍卖虽然成交不尽如人意，但是，不入虎穴焉得虎子，上海国拍公司仍然感到"物"有所值。因为通过拍卖，公司了解了市民对拍卖公司介入二手房拍卖的认知程度，了解了二手房拍卖的难点。也使委托人明白，如果有"惜售"心理，拍卖时难以达到目的。同时使竞买人懂得，拍卖是一种公开交易的行为，把握机遇才能"淘"得"真金"。媒体对此场拍卖给予了高度肯定,拍卖在全国范围内引起了反响。其实,作为投石问路,首场拍卖意义却在"场外",即上海国拍就此杀入了二手房市场,再次领航行业。

二手房拍卖的市场培育

与市场经济中任何一个新的交易形式的出现、成长、壮大一样,二手房拍卖市场的形成也充满了曲折。自有了二手房交易,市场上一直是房地产中介唱主角、挑大梁,现在,拍卖公司以全新的面孔出现,挑战传统的且已有了一定市场与实力的房地产中介公司,实非一件易事。

我国的拍卖行业从 20 世纪 80 年代中期恢复以来,主要从事执法机关委托的缉私罚没物资、司法强制执行标的拍卖和政府部门及银行不良资产的拍卖,以及参与国有企业改制、资产重组等进入拍卖渠道的资产委托。虽然期间业内不少精英人物努力提倡拓展新的拍卖领域,走市场化道路,但真正要走市场化道路,其路漫漫,谈何容易。

要真正走向市场,人的思想意识、公司的经营思路、经营方式必须做重大改革,人才需要集聚,一切均要围绕市场转,要及时了解、掌握市场需要什么,委托方在想什么、需要什么,以便对症下药。法律规定拍卖公司以收取佣金为其主要经济来源,并且规定了佣金收取的比例及收取的原则。但就是因为目前佣金收取比例超出市场上中介标准,佣金收入成了拍卖行业从事社会委托、走市场化道路的拦路虎、绊脚石。

放眼传统拍卖市场,竞争日趋激烈,委托源日趋萎缩,已形成千军万马过独木桥的态势。拍卖业面临"僧多粥少",甚至"有僧无粥"的状况,不开拓市场、不寻找新的拍卖渠道,拍卖行业前景甚忧。而唯有把拍卖推向市场,使其走进社会、走近市民,拍卖才会真正形成取之不尽、用之不竭的市场。因此在目前收入尚丰,运作尚自如的情况下,拍卖行业调整思路,降低门槛,提高服务质量、增加服务品种,走进二手房市场是一次机会、一次能力检验。为了适应二手房市场,同时也为了与其他中介机构竞争,上海国拍主动把社会委托的二手房拍卖佣金比例下降到 1.5%,和中介公司持平,同时从提高服务质量上下工夫。

对于一个普通市民而言，卖出或买进一套房可能是一辈子唯一的一次。房地产是一种特殊商品，其成交并不是买家交了钱就结束了，只有办完了过户手续，才算钱物两清，拍卖成交。让市民自己去办成交后的权属转移等手续，准会吓退一批委托方和买受人。为此，上海国拍表示，成交后这一切琐事均由公司负责办理，免费一条龙服务。这不但显示了上海国拍的整体实力，更证明了上海国拍走向市场的决心。

就整个行业讲，中国的拍卖业除开法定拍卖必须发布的拍卖公告外，几乎鲜有拍卖公司进行形象宣传的，因此也造成了拍卖无法被更多的市民所了解，从而无法深入到社会和市民之中的现象。拍卖二手房，正确的道路就是市场的培育首先从拍卖行业自身开始。

作为二手房拍卖的重要一方，即委托方，如何正确确定委托拍卖底价，不要"惜售"，调整好委托人的心理价位，也是市场培育的重要内容。

一套属于自己的房产，绝大多数人把它看得比较重，同时还担心拍卖行将它低价拍出去，为了保护自己，同时也为了得到最大收益，委托人往往把底价定得很高，造成拍卖时无人响应而流标。对于底价确定，拍卖法规定底价由委托人定，拍卖公司只能提供参考意见，从而使处于市场第一线、较透彻了解市场行情的拍卖公司失去了决定权。事实证明，脱离市场实际的价位，从一开始就可能吓跑了买家。如一把沙发，弹簧压得低，反弹就大，如果为了好看、省力，弹簧不捆扎，看上去很丰满，但坐不了多久，便坑坑洼洼，失去了往日风采和功用。而拥有恰当的底价，且把升值空间留给买家，其结果往往相反，通过竞价常常有意外惊喜出现，这已是不争的事实，但需要宣传。市民有房委托，这就说明他有现金需求，或购房或投资或作他用，因此确保其变现是首位，即便价位稍低一些，但因为能够及时变现，回笼了资金，抓住了其他的投资机会，或在合适的时间、合适的价位购买了自己需要的东西，其实也是值得的。这叫"堤外损失堤内补"，变不了现，一切都是空谈。委托人也应明白，拍卖行收取的是佣金，价格拍得越高，水涨船高，其收取的佣金的绝对数也会相应增加，拍卖行也盼望拍一个好价位，它的利益其实与委托人是捆在一起的。关键是要找到一个品牌好、讲信誉,运作能力强的拍卖行,放心让它去实施,自己则可以在拍卖会举行时到现场监督,以观其行。拍卖的交易是公开、透明的,其招商力度大,众多买家在同一时间展开竞价,成交的速度、价格都是其他中介机构所欠缺的。心理价位过高是道坎,市民既然想好了要走拍卖的道路,就应该调整好自己的心理状态。

与委托方相对应地,买家认为拍卖行是"淘金"、"捡皮夹子"的地方,因此在拍卖会上迟迟不肯出手,以致错失了机会。买家的谨慎与卖家的"惜售"形成了一对矛盾。

拍卖会上有"金"可"淘"是事实,但并非时时有金可淘。几年前,当司法强制执行委托拍卖的房地产出现在拍卖台上时,上海市民普遍反应冷淡,以致每次拍卖均有不少流标,而一些目光敏锐者却适时抓住了机遇,成了赢家。如今时过境迁,出现在拍卖台上独立成套的产权房越来越少,与当前的市场交易成正比,成交价也日益攀升,市民到拍卖会上淘金的机会越来越少。二手房拍卖,好不容易选中一套,若不抓住机遇,你不举牌人家举牌,即便流标了,委托人也不愿再降价,将房地产收回,你就失去了机会。既然看中,只要价格合适,该出手时就出手,才是正确的选择。因此,在委托人应调整好心理的同时,竞买人也应调整心态。市场的培育除开拍卖行外,上家下家都应努力。

上海国拍的努力和实践终于引起了媒体和社会的关注。一段时间以来,上海不少媒体围绕二手房拍卖展开了热烈讨论,给予了高度肯定和殷切的期望。上海国拍公司的努力和实践终于引起了房产中介商的注意,虽然不少中介商对此不屑一顾,认为以上海国拍处置二手房的容量和拍卖行操作程序上存在固有的缺陷,要夺中介机构的饭碗有相当难度,狼来的时间尚早。但也有一些中介机构开始警觉,并采取应对措施。有趣的是,上海某媒体将拍卖公司与二手房中介机构的运作方式进行了比较,并且逐项打分,最后拍卖公司以比分 4∶3 胜出。这可能是一种昭示,更可能是一种期望。尽管目前二手房拍卖步履艰难,而拍卖行业从传统委托中杀出一条血路需要有人开路、有人牺牲。作为一个完全市场化的拍卖领域,它的前景是波澜壮阔的,道路却是坎坷的,但是,上海国拍培育市场的决心没有减弱,市场的博弈仍在进行之中。

上海首次产权式酒店拍卖

汽笛一声长鸣,豪华游轮"双拥号"缓缓驶离位于北外滩的黄浦路码头,向灯光璀璨、霓虹闪烁的外滩驶去。上海首次产权式酒店及办公房拍卖会即将在"双拥号"游轮上进行,因此此次航行,对于不少人来说意义非常。

近几年来,随着一手楼盘、商铺销售从高潮迭起到相继趋于平静之后,产权式公寓、酒店式公寓异军突起,成为新一轮投资的热点。由于回报稳定且较为丰厚,从而吸引了不少投资者解囊向相。

世福·中福现代城是由上海金福外滩置业有限公司投资建设,位于黄浦区山东中路临近延安东路处,与五星级威斯汀大酒店隔一条河南路,东邻外滩金融区核心地带,西望人民广场,北近"中华第一街"南京东路,南傍豫园商城,地理位置和区域优势不可复制。很长一段时间里,上海各主要商业中心区域内的高星级酒店的入住率居高不下,可以看出无论是商务客还是旅游客,都喜欢选择市中心繁华区内的酒店居住。世福汇·中福现代城的区位优势因此十分显著。

作为开发商,上海金福外滩置业有限公司在销售形势看好的情况下,大胆作出决策,拿出10套产权房采用拍卖形式进行销售,其中3套为豪华景观房,3套行政套房,4套为办公套房。3套景观房位置很好,凭窗可看到小陆家嘴地区及外滩、北外滩地区的景观,也是该楼盘仅剩的3套豪华景观房。选择拍卖显示了开发商的胆略和市场意识。

船行至南外滩江段，拍卖在二楼大厅拉开帷幕，近30位买家与登上游船的沪上十余家媒体的记者已将会场挤得满满当当。拍卖师走上拍卖台，此时船外波光帆影，黄浦江水轻轻拍着船体，一派歌舞升平景象，而船舱内却槌起槌落，没有刀光剑影却充满激烈搏杀氛围。上海首次产权式酒店公寓拍卖火药味很是浓烈，其中第2号拍品，一套位于顶层的豪华景观房的拍卖形成了高潮。这一景观房面积为98.29平方米，拍卖师以221万元的价位起拍，加价幅度为每次2万元，场上号牌便不断举起。一番竞争后，拍卖师把加价幅度由2万元减至1万元，价格仍扶摇而上。直到259万元，竞争才宣告停止，此时，拍卖师的落槌价已超过底价38万元，拍卖结果引起阵阵掌声。船行江上，申城夜景不断闪现在船窗，场内的竞拍使人们忘记了窗外的浦江美景。一个多小时后，拍卖会结束，全部10套产权房成交8套，总成交额达993万元。槌声甫停，游船归航，已稳稳停妥在黄浦路码头。

作为拍卖的主办方的上海国拍从8月份起全面进军二手房拍卖，并在实践中不断调整思路与策略，调整佣金收取标准，提供拍卖后免费一条龙过户手续，协助买家办理银行商业贷款和典当质押手续，使自己的工作方式更适合市场需要，并由此起步进入一手房市场，成功主持了上海奥林匹克花园一期14套样板房和上海博佳花园14套商铺的拍卖，均取得了可喜成绩。此次又挥槌拍卖产权式酒店，至此，公司的拍卖触角已经涉及了房地产所有领域，全面进入了房地产市场，取得了宝贵的实践经验。

此场产权式酒店拍卖实践证明，目前沪上产权式酒店供应量增加、选择余地大，面对同质产品，投资者在购买前更加关注性价比。同时，除开地段、楼盘品质、回报率、回报的稳定性及开发商的品牌、价位等因素之外，销售形式的改革也被提上议事日程，在此形势下，拍卖行业有了用武之地。因为作为一种完全市场化的交易方式，在酒店式公寓转让时，拍卖不失为一个好的思路。此次拍卖实践证明上海金福外滩置业有限公司和上海同策房产咨询有限公司的决策是正确的。而上海国拍再次用实际行动和成功案例，证明了拍卖进入房地产市场的可行性。

本次拍卖会的另一个意外收获是，由于改变了传统的、在固定会场进行的做法，拍卖会开到了行驶中的游轮上。流动、嘈杂、时间难以控制等问题对拍卖公司和拍卖师都是一种考验，此次拍卖使得上海国拍经受了一次严格的考验，提高了其在各种环境下工作的能力和适应能力。

自主开发形成核心竞争力
——上海市机动车上牌额度投标拍卖管理系统项目论证纪实

由上海国拍自主开发的上海市机动车上牌额度投标拍卖管理系统项目,2003 年 8 月 29 日下午在上海威斯汀大饭店进行专家鉴定。与会专家一致认为该投标拍卖系统充分运用了网络技术,方便了市民,符合运用高科技手段、运用网络技术发展经济的目的,设计周密、安全、超前。经过认真审查,专家组一致同意通过鉴定,中国拍卖行业真正意义上的网上拍卖管理系统由此诞生。上海市机动车上牌额度投标拍卖管理系统的开发、使用,是我国拍卖发展史上一项标志性成果,对于行业在信息化背景下的发展具有里程碑意义。

结合上海城市特点,上海市政府为控制车辆投放、有序发展机动车消费,采取了"总量调控、有序发展"的政策,对中心城区小型客车增量进行控制,并采用拍卖方式配置小型客车上牌额度。上海国拍作为政府指定的拍卖机构,从1994 年起,承担车辆上牌额度拍卖工作,至今已近 10 年。近年来,上海私车需求量增加,为适应这一需要,上牌额度发放向私营企业、私人倾斜,参与上牌额度投标人数大幅度增加。为适应形势,上海国拍确立了开发网上拍卖系统以顺应额度需求扩大的宗旨。经上海市计划委员会同意,上海国拍于 2002 年 10 月成立了上海市机动车上牌额度投标拍卖管理系统项目开发组,聘请上海微创软件有限公司(简称微创)作为项目开发技术顾问,开始了全面采用互联网技术进行投标拍卖的研发工作。通过紧张而有序的研究,终于开发成功,并进行了反复测试、试用、改进。于2003年3月系统开始正式投入使用,至论证会前该系统已正常运行了6个月。

为了确保项目的权威性和可操作性,上海国拍申请召开网上拍卖系统专家鉴定会,得到市政府主管部门的批准。8月29日技术鉴定会正式召开,鉴定会聘请了上海计算机协会理事长施佰乐教授、上海市软件行业协会理事长朱三元教授、上海交通大学白英彩教授、上海市信息管理办公室处长牛树国博士、中国软件行业协会前副理事长孙元鸿教授等组成专家评审组。上海市发展和改革委员会副总经济师王思政,贸易发展处处长李兆杰、李炜,上海市公安局网络信息安全监察处处长周海健、上海市公证处副主任顾佩芳、上海微创软件有限公司首席执行官王晔、安氏互联网安全系统(中国)有限公司(简称安氏)上海分公司副总经理等政府管理部门和协作单位有关人员出席了会议。

会上,投标拍卖管理系统项目开发组提供了全套的技术开发文件供专家审阅,这些文件包括软件需求说明书、软件设计说明书、系统安全设计说明书、系统测试说明书、软件使用说明书等。专家们认真听取了系统开发的总结和技术报告,审阅了全部文档,观看了系统实际演示,经过认真讨论,一致同意通过鉴定。

专家们认为,车辆上牌额度拍卖管理系统的应用软件平台是上海国际商品拍卖有限公司自行开发,具有自主知识产权。在开发中,全面贯彻了市政府新增机动车"总量控制、有序发展"的政策,为适应广大市民购买小汽车需求的快速增长,基于网络和计算机技术,使整个人工操作的拍卖流程通过所编写的应用软件实现网上拍卖,拍卖方式基本做到了快速、高效、公正、合理、安全、可靠。

该系统设计遵循软件工程方法,功能模块需求分析清楚,各类文档较为完整,多层次、多种安全设计措施使得拍卖管理系统在实际投标拍卖中使投标者放心;系统性能和功能测试数据表明其结果符合要求,实际处理能力远大于现场人工操作,且准确、无误。

该系统经过6次、26100份上牌额度实际拍卖运行、使用证明:系统正式投入应用后的社会效益和经济效益明显,能满足上海机动车上牌额度较大批量拍卖实际的需要。因为该应用系统是我国拍卖行业的第一个拍卖信息管理软件，所以它的开发成功对上海、对全国拍卖行业实现以网络经营为重要的销售模式起开创性的促进作用。

这一系统突出的特点是在实际使用过程中的大协作。项目的委托方是上海市发展和改革委员会，承办方是上海国拍，有微创和安氏参与，开发过程充分体现了优势互补的精神，充分利用了相关公司的技术特长；实际使用过程中为体现公开、公正、公平的原则，由公安局和公证处现场监管。大协作充分保证了应用技术的前瞻性、拍卖过程的公正性和运营过程的安全性。

与会各位专家一致认为，该系统能满足用户的需要，同时建议应充分注重该系统的安全性问题，加强内部信息监管、审计、备份等方面的建设。

与会有关方面领导做了重要讲话，周海健和李兆杰两位处长在讲话中认为，上海市机动车上牌额度投标拍卖管理系统设计周密、安全可靠，但同时也希望进一步提高防范能力，有效保障系统运行的安全。

王思政副总经济师在讲话中重申，上海市机动车上牌额度投标拍卖管理系统的研发，符合上海科技兴市、建设世界城市、提高经济生活中网络技术含量的要求，开了全国拍卖业先河。他认为，项目通过论证仅是证明度过了"婴儿期"，今后的任务更重，希望各方再作努力，以确保网上拍卖的安全性、公正性不断得到完善，以提高机动车上牌额度投标拍卖工作在市民中的公信力，从而提高参与率，真正体现更好地服务于市民的宗旨。他要求上海国拍在此基础上进一步研发，向最终实现网上支付这一电子商务形式迈进。同时，由于项目应用的特殊性，市场情况不断变化和政府监管要求的提高，对系统的改进和发展会产生不同于一般技术项目的要求，上牌额度拍卖系统需要及时根据外部环境变化和管理要求不断地适应和改进。对此，项目开发组应充分认识，不断学习和提高，以适应发展的需要。

记交通银行不良资产拍卖

没有业务委托,拍卖公司日子难过;业务来了,而且数量巨大,但是标的所处分散、处置时间短、要求高,拍卖公司日子也会"难过"。然而,上海国拍却以严谨、高效的管理,从容调度、运作遍及全国的银行不良资产拍卖,打了一场场战役,留下了一个个拍卖经典。从2003年起的交通银行总行系统不良资产拍卖是上海国拍众多拍卖实践中颇有特点和影响力的案例之一。

交通银行资产拍卖主要有以下特点。

资产分布高度分散

作为全国性的金融机构,交通银行需要处置的资产涉及地区广阔,几乎覆盖了大半个中国。从2003年年底到2012年4月,为了处置这些资产,上海国拍业务员的足迹遍及北京、上海、重庆、天津4个直辖市,以及湖北省武汉、宜昌、鄂州,广东省广州、深圳、汕头、揭阳、珠海、佛山、中山、惠州、汕头、江门,广西壮族自治区南宁、桂林、北海、柳州,福建省厦门,云南省昆明、楚雄、玉溪,贵州省贵阳、遵义、安顺,浙江省杭州、宁波、湖州、绍兴、诸暨、上虞、新昌,安徽省蚌埠、合肥、芜湖、安庆,湖南省岳阳、河南省洛阳、郑州,甘肃省兰州,陕西省西安,辽宁省沈阳、大连、鞍山、辽阳、抚顺、营口、西平、锦州、辽源,吉林省长春、延边、丹东、吉林,河北省石家庄、唐山、北戴河,黑龙江省哈尔滨、齐齐哈尔、黑河、大庆,江苏省南京、扬州、苏州、镇江、泰州、无锡、常州、徐州、连云港、江阴、南通、张家港、靖江,江西省景德镇、新余,四川省成都、温江、自贡、攀枝花、广元,山东省济南、青岛、烟台、潍坊、泰安、济宁、淄博、威海,海南省海口、三亚等约87个城市及地区。因为由总行统一委托,整个拍卖活动涉及区域之广、标的之多,在我国金融资产处置史上尚无先例。一家拍卖公司,在几乎同一个时间里,在如此宽泛的区域内组织拍卖活动,在我国拍卖史上同样尚无先例,在公司发展史上也是前所未有的。上海国拍很好地完成了拍卖任务,这不能不说是奇迹。

采取合作和组成工作组独立展开工作的对策

为了及时完成交通银行委托的资产处置任务,上海国拍采取了十分灵活的措施,及时应对。虽然公司在国内综合性拍卖公司中已经属于规模最大、业务员数量最多,业务员能力普遍较强的企业,但是在短时间里,同时在几十个城市展开拍卖活动,实事求是讲,仍然有很多困难。为此,上海国拍采取了两条腿走路的办法:一是挖掘公司内部潜力,通过培训,选拔适合做业务的人员上岗,以老带新,一个城市两人搭配。在不影响公司其他正常业务的情况下,公司同时派出十余个工作组,同时到达全国各地展开工作;二是充分凭借公司与全国各地拍卖行业同人的良好关系,通过考察,在标的所在地寻找合作伙伴,走优势互补、联合拍卖的道路。事实证明,这一做法是十分明智的。因为,当地拍卖企业熟悉情况,并且贴近市场,对标的物了解的手段很多,与当地政府有关部门联系渠道比较通畅。他们缺少的是委托资源和规范性运作的能力,而这些正好是上海国拍的优势。远距离工作,对标的的市场调查的清晰度不足,当地政策规定的了解、与政府管理部门的协调,尤其是当出现新的或者突发事情时,应变速度不快等则又是上海国拍的弱项,合作解决了这些问题。每次遇到超大范围内资产处置,上海国拍工作组与当地合作伙伴第一时间到达标的所在地,迅速展开调查、协调和组织拍卖会,既分工又合作,形成了十分科学、严谨的工作方式。这一合作模式成为行业联合拍卖、优势互补、互惠互利的典范。

开创了"手拉手"工作方法

作为金融资产处置,评估是拍卖的前置条件,但是,抛开评估方式其结果的合理性有多少不说,评估公司、评估人员的专业水准、其评估的价格究竟是否符合客观现实等都是无法绕开的问题,况且参与交通银行资产处置资产评估机构也是面向全国招标。与拍卖公司一样,统一委托,便于委托人管理、提高工作效率,而且运作标准全国统一,这是优势。不熟悉情况、远距离工作则是弱项,而评估公司一般规模不大,人员有限,因此评估的速度受到影响。由于处置的时间紧,评估质量高低直接影响拍卖成交率,而多次拍卖甚至不能成交,会影响处置速度。而且,评估价是不是符合资产的实际情况,也不是一家能说了算。为了提高效率,也为了使资产价值能够得到合理体现,减少不必要的浪费,包括时间浪费、运行成本浪费,上海国拍凭借丰富的实践经验,在法律法规框架内,提出了"手拉手"工作法。

这个工作方法的具体做法是:作为依法设立的评估公司,其评估结果具有法律效力,接受委托后,评估公司应该派出工作人员前往标的所在地对标的进行评估。

拍卖公司处于市场第一线,对市场的把握程度高,出于行业交易特点,拍卖公司对标的的来源、权属、瑕疵了解得特别详细,提出的价格更接近市场变现的价位,但是其不具备评估的资格。如果让其也提出一个标的的参考价,供委托方参考,作为委托方起码多了一个价格参考坐标。

作为委托方标的所在地的分支机构,对于即将处置的标的的情况、价值、瑕疵等情况应该比较了解,但是可能对市场或者拍卖程序了解不够,它也提出一个参考价,供委托人和评估机构参考。

面对三方面提出的价格,决定评估报告前,由交通银行总行资产管理部门召开价格"手拉手"会议。会上,三方各抒己见和理由,价格差距不大的,以评估机构为准,当场拍板;分歧很大的,由评估机构重新评估确定。

这一方式的优点在于,因为需要当场体现专业水准,三方面虽然各有优势,但都不敢随意、草率。于是会议前三方面都非常认真地到达标的所在地做足功课，因此会议质量非常高，效果非常好。事实证明，这一工作方法对于提高资产处置质量、加快资产处置速度、减少资产处置成本有实际作用，上海国拍应该对此感到骄傲。

从 2003 年 12 月 19 日至 2012 年 4 月，上海国拍作为交通银行总行指定的拍卖机构，驰骋全国，拍卖其位于全国各地的抵债资产。通过与合作伙伴的努力，公司在顺利完成资产处置工作的同时，提高了大区域、多城市、复杂标的拍卖运作的能力，创造了一个个行业拍卖经典，积累了丰富的金融资产处置经验，在自己周围凝聚了买家市场，加深了对资产处置的思路、程序、要求的理解，为以后类似资产处置打下了良好基础。

复旦百年校庆义拍掀热浪

上海国拍成长不忘社会关心，发展不忘回报社会，围绕行业特点，发挥企业优势，进行慈善活动是上海国拍的一项常规工作。除了多次主持上海地区影响最广、规模最大的"蓝天下的至爱"慈善拍卖活动之外，公司经常性主持各种形式的慈善义拍，用自己的实际行动帮助社会上的弱势群体。为复旦大学百年校庆举行慈善义拍，就是其中的一次。

义拍的创意和发起

2004年，正值复旦大学诞生百年，为了组织好学校百年校庆活动，复旦大学校庆组织者计划在校庆活动中增加一次慈善拍卖，以筹措部分经费补贴校庆活动，不给国家和学校增加负担。义拍活动由沪上知名媒体《理财周刊》发起和组织，全部拍品均由复旦大学校庆办征集。这一创意得到了复旦大学教职员工、校友的热烈响应，短时间里就征集到58件拍品。乐意从事慈善拍卖的上海国拍从拍卖活动的创意开始就主动介入，并且成为义拍的主持者。

12月12日，复旦大学百年校庆珍品义拍会在上海展览中心举行。复旦大学是国内新闻工作者的摇篮，从这里毕业的学生，遍及世界。尤其在上海，大多数媒体由复旦大学学生担纲主力。因此，从拍品征集、招商、拍卖会布置、领导邀请到竞买人召集,几乎都有新闻记者的身影,仿佛全上海的媒体都在行动,尤其是拍卖会现场,新闻记者与竞买人几乎难分彼此。上海各大媒体如上海电视台、东方电视台、《解放日报》、《文汇报》、《新民晚报》、《新闻晨报》、《青年报》、东方网等纷纷对此进行报道,慈善拍卖成了媒体同仁见面、交流献爱心的盛会。

有水准的女拍卖师

由于是慈善拍卖,同时,绝大多数竞买人与复旦大学有关,甚至有几代人的渊源,可谓感情深厚。虽然拍卖会办理了竞买登记的只有 82 人,但不少在场的记者仍然跃跃欲试。拍卖师审时度势,一改以往由拍卖师主导竞价的"无声拍卖"的报价方式,而是采取更为活跃的"无声拍卖"和"有声拍卖"相结合的报价方式,即拍卖师可以报价,竞买人也可以自由报价。这种较为宽松活泼、互动的竞拍形式,使得拍卖会高潮此伏彼起,亮点纷呈,许多令人激动的情景让人难以忘怀。

拍卖场内,多个竞拍人围绕第 57 号拍品——复旦奠基石拓片——展开了激烈的争夺。拍卖台上,年轻的女拍卖师徐玄炫神情自若,每报出一个价格,她就把目光从一个竞买人转向另一个竞买人,向他们发出邀请。"2 万元,134 号出价 2 万元。好,183 号出价 2.1 万元……183 号出价 2.6 万元,您还要加价么?"当 183 号和 188 号两人争夺得难分伯仲时,女拍卖师用"煽动"的语气,及希望的目光投向坐在前排的 188 号竞买人。这一期盼,令 188 号难以安静和退缩,刚一出价,拍卖师的声音又响起了:"前面 188 号又出价 3.5 万元,有没有再加一口的?"于是有人再次出价,拍卖会就这样热烈地进行着。"3 万 5 第二次,还要加价吗?最后一次……成交。谢谢!"一个拍品高价成交,下一个拍品的拍卖马上又开始,又一次竞争随之展开,拍卖高潮迭起,掌声不断。

拍卖在我国还是一个新兴行业,恢复至今 20 年不到,按照《中华人民共和国拍卖法》的规定,拍卖会必须由国家注册拍卖师主持,拍卖师是拍卖行业里,法律指定的唯一的拍卖会主持人。虽然这支队伍里女性拍卖师占了一定数量,但是能够在行业内外具有较高知名度、具有较高主持水平的却不多。作为国家第五期注册拍卖师，上海国拍公司徐玄炫的主持风格和能力已经扬名行业内外。作为能同时用普通话、上海话和英文报价的女拍卖师，一年前，由她主持的世界首列投入商业运行的磁浮列车冠名权拍卖，轰动了上海和世界。此时，由于她热情奔放的主持，复旦大学校庆慈善拍卖更加的热烈、精彩了。

拍卖会上令人难忘的第一个高潮出现在第 15 号拍品——现任复旦大学党委书记秦绍德的摄影作品《旦复旦》——拍卖时。当拍卖师介绍完拍品后，有人马上出价 2000 元，几乎同时，第二个竞买人报价 1 万元，紧接着"1.1 万元"、"2 万元"、"2.5 万元"、"2.6 万元"、"3 万元"……不到一分钟，十几个竞买人相继出价，使得价格扶摇而上，全场观众都兴奋起来。最后此拍品被 188 号以 4 万元的价格拍下，掌声再次响起。

第二个高潮出现在 38 号拍品——《诗耕田》诗集的拍卖中。这套由 20 世纪 80 年代原复旦诗社几个社长捐赠的拍品装饰简陋，比较草根，原以为竞拍人会寥寥无几，想不到拍卖超乎想象，竞买人第一次出价就达 3 万元，随后价格一路高升，到 4 万元的时候，全场才静下来。拍卖师正准备举起手中的拍卖槌，场上异军突起，有人报价 5 万元，观众席中传出一阵赞叹声，接着响起一阵热烈的掌声。

经过紧张激烈的竞拍，58 件拍品悉数成交，共筹措到经费 50.4 万元，其中复旦大学著名教授伍蠡甫先生的遗作、国画《一舍小景》，经过激烈竞争，最后以 7 万元的价格成交，创下本次义拍成交最高价。

拍下 11 件拍品的复旦校友

在上海房地产行业，屠海鸣先生是知名人士；在上海众多慈善家中，屠海鸣同样是知名人士。笔者知道，屠海鸣先生本人、其父亲、母亲、弟弟和弟媳，都毕业于复旦大学。屠海鸣先生早年从复旦新闻系毕业，曾经在《解放日报》工作，其弟媳目前仍在复旦大学材料系就教，屠海鸣现在还在复旦就读 EMBA。此次拍卖，上海豪都房地产公司董事长屠海鸣频频出手，凡是他举牌应价的，都必定坚持到最后将其拍下。本次拍卖，他总共斥资 19.1 万元，拍下了 11 件拍品，还意犹未尽。拍卖结束后，屠海鸣对媒体说，他对复旦有特殊情结。

　　其实，今天的拍卖会上，不少买家与屠海鸣有一样的复旦情结，举牌竞买同样表达了对母校的感激之情。有一位竞买人一家三口全上阵并且连连出手，买下数件拍品。令人感动的是，一些到现场报道拍卖的记者，在拍卖进行之中，情不自禁地放下手中的照相机，匆匆领取号牌参与竞买，有的甚至连竞买登记也来不及办理，在拍卖进行中就举起了手，大声地报价。因为是慈善拍卖，这一在平时不能被拍卖师认可的出价，拍卖师也给予了认可及充分肯定，从而引发一阵善意、爽朗、欢快的笑声。

克莉丝汀冠名 2004 豫园新春灯会

备受社会各界关注的 2004 豫园新春民俗艺术灯会冠名权拍卖会,于 12 月 18 日上午在位于外滩金融中心的上海国拍进行。9 家企业事前进行了登记,8 家企业参加了拍卖会。这些企业来自于上海、江苏、浙江、天津等省市,其中一家为台资企业、一家为外资独资企业。经过激烈竞争,最后上海克莉丝汀食品有限公司以 235 万元的价位成为第十届豫园新春灯会的冠名权得主。

上海豫园新春灯会开办于 1995 年,至今已成功举办了 9 届。9 年来,豫园灯会坚持民俗特色,坚持面向大众,创造和推出了许多形象生动的主题灯彩,其富有个性的文化品位和艺术魅力吸引了众多海内外游客,媒体因此为之聚焦、人气因此聚集。每年从正月初一到十八,约有 540 万人次前来豫园游览、赏灯。最高峰的正月十五晚上,游客竟高达 70 余万人次,豫园新春灯会成了上海乃至华东地区新春佳节人流最大的地方。在上海这个国际化大都市,在这个中国现时最具现代化的城市里,充满了中华民族民俗传统的灯会在此植根、传承。豫园灯会成了上海这个国际大都市里一道最为奇特的风景线、一次中华民族民俗的展览会。传统与现代在这里形成巨大的反差,恰恰显示了豫园新春灯会无与伦比的传奇色彩和令人为之倾倒的魅力,也显示了上海这个城市广蓄中西古今的博大胸怀,灯会从而也形成了巨大的无形资产。

在举办第十届新春灯会前夕,灯会主办方上海豫园旅游商城股份公司决定采用市场化手段挖掘与配置灯会无形资产,公开拍卖灯会冠名权,从而改变了以往灯会广告发布单个协议招商的做法,让市场检验灯会的价值,给看好灯会的企业以公开竞争的平台与机会,充分体现了灯会决策者的胆略与超前意识。为此,主办方找到了上海国拍。

作为国内拍卖业龙头企业之一的上海国拍在行业内外素以运作能力强、操作规范著称,尤其擅长拍卖以冠名权为主的无形资产。羊年新春其主持的磁浮列车冠名权拍卖以 2090 万元落槌,创下了我国冠名权拍卖成交之最。随后主持的上海首次古树名木冠名权拍卖,再开拍卖先河,深得社会各界好评,国家建设部对此也给予高度肯定。此次该公司挟长风、裹雷电,与上海豫园旅游商城股份有限公司合作,槌指2004 豫园新春民俗艺术灯会冠名权拍卖,可谓强强联手,珠联璧合。

豫园新春灯会本身是新闻焦点,而拍卖活动与生俱来就具有新闻性。灯会冠名权拍卖的消息披露后,国内不少媒体马上表示了浓厚的兴趣。有关报道持续发表,不少企业纷纷来电咨询,现场考察。豫园公司以大将风度适时修整冠名权及广告设计方案,给投资者以更多的回报,为拍卖的成功铺平了道路。

大吉羊披五彩喜洋洋而去,俏金猴踏祥云兴冲冲而来,岁末年初的申城已是一派节日气氛。2004 年 2 月 18 日上午 10 时,拍卖会正时开始,8 家企业进入会场,30余家媒体的记者也早已找好位置,"长枪短炮"各显神通。10 时 10 分许,国家注册拍卖师詹伟进宣布拍卖开始。"起拍价 120 万元,加价幅度 10 万元。"话声刚落,坐在第一排的 275 号牌举了起来,竞争由此展开。从 120 万元到 200 万元,8 家竞买人先后举牌竞争,价位达到 200 万元之后,拍卖师将加价幅度由 10 万元一次调减为 5 万元一次,竞争仍在进行。至 210 万元,场上竞争速度开始放慢,一些竞买人在低声商量,一些竞买人在按计算机计算,一些竞买人在冷静审视考虑。突然,持 280 号牌的一位中年女性再次举牌,"215 万元"。拍卖师适时报价。话音刚落,273 号举牌,"220 万元"。280 号再次举牌,"225 万元"。273 号将价位推至 230 万元,280 号举牌,拍卖师报价"235 万元"。竞争戛然而止,拍卖师环顾场内,三声报价完毕,将手中的木槌清脆地击在台上,2004 豫园新春民俗灯会冠名权以 235 万元的价位拍卖成交,买家为上海克莉丝汀食品有限公司。

这是一家台商独资企业,在上海食品行业颇有知名度。这不但因为其有一个十分引人注目的名字,更因为该公司有一套独特的经营理念。目前公司在上海已有十数家门店,年营业额逾3亿元,触角已经伸入"长三角"地区其他城市,如嘉兴、昆山、南京、苏州等地。为了让广大市民进一步了解自己,进一步扩大企业影响,借灯会冠名,面向540万群众、众多媒体敞开胸怀,是难得的商机。今天,通过拍卖会上一番竞争,克莉丝汀无疑完成了其宣传、扩大影响四两拨千斤的战略意图。拍卖结束后,面对众多记者的提问,该公司代表坦言:"如果有人继续报价240万元,我们仍将应战。"志在必得的背后是其对灯会厚重的无形资产、巨大的人流的看好。一个很西化的企业名称,冠名一个民族风情十足的灯会,可谓中西结合,相得益彰,足以引发人们无限遐想。

无形资产是国有资产的重要组成部分,然而很长时间里,人们往往习惯于看重那些看得见、摸得着的有形资产,而忽视无形资产,使这一块资产要么沉淀在那里,要么因此流失。采用拍卖的形式配置无形资产是我国拍卖业的一项创举,也因此为资产持有者,无论是国有、集体、个人创造了巨大的财富。因为上海磁浮列车冠名权拍卖的成功,引发了一场席卷全国的冠名权拍卖热,过多的拍卖活动给人一种无形资产出让过于商业化和"滥"的感觉,社会因此对类似拍卖活动,包括作为本次无形资产高潮滥觞的磁浮列车拍卖颇有微词,其实这是以偏概全。冠名权拍卖贵在"新、奇、稀",贵在有无亮点、卖点,贵在主持类似拍卖活动的拍卖公司运作能力。2004豫园新春民俗艺术灯会冠名权拍卖在众多拍卖活动中脱颖而出,取得巨大成功,再次显示了拍卖的神奇与运作巧妙的重要性,此次拍卖也为2003年中华大地的冠名权拍卖画上了一个圆满的句号。

劳斯莱斯创车辆拍卖最高价

2004 年 9 月 10 日下午,为劳斯莱斯诞辰一百周年组织的劳斯莱斯珍藏版"百年幻影"第 35 号车在上海国拍拍卖大厅以 988 万元的价位拍卖成交。这是目前为止上海汽车交易史上成交的单辆价位最高的汽车,买家为著名调味品生产商上海太太乐调味食品有限公司。

台上一槌,台下半年功

劳斯莱斯是世界上最负盛名的车,是质量、技术、尊贵的象征。它的创始人之一桑利·莱斯曾说过:"车的价格会被人忘记,而车的质量却长久存在。"劳斯莱斯的成功得益于它一直坚持的造车艺术:精练、恒久、巨细无遗。最好的例证是自 1904 年创始至今,超过 60% 的劳斯莱斯车仍然性能良好,行驶在全世界各地,因此劳斯莱斯被誉为"行走在马路上的古董"。

随着中国改革开放的深入,国泰民安,昔日的贫困大国迅速富裕起来,购买力迅速增强。放眼世界,奔走于奢侈品市场大肆购买的中国人已经不是少数,高档豪华轿车进入我国内地的数量越来越大、品种越来越多。这一切,都让顶级豪华车巨头感受到市场的巨大潜力,纷纷大举进攻中国,劳斯莱斯即是其中之一。经过几年发展,中国目前已经成为劳斯莱斯在亚太区仅次于日本的第二大市场。2004 年底前, 劳斯莱斯在中国内地的销售目标将锁定为 50 辆,占劳斯莱斯全球销量的 5%。2003 年 10 月才上市、价格为 600 万元左右的劳斯莱斯幻影车,不到 10 个月,就已经销售了 20 辆,而目前我国内地劳斯莱斯保有量已经达到 100 多辆。深谙中国市场的富矿含量,劳斯莱斯在进入中国市场后,非常看好后市。

"百年幻影",是劳斯莱斯为纪念其一百周年而推出的限量版车,这个特殊型号的轿车全球只有 35 辆,在中国市场投放了 3 辆,上海 1 辆,为第 35 号,即最后一辆,是"百年幻影"珍藏车绝版号。考虑到该车的稀缺性和珍藏价值,劳斯莱斯决定选择采用拍卖方式并且选择了上海国拍担纲拍卖活动。

上海国拍主持拍卖的"百年幻影"第 35 号车,特别选择了蓝色和银色的油漆方案,在不同的光线下,能呈现黑、蓝、青、蓝灰、紫罗兰等 7 种不同颜色。而其车轮是在生产的任何轿车中最大的,车轮中间的劳斯莱斯双 R 标志即使在行驶期间也能一直保持竖直向上的状态。此外,劳斯莱斯还为投放中国的这 3 辆"百年幻影"特别定制了纯金和纯银版的迷情女神,更加凸显其珍贵。

上海国拍是国内最具影响力的拍卖公司,也是国内最早进行机动车拍卖的企业,拍卖范围已经覆盖了机动车的所有领域,包括新车、二手车、样车、进口展车等,具有丰富的机动车拍卖经验。接受委托后,公司十分重视,在认真了解了劳斯莱斯"百年幻影"限量版车生产和市场情况后,迅速对拍卖作出部署,尤其是对信息发布的内容、节奏、招商对象等做了精心安排,在拍卖前做足了功课,做到了心中有数。由于采集到的关于劳斯莱斯这一款式车辆的情况比较丰富,上海国拍游刃有余地进行了信息发布,从而引起了巨大反响。媒体上大块文章及豪华典雅的名车靓照,让社会为之赞叹、聚焦,一时间劳斯莱斯"百年幻影"的拍卖成为街头巷尾热议的话题之一。

心急的买家太太乐

太太乐鸡精是一种新型调味品,在海内外可谓盛名四传。其数年来在中央电视台电影频道、上海电视台美食栏目大量投入广告,宣传产品,大力进行市场推广工作。其一贯注重品牌营销和产品的高质量，使这个雀巢家庭的成员成为中国最为驰名的调味食品企业之一。虽然太太乐重视形象推广，其名称不断出现在客户面前，但该企业仍不断灵敏地捕捉机会，适时亮剑，一亮剑便形成视觉冲击。2003年早春三月，太太乐曾经雄心勃勃参加了世界上首列投入商业运营的磁浮列车冠名权拍卖。由于初涉拍坛，不了解拍卖的程序，在那场惊世骇俗的磁浮速度的竞价过程中，太太乐一时蒙住，手中的号牌举起的速度跟不上拍卖的节奏，最终未能中拍而饮恨一时。当劳斯莱斯"百年幻影"拍卖的消息一发布，与劳斯莱斯注重品牌、注重质量、追求卓越理念一致的太太乐立即对此产生了浓厚兴趣。其市场总监范智敏先生第一时间即与上海国拍取得联系，同时，公司数次派人前往展厅一睹名车风采，暗做拍卖策划。

一个多月的时间里，太太乐调查市场，准备参与竞拍的方案，甚至想到了竞拍成功后的一系列活动，可谓用心良苦。作为拍卖的主持人，上海国拍密切关注，适时传递信息，双方的联系一直处于热线之中。这一过程中，上海国拍多次提醒太太乐，围绕这一拍卖有很多文章可做，拍卖成交了后，故事可以继续延伸。

2004年9月10日下午，太太乐的代表再次出现在上海国拍公司拍卖会场，与去年相比，此次参拍阵营强大。财务总监、公关部长等共来了4位，甚至来了一位摄影师，可见他们有备而来，且准备精心。

截至拍卖前，共有3家企业与个人报名登记参加竞拍。下午3时，在众多记者的参与下，拍卖开始，拍卖师报出了"百年幻影"的起拍价，太太乐代表举起了第35号牌，媒体的"长枪短炮"顷刻对准太太乐。拍卖师环顾场内，问询有无加价，其他两位竞买人没有举牌。988万元，劳斯莱斯"百年幻影"花落太太乐，太太乐代表被淹没在记者的包围之中。其财务总监刘宪生表示，劳斯莱斯无与伦比的品牌、性能和品质将会提升太太乐的企业形象、提高企业的美誉度。刘宪生还表示，"百年幻影"将作为太太乐俱乐部的资产，展示在公司总部，给客户和消费者带去精神鼓励。

神奇的拍卖槌

　　与一年前参加拍卖静悄悄离场不同，通过成功竞买劳斯莱斯"百年幻影"限量版第 35 号车，太太乐成了新闻焦点。当天晚上沪上的电视，第二天的新闻报道，劳斯莱斯与太太乐一次次成为热点，一次次吸引人们的视线。可以这么讲，在以往数年里，太太乐虽然通过平面和立体媒体投放了大量广告，也取得了一定的宣传效果，但是与参与劳斯莱斯"百年幻影"限量版第 35 号车竞买相比，在相同的时间、相同的地点，有如此多的媒体关心、报道，使得企业、产品的影响力得到如此力度的关注，还是第一次。这对于企业而言是十分震撼的。虽然花了千万元的人民币，但是，除了实实在在得到了一辆具有收藏价值的世界顶级名车，能用、能收藏、能展示外，还可以围绕它展开一系列活动，真正物有所值。劳斯莱斯"百年幻影"限量版第 35 号车拍卖的实践再一次证明了拍卖活动具有巨大的轰动效应，组织运作得法，对于企业、对于产品的宣传可以起到四两拨千斤的作用。尽管拍卖会上没有出现多人多轮竞价的局面，但是，在当时，上海市中心一套豪宅的价格不到 300 万元，该车的价格已经够惊人了。

　　事实证明，上海国拍对太太乐拍卖成交以后的动作的推断和建议是正确的。因为虽然拍卖已经结束，但是名车尚未移交，善于策划、精于运作的太太乐已经派出团队围绕此次拍卖大做文章。公司办公大楼底楼大厅供劳斯莱斯展览的玻璃房开始修建，车辆移交进厂仪式在策划，媒体在邀请……10 月 18 日，在上海曹安路上的太太乐工厂，隆重举行了一场"将劳斯莱斯献给消费者暨消费者劳斯莱斯第一乘"仪式。劳斯莱斯汽车(内地及香港公司)董事、总经理黄文伟先生亲自把劳斯莱斯"百年幻影"第 35 号的钥匙交到太太乐消费者俱乐部经理手中。随后，在一片礼乐声中，开始了劳斯莱斯"第一乘"活动，太太乐消费者、经销商、企业优秀员工代表、公司总经理荣耀中、黄文伟等一起，开车绕厂一周。媒体再次报道了这一活动。太太乐是聪明的，拍卖搭起来的这一无形桥梁，使企业唱起了大风歌，怪不得《解放日报》发表傅兰韫的署名文章称："拍卖，是一种汽车时尚。"可以相信，从今往后，无数的人谈到车就会想到劳斯莱斯，谈到劳斯莱斯就会想到太太乐。

原汤恩伯别墅拍卖纪实

2004 年 12 月 9 日下午，令人关注的原国民党将领汤恩伯别墅在上海国际商品拍卖有限公司拍卖成交，成交额为 2600 万元，买家是上海一家企业。房地产专家认为，具有法国新古典主义风格的花园别墅拍卖取得了轰动效应，成为沪上老别墅拍卖少有的成功案例，拍卖结果为今后上海名人豪宅的交易给出了一个市场参考价。

原国民党高级将领汤恩伯所居住过的别墅，位于上海市虹口区多伦路文化名人街一侧。该别墅由广东南海商人贺守华在 20 世纪 20 年代投资建设，建筑面积 1202.36 平方米，占地面积 1152 平方米，主楼三层。抗战胜利后，汤恩伯作为国民党第三方面军总司令，从湖南芷江飞抵上海，负责南京、上海地区侵华日军的投降事宜。在此期间，他接收了位于多伦路志安坊 35 号的这幢别墅，作为自己的居住地，因此人称"汤公馆"。之后，汤将该别墅赠给其恩师、原台湾省行政长官、当时的浙江省主席陈仪作为居所。该别墅西面是有"小诸葛"之称、原国民党另一高级将领白崇禧的别墅。汤恩伯别墅交通便利，园中树木苍翠，闹中取静。

汤恩伯为陈仪所一手提携，早年得陈资助和举荐，赴日本求学和步入国民党军队高层，并娶其外甥女黄竞白为妻。1949 年初，解放军兵临长江北岸，渡江作战已经箭在弦上，上海即将解放已成事实。其时，陈仪派外甥丁名楠带着自己的亲笔信到上海，策动当时身为京沪警备司令的汤恩伯起义，不料反被出卖。在这所房子里，陈仪被蒋介石逮捕，后押至台湾被害。

"汤公馆"整栋建筑属法国新古典主义风格,红墙配白色的口部,窗套以及入口二层高、变形的科林斯巨柱显得分外壮观华丽。该建筑平面呈"门"字形,对称排列,朝南正门有四根巨柱,两侧有凹进的白色大理石雕刻而成的半圆形壁龛。门廊上部为二层露台,铸铁栏杆图案典雅精美,整幢建筑结构挺拔、雕梁画栋、气势恢宏。

虹口曾是我国近代文化的发源地之一。这里文化巨擘荟萃、多元文化交融,鲁迅等中外文化名人在此居住、生活、写作、社交,使得虹口成为我国近代史上的精神高原、文化绿洲,仅多伦路一条街就曾经先后居住过 35 位文化名人。除了这些人文景观外,虹口的建筑同样闪烁着历史的光芒,成为不可多得的"万国建筑博物馆"。其中多伦路更具有不可替代的位置。从"孔公馆"、"鸿德堂"到"汤恩伯别墅"、"白崇禧别墅",这些或中或西或中西合璧的建筑,至今仍然是上海这个城市的宝贵财富、海派文化的重要标志。

改革开放后,多伦路建成文化名人一条街。1999 年,"汤公馆"成为上海金泉纸币博物馆。

金泉钱币博物馆,是一家颇具规模的古钱币博物馆,收集着上万古钱币,是名人街上较为重要的文化景点。一楼、二楼陈列各式古钱币,免费向游人开放。全馆的钱币展品共分为十大部分,有八千余品种,上万枚钱币。如果把这些金币、银饼、银元宝和各式古钱过磅,重量可达 10 吨之多。馆藏珍品除了青铜铸币鼻祖"保德铜贝"、"金代小额铜钞版"、明代郑和下西洋时从海外带回来的五十两金锭外,还有创中国古钱币拍卖天价,耗资 27.5 万元购回的"咸丰通宝大清壹佰"。这枚钱币集国号、年号、铸局、纪值于一身,被钱币收藏界人士誉为"清钱之王"。金泉钱币博物馆由于业主涉及经济纠纷,被陕西省西安市中级人民法院查封并委托拍卖。

因为属于异地执行,为了使拍卖顺利进行,需要寻找一家上海的拍卖公司主持拍卖活动。鉴于上海国拍丰富的司法拍卖的经验和良好的经营记录,经过严格的考察,执行法院决定委托上海国拍进行拍卖。

2004 年 12 月 15 日下午 2 时 30 分,拍卖会在位于外滩金融中心的上海国拍三楼拍卖大厅进行,西安中级人民法院执行庭法官现场监督,有 3 家上海企业在拍卖会前登记并交纳了竞买保证金,领取号牌参与拍卖。拍卖师宣布完拍卖须知后,打开法院确定的拍卖保留价密封件,然后进行拍卖。由于当时上海的房地产市场处于起步阶段,老别墅,尤其是著名别墅交易很少,即便有也是私下协议转让,公开拍卖尚无成功案例,价格是个谜。同时,购买价值如此巨大的别墅,尤其是司法强制拍卖,拍卖成交后,买家必须在规定的短时间里足额支付成交价款,这无论对谁都是严峻的考验。因此,拍卖师宣布 2600 万元的起拍价后,三位竞买人并没有很快举牌响应,而是认真地进行商量。拍卖师非常详细地介绍着别墅所处环境、投资价值。数分钟后,持 211 号牌的竞买人举起了号牌,拍卖师随着报出加价幅度,每次为 100 万元,但是,拍卖会现场没有人再响应,最终,211 号竞买人以起拍价买受了"汤恩伯别墅"。这一拍卖虽然没有激烈竞争,但是拍卖的成功,为上海提供了老别墅市场参考价,同时,开启了上海历史名人别墅、住宅拍卖的先河。

拍卖行成为上海市民购房重要阵地

　　到拍卖会上买房正逐渐成为上海市民的共识,有越来越多的市民开始关注房地产拍卖,不少市民亲历拍卖会,并从中尝到了甜头。在开发商那儿或二级市场上,经讨价还价,每平方米少 100 元,你已是千谢万谢了。而差不多的地段、差不多的楼盘,在拍卖会上少支出房价的 10%~20%是正常的事。这一差价对于绝大多数市民来讲,无疑是极具诱惑力的。因此,时下申城诸如上海国拍等房地产拍卖较为频繁的公司,每遇房地产拍卖,会场总是挤满了人。买与不买,市民们高兴而来,兴奋而归,房地产拍卖已然成为上海市场的一道新景观。

房地产拍卖吸引人的原因

　　一是所拍房产价位明显低于市场价。目前上海拍卖的房地产主要来自司法强制执行,而司法强制执行处理的资产,变现是前提,因此在确定拍卖底价时水分几乎是拧干净的, 价位低是其最大特点。不久前上海国拍拍卖浦东灵山路一建筑面积为 151.43 平方米的外销产权房, 当时市场报价每平方米在 6000 元以上, 拍卖会上以 4700 元拍定。虹口区临平北路一建筑面积为 138.61 平方米的产权房,其所处地段、房型、朝向俱佳, 虽然拍卖时竞争十分激烈, 在经过 40 个回合的角逐后以每平方米 3860 元成交,其成交价仍远远低于市价,因此该买家一口气拍下两套。全装修、一流配置，位于虹桥开发区内的顶级住宅西郊华庭，拍卖前估价每平方米 8000 元，拍卖会上众"好汉"豪气冲天，价位一路飙升，直到 9800 元才响槌。此成交价已经高出起拍价 31%，但买家仍感到便宜，因为，同一小区的市场挂牌价高达每平方米 1.2 万元以上。

二是拍卖成交的房地产也可办理按揭贷款。按拍卖惯例和司法强制拍卖的特点，拍卖成交后，买家必须在规定的时间里交清款项，法院才能结案并开具裁定书，解封令，办理权属过户手续等。因此到拍卖公司拍房，价格虽然低，但短时间里一次性付款却难倒了大多数买房人，也成了拍卖成交的"瓶颈"。1999 年 3 月，上海国拍与建设银行黄浦支行合作，对拍卖成交的房地产实行按揭贷款，产权清晰的独立成套住宅可享受最长 15 年、最高 6 成的商业贷款，拍卖与二级市场几乎处于同一起跑线，"瓶颈"疏通，市民参加拍卖的积极性提高。近年来，上海国拍房地产拍卖会常常被闻讯前来的市民挤满，不得不临时采取限制入场的措施。

三是意识前卫的市民把拍卖房地产作为投资理财的途径。因为缺乏既稳妥又回报丰厚的投资方向，不少持币观望的市民通过观察，看清从拍卖公司拍房具有较大的升值空间，加上现时房价仍然不高，正是逢低吸纳时。于是他们将其作为新的投资渠道，拍下二手房，装修完毕，又到拍卖公司拍下家具、家电等一应物品，将居家配套后出租，获取了丰厚回报。加上部分委托的房地产须整体拍卖，一些具有实力的房地产中介机构也加入拍卖行列，低价买下，然后包装后拆零上市，利润颇丰，于是上海的二手房拍卖空前热闹起来。上海市民"精明"的特点在拍卖活动中得到充分体现，他们认同拍卖这一特殊的交易行为，并且互相推荐，使二手房拍卖日趋热烈。据了解，上海目前有 56 家拍卖行，约有 20 家左右的拍卖行从事房地产拍卖，房地产拍卖的总量呈逐年上升趋势。2000 年，上海房地产拍卖总成交额约为 15 亿元以上，其中上海国拍一家就占了 4 亿余元，今年这一上升趋势并未减弱。

拍卖与传统二手房市场交易的差异

传统的房产交易是私下询价,价格不公开,定价主动权在对方。相比之下,拍卖在以下方面的优势非常明显:

一是过程公开化,透明度高。拍卖之前拍卖行要在大众媒体上发布拍卖公告,利用网站发布信息,给客户邮寄资料等。信息披露充分,按照法律规定,拍卖前还会组织看房。同时,拍卖的交易方式也是公开的,面对众多客户,是一个集中竞价的过程,一项标的可能有几个甚至几十个人同时竞价。上海国拍曾拍卖过海伦大厦的一套房子,办了看房手续的竞买人就有 96 人,众多买家的参与使拍卖获得理想的效果。

二是资金交割安全。拍卖有保证金制度,要求买家交付一定数额的保证金,一旦成交就转为履约保证金,其余款项交付时间也有规定。一旦违约,履约保证金就可能被没收,因此成交后履约程度高。上海国拍曾经拍卖成交的巨鹿路小高层一套,每平方米 6800 元的起价,到每平方米 7600 元成交,第 4 天卖家就拿到了全款。另外,拍卖公司规模普遍大于房地产中介,资金由其保管比较安全。

三是能够提供配套服务。二手房交易,拍卖行是在与房产中介抢市场,为了适应市场竞争的需要,必须提供优于房地产中介的服务。拍卖行的服务主要体现在两方面:一是适当降低了佣金。上海国拍把常规的 5%的佣金降到 1%~1.5%,与房产中介公司持平。为了培育市场,公司还规定,单套面积 80 平方米、成交额 40 万元以下的,不收卖家佣金。二是服务配套。拍卖行的一条龙服务涵盖了办理过户手续、按揭贷款,还与东方典当行合作,由其提供融资,以房屋产权证为抵押到银行办质押贷款。有的买家因此未动用存款就拍到了中意的房子。

四是拍卖的询价方式给了各方以机会。房产是一种特殊商品,变现需要折价,就是专业术语所说的贴现率。卖房子变现,就要在市价的基础上打折。拍卖的诀窍就是适当定价,留出价格反弹的空间,吸引众多买家参与竞价,最后拍出高价。拍卖公司与二手房中介机构相比,在定价时采用"低开高走",即拍卖师在拍卖时从低起叫,竞买人竞价,等于或高于保留价才能成交;而二手房中介机构一般采用"高开低走",即开价高,经讨价还价后,等于或低于开价成交,相比下来,拍卖更具有优势。例如,上海国拍曾拍过一套浦东东园新村的售后公房, 每平方米 4800 元的起价牵动了众多买家,结果拍出接近新楼盘的每平方米 7300 元高价。海防路旧房改造的石库门,从每平方米 7000 元拍到每平方米 9200 元,也是如此。

参加拍卖会,买家也要改变思维定势。过去司法强制拍卖,流拍就会按一定比例降价,但市民委托的二手房,流拍就意味着买家失去机会。

参加二手房拍卖应注意的问题

虽然在拍卖公司拍卖二手房价格便宜,市民得到了实惠,但在价位低的背后,同样存在风险。因为属于二手房范畴,加上委托来源和交易方式特殊,拍卖成交后没有类似"三包"的服务。因此,市民必须要有风险意识,要有思想准备,不要盲目跟风、贸然入市,因为对于绝大多数工薪阶层来说,买房毕竟不是一件小事。

参加二手房拍卖应注意以下事项:

一是要认真看清所拍卖房地产的实际状况,切忌凭想象参加拍卖。拍卖前,拍卖公司会提供看房的机会,买家一定要先去看房,并且到拍卖行了解情况,甚至"横挑鼻子竖挑眼",弄个明白,这一权利不能放弃。"世界上没有两套完全相同的房",同一地区甚至同一楼相同的房型,其楼层或者内部情况也可能大相径庭。对周边房价做一番调查,再结合房型楼层朝向等因素,设定自己的心理价位是明智的做法。如成交后才去看房而引发的纠纷,竞买人一般不会胜出。

二是参与拍卖须循序渐进,切忌盲目应价。拍卖对于大多数市民来讲是一件新鲜事,如何举牌应价、如何把握好机遇,恰到好处地在自己的心理价位上拍定房地产,要有一定的经验与技巧。新入市者不妨首先作为观察家到拍卖会上领领行情,受受熏陶,感受一番,或者拍一些诸如家用电器之类的低价物品,有了体会与经验,再去参与房地产拍卖。先做"观察家",再做"实践家",以便充分了解拍卖的程序、拍卖师的风格、拍卖的氛围。循序渐进、由小到大比盲目入市好。

三是要详细阅读拍卖资料，了解拍卖规则。即看清《拍卖须知》和《特别规定》等拍卖公司提供的文件，明确权利和义务。因为拍卖的房地产来源不同，每次拍卖、每个标的，甚至同一标的此次拍卖与下次拍卖情况也会有差异，对此，拍卖公司均有说明、告知。参加拍卖前，必须看清目录前的拍卖规定，了解自己及拍卖公司的权利、义务、佣金收取比例、付款方式、期限，交房方式、期限，做到心中有数，以免事后出现不必要的纠纷，浪费时间，自寻烦恼。

四是选择规模大、信誉好、操作规范的拍卖公司。这同样十分重要，因为作为一个行业，其成员的企业规模、运作能力、规范程度事实上存在差异。因此，参加拍卖会，应该对拍卖公司进行必要的考察、选择。一般而言，规模大的拍卖公司专业水平较高，而且讲究服务质量，信誉较好，拍卖的房地产也比较多，有专业人员从事房地产权属调查、掌握市场行情、了解过户环节的工作，到那里拍卖，较为安全。

二手房拍卖是个机会，也是个考验，对于卖家、买家而言，都需要正确把握机会，否则，就可能与机会失之交臂。

CHAPTER **4**

第四章

勇立潮头（2005～2012 年）

市场低迷下的房地产拍卖盛会
——记奥林匹克花园样板房拍卖

或许是延安路高架桥的延伸缩短了市区和九亭的距离,或许是计划中的轻轨通过附近使得原本远离市区的九亭变得近了起来,或许这个位于离上海之根松江九里地的小区环境优雅、小溪淙淙、体育馆一应俱全的运动设施的诱惑,或许是全装修样板房外带全套家私实在太引人眼球,因此尽管市场低迷不堪,尽管入梅第二天的上海因"干梅"气温高达 34.8 摄氏度,格外的闷热,但远道而来的人们仍将上海奥林匹克花园宽敞的销售大厅挤得水泄不通。这些人来自上海本土、浙江、北京、香港、新加坡……他们将在这里参加上海国拍主办的一场房地产拍卖会。

一个半小时,171 块号牌此起彼伏,将上海奥林匹克置业有限公司投资建设的上海奥林匹克花园一期 14 套景观样板房悉数拍走,最高一套每平方米价格竟高达7140 元。室外暑气滚滚,室内买气高涨。上海国拍进军房地产二级市场已捷报频频,此次槌指一级市场,捷报再度传来。

一战:奥林匹克花园一期 14 套景观样板房拍卖

受"SARS"影响,刚掀起的二手房拍卖遭遇阻击,但上海国拍进军二手房拍卖的步伐一分钟也没有停止过。时间到了 6 月,"SARS"开始得到有效控制,上海国拍再次重拳出击,再掀二手房拍卖巨澜。而此时,上海奥林匹克置业投资有限公司的老总们正为其一期14套景观样板房的前途担心。

这一担心不在于这14套景观样板房没有买家,而在于他们无法应付来自方方面面的关系。因为房源有限,各方的打招呼、递条子,使他们左右为难,于是他们想到了拍卖。拍卖是处置紧缺、稀有物品最佳的方式。既然景观样板房是小区里位置最好的,既然这些房地产卖掉以后就没有了,具有唯一性,拍卖无疑是最好的办法了。于是,开发商找到了上海国拍,简单沟通后,双方一拍即合,拍卖工作于是紧锣密鼓地开始了。

拍卖的14套景观样板房,面积从77到179平方米不等,全部面向小区中心景观,每平方米装修费在800元左右,部分样板房还赠送全套家私。《拍卖公告》发布后第一周即有41人报名,第二周有30余人报名,到拍卖会这一天,共有171人交纳保证金,领取了号牌,有近300人进入拍卖会场观摩拍卖,平均每套房有12人竞买,拍卖会之火爆令人惊讶。

14套样板房,最低成交价每平方米5640元,最高成交每平方米7140元,这套房的买家为德国籍华人陈先生。陈先生在松江有投资项目,看好这一套面积为179平方米的复式样板房。拍卖时拍卖师从每平方米4888元起拍,陈先生即一直举牌不放,志在必得。竞价至每平方米7000元起,场上响起了掌声,陈先生受此鼓舞,奋力将价位推到了7140元,拍卖才宣告落槌。面对如此高价,陈先生仍称值得,拍卖会一结束,他又去售房处预订了二期4套住宅。

二战:上海奥林匹克花园二期样板房拍卖

2005年11月26日,上海西区九亭上海奥林匹克花园200余名市民将临时作为拍卖会场的会所挤得水泄不通,今天在这里将以无底价形式拍卖奥林匹克花园二期6套样板房。经过55分钟的角逐,6套样板房全部拍卖成交,总成交额达667.87万元,其中最高的一套每平方米拍到8920元,最低一套每平方米拍到8195元。拍卖给持续已久的低迷的上海房市增添了些许亮色。

上海奥林匹克花园有上海西区楼王之称，以营造体育休闲氛围著称于上海，是全国奥林匹克花园的旗舰和区域代表性的自住型物业，自 2001 年开盘以来在上海楼市有很大影响，广受关注。2005 年 5 月以来上海楼市进入盘整状态，市民观望，市场持续低迷，苦无亮点。为了给冷寂的楼市注入一阵新风，奥林匹克花园决定委托上海国拍拍卖其二期 6 套样板房。这 6 套样板房位于其二期"异韵风情"之"蓝岸巴黎"主题景观中心，为装修标准全新升级后的示范单位，面积包括约 83 平方米两房，110 平方米三房及 140、180 平方米三层四层顶层复式，并配以房内所有家具、家电、装饰品每标的约 1000 多项。由于所处位置好，且三期风格变化，这 6 套样板房已成绝版，同时因为采纳了拍卖公司的建议，采用无底价方式进行，刺激了市场，引起强烈反应。拍卖公告发出后，短短两周内，市民们络绎不绝来到现场看房、咨询。临近拍卖，还特别组织了两批晚间看房团，有 300 余人到达现场。到拍卖前已有 151 人交付竞买保证金，领取号牌参与竞买，这在当时平淡冷清的楼市实属不易。

26 日上午 10 时许，拍卖师宣布第 1 号拍品拍卖开始，这是一套面积为 82.78 平方米、位于底层的房产，无底价起拍。场内竞买人带着侥幸心理报价每平方米 100 元，但马上有人将价位提至 1000 元，片刻价位升至 6000 元，市民仍然小心出着价，价位逐步上升。约 10 分钟后，持 193 号牌的一位男士报价 8920 元，场上已无人应价，拍卖师重重敲下木槌。据了解，这位男士在拍卖消息放出后第一天，即 11 月 19 日便交纳了保证金，今天他如愿以偿地拍下了第 1 号拍品。接下来各套竞争也是高潮迭起，只不过拍到其中二套面积较大的顶层复式房时，市民们出价的速度放慢，往往思考再三再报价。第 6 号拍品面积为 174.45 平方米，四房三厅三卫，拍到每平方米 8150 元后再无人应价，成为全部 6 套样板房拍卖最低价。拍卖结果，所有房产均以大幅度高出委托人心理价位的价格成交，被媒体和房地产业誉为"市场低迷下的房地产交易盛会"。

上海奥林匹克花园一手房拍卖是我国房地产开发商充分利用拍卖的优势、特点进行市场营销，通过与拍卖公司的合作，以最小的代价、换取最大宣传效应的成功案例,被房地产业作为教材和营销典型案例。很多年后,该公司总裁陈穗建先生谈及此事,对拍卖仍然记忆犹新,激动之情溢于言表。

奥林匹克花园样板房拍卖是上海国拍首次涉足一手房,也是上海乃至全国拍卖业首次涉足一手房的案例。拍卖取得极大成功,说明拍卖虽然不是万能的,但拍卖不失为一种询价或者出让稀缺资源的好形式,它不但适合二手房拍卖,同样也适合一手房拍卖。

记国内首次新闻图片专场拍卖会

　　2005年10月28日下午，上海国拍举行了一场非常特殊的拍卖会。说特殊，一是因为这场拍卖会所有标的全是摄影作品，而且全是由当前活跃在上海当地的《新闻晨报》的摄影记者拍摄；二是因为新闻照片，尤其是表现当下社会发生的新闻事件的照片拍卖，不仅在国内属于首次，在国际上也颇为罕见。最后，拍卖的24组摄影图片作品全部拍卖成交，著名摄影记者王杰拍摄的《中国首次成功发射载人航天飞船》，经激烈竞价以4000元的价位成交，创本场拍卖单项成交最高价。

　　摄影作品拍卖是国际通行的一项拍卖活动，但在国内却是一块有待开发的处女地。在以往国内的拍卖实践中，仅在少数公司艺术品拍卖中散见一些老照片。如2003年嘉德国际拍卖公司春季邮品钱币拍卖会上，推出了两张上海外滩景色和英美军舰航行在黄浦江上的老照片，这是照片第一次出现在我国内地的拍卖会上。上海国拍此次举办专场摄影作品拍卖，在国内属于首次。而本次拍卖的都是仍然活跃在第一线的记者拍摄的新闻照片，这些照片所反映的又是现实之中的社会生活，因此拍卖本身就颇具新闻性和开创性。

　　《新闻晨报》归属上海《解放日报》报业集团，是一张在上海乃至华东地区颇受市民欢迎、颇具特色的报纸，其摄影记者队伍实力雄厚，在沪上新闻界有较大影响，王杰、竺刚等是其代表人物。此次拍卖的新闻摄影作品，全部出自《新闻晨报》记者之手，题材全部取自于日常采访报道，照片记载了稍纵即逝的历史瞬间，有的反映了一个重大的历史事件,有的则反映了发生在社会生活中一件平凡不过的小事,但却揭示了深刻的道理。许多图片堪称弥足珍贵,是新闻事件的定格,几乎每一幅图片的背后,都有一段意味深长、感人至深的故事。如神舟五号飞船发射、上海人民庆祝建国五十周年、卢浦大桥建成通车、台商包机返乡过年、女子监狱内母子犯人共度新年等。为了彰扬长期战斗在新闻第一线摄影记者的工作业绩,也为了拓展新的拍卖领域,《新闻晨报》和上海国拍共同策划了这一次拍卖活动。

第 1 号拍品是由王杰拍摄的《十六铺告别上海人民》。2004 年 12 月 2 日凌晨 1 时,上海曾经的地标性建筑,具有百年历史的十六铺码头在巨大的爆破声中告别了上海、告别了上海市民。十六铺码头对于上海的开埠、建设和发展有巨大影响,它是上海这个城市开埠、发展的见证,是上海乃至江苏、浙江等地水上交通的枢纽。由于城市功能的变化和市政建设、浦江开发的需要,十六铺码头退出历史舞台。此作品即记载了码头起爆的一瞬,角度独特,过程完整。该摄影作品从 900 元起拍,每次加价幅度为 50 元,竞争至 1350 元才落槌成交,并由此拉开了这场意义非凡的拍卖会帷幕。

拍卖会上竞价此起彼伏,新闻记者的作品成了拍品,新闻记者采访新闻记者,新闻记者成了新闻人物。拍卖场上除了拍卖师、拍卖公司的工作人员和众多竞买人外,记者可谓是最忙碌的,拍卖现场热气腾腾。当拍卖至第 7 号作品《“丑女”张静来沪治疗》时,受医院邀请来沪复诊、照片的主人公张静,也出现在拍卖会现场。在拍卖师邀请下,“丑女”落落大方走上拍卖台,与拍卖师一起为自己的照片落槌,拍卖达到高潮。经过一番争夺,上海明桥整形激光专科医院院长杨燕雯女士以 1600 元的价位拍下了此幅珍贵作品。而照片《台商包机返乡过年》众多人物中位置最突出的那位台商来到了拍卖会场,并且举牌买回了对于自己而言非常珍贵的摄影作品,拍卖会由此又掀起了一个高潮。

上海人丛中环保科技公司的负责人任先生在拍到一幅《卡门》后对记者说,新闻摄影作品内容有血有肉,用来做居家或办公室装饰,要比那些批量印刷的画作更有意义、更有文化品位,因此,他频频举牌并如愿以偿。

拍卖会最后一幅摄影作品为王杰于 2003 年 10 月 15 日上午 9 时，在甘肃酒泉航天发射基地拍摄的《中国首次成功发射载人航天飞船》。"神舟五号"发射成功，并带着航天员杨利伟在太空翱翔了 20 多小时，成为中华民族的骄傲。照片记录了飞船升空时的壮美景象。借着"神六"载人航天飞船刚刚胜利完成任务的东风，此作品由 1200 元起拍后即引起激烈竞争，eBay 易趣公司战胜所有对手，以 4000 元的价位拍下了这一珍贵照片。

经过近两小时的角逐，由《新闻晨报》委托的该报摄影记者拍摄的 24 组新闻图片全部成交，成交额达 34150 元。与一般艺术品拍卖动辄数百万元、数千万元的成交额相比，《新闻报》提供的新闻摄影作品拍卖成交 34150 元，实在算不上什么，但作为国内甚至世界上首次纯粹的新闻摄影图片拍卖，这场拍卖会不能以成交价款论英雄，同样也不能用经济的眼光来衡量拍卖的价值。拍卖活动的顺利进行并且取得成功，既是对新闻工作者辛勤劳动的肯定，也是拍卖市场一次崭新的尝试，意义非凡。新闻摄影作品是社会政治经济生活瞬间的再现，是真实的历史、真实的影像，很难复制，留下这些照片，等于留下了历史的记录。其拍卖的价值无法用现成的公式计算。

由于是第一次拍卖摄影作品，拍卖会前，委托方和拍卖公司都做了两方面准备，拍卖公司始终抱着乐观的设想、失败的打算，实实在在地组织、推进。在细节上两家都十分的认真，拍卖前的宣传、招商尤其到位，最终使得拍卖顺利进行而且效果超出预期。首次新闻摄影作品拍卖会的成功举行，作为市场拓展和尝试，这场拍卖会无论对于拍卖界还是新闻界都具有开创性意义。

柳州市煤气公司 50%产权项目出让成功

在漫长的经营管理过程中,上海国拍不但拍卖主业做得一丝不苟,于行业遥遥领先,其围绕主业展开的其他业务也做得有声有色。公司投资组建的上海国拍投资管理有限公司从事国有企业产权交易成绩卓著,成功运作过不少国有企业产权、股权转让项目,不少成为产权交易经典。2005 年 12 月,上海国拍投资管理有限公司作为买家代理人身份,成功代理香港上市公司中国燃气控股有限公司(香港联合交易所股票代码:0384HK)受让柳州市煤气公司 50%产权,便是其中一例。

中国燃气控股有限公司(简称中国燃气)是一家在香港证券交易所主板上市的专业天然气运营服务商,主要于中国内地从事投资、经营、管理城市天然气管道基础设施,向居民、公建、商业和工业用户输送天然气,建设及经营加油站,开发与应用石油、天然气相关技术。其主要股东有国务院台湾事务办公室所辖海峡经济科技合作中心、中国石化、世界最大压缩天然气企业及世界最大 CNG(天然气)汽车运营商印度燃气公司、荷兰国家开发银行及邓普顿基金等。中国燃气的股东还包括 JP 摩根、瑞士信贷第一波士顿、美国保险集团公司等世界一流金融投资机构。

中国燃气在国内已投资超过 50 个天然气城市管网项目,其中在 46 个城市拥有城市燃气特许专营权,项目遍及北京市,湖北、湖南、安徽、浙江、江苏、河北、陕西、广东等省以及广西壮族自治区。

上海国拍投资管理有限公司作为代理方,全程参与、运作了这一项目。转让过程中，公司向委托方提供了全套产权交易的法律、法规政策，收购拍卖的咨询、策划和运作的方案，承诺协助办理收购标的企业的产权过户手续等。在此基础上，公司制作了收购项目文件，经过上海联合产权交易所专家评审委员会严格的评标筛选，中国燃气最终以 1.403 亿元人民币的价格和综合资质成为该项目的受让人，成交价较挂牌价 1.15 亿元增值 22%。

公司通过此项目的代理，增加了对煤气公司资产、特许经营权价值能力的判断，知晓了煤气燃气等行业的发展前景，深入了解了该行业的赢利状况和投资动态。而更为关键的是通过此次活动，掌握了操作此类项目的程序、工作节点和客户资源信息，对投资者分布范围、招商渠道有了深入的了解，为今后操作类似项目奠定了良好基础。

专业化是立足未来市场的关键

——上海国拍以专业化促企业快速发展

上海国拍成立至今已经 20 余年,公司从当初一个年成交仅几百万元的小企业,发展成为年度成交额逾 60 亿元的行业龙头企业之一,经营产品覆盖房地产、企业股权、物资、民品、艺术品、无形资产等品种,涉及的领域也从单一的司法处置扩展到金融不良资产处置、国有资产变现、破产清算等更为广阔的领域。在高速发展的过程中,花大力气锤炼队伍的专业能力,走专业化道路,用专业水准运作,是上海国拍从行业中脱颖而出的关键所在。

走专业化道路是市场发生变化的必然结果

行业初创时期,基本都是以机会型经营为主,上海国拍也是如此。20 世纪80 年代中后期,中国的拍卖行业处于起步阶段,拍卖市场初见萌芽,拍卖的主要来源仅是海关、公安、工商等政府执法部门的罚没物资以及少量的艺术品。市场上可以提供拍卖服务的拍卖企业不多,政府执法部门的委托在数量有限的拍卖企业可以较为均衡地分配。在这一市场环境里,拍卖企业靠的是关系和服务态度,公司的重心也更多地放在关系的维护上,拍卖缺乏技术含量,对拍卖企业和从业人员也就没有更多更高的专业要求。

　　由于拍卖运作过程简单,风险低而经营管理的要求不高,利润却相当可观,拍卖公司一般都取得了良好的经济效益,拍卖业因此充满了诱惑。在市场苦无热点的情况下,各类的经营主体通过各种渠道挤入拍卖行业,以期在这个需求较大但竞争并不激烈的市场中分得一杯羹。由于市场监管体系处于建设过程中,监管手段尚未完善,加之关系营销在一阶段中又是拍卖企业取得业务来源的主要手段,新设的拍卖企业,往往是两三个人、"七八条枪"的规模。不少拍卖企业只要通过关系取得一单业务,就可以获得高额的营业收入。行业内的竞争往往是关系的竞争,而不是经营能力和服务质量的竞争,经营者的主要精力不在于如何加强内部的管理、经营能力建设,而在于各类关系的开发、维护上。

　　随着改革开放的逐步深入,市场经济的高速发展,拍卖市场也跟着发生着变化。

　　进入21世纪,政府对拍卖行业的认识逐步演进,行业的准入也逐渐放松,门槛越来越低,随着《拍卖管理办法》的出台,只要符合准入条件,都可以申请成立拍卖企业。而此时拍卖市场本身却发生了很大变化,传统的业务如海关、法院等执法部门的委托迅速萎缩,社会上其他的委托增加,但对拍卖的要求明显提高。由于没了强制权利,这些标的政策限制多,程序复杂,拍卖运作难度增大,没有对政策法律法规、交易程序的翔实了解和理会,没有对标的、市场的充分研究和把握,拍卖将面临无法回避的法律和经济风险,中国的拍卖市场由此开始真正进入群雄逐鹿的年代,拍卖企业专业及经营管理能力面临巨大的考验,从"机会导向"到"关系导向"的拍卖企业遇到了真正的麻烦。

　　在这市场和历史转折的过程中,上海国拍较早地认识到拍卖行业存在的不足,开始抓紧内部管理,在专业化方面寻找突破口。面对市场开放后竞争对手众多,传统市场分割严重的局面,调整经营策略成为必然的选择,市场化、专业化、科学化才是企业立足长远、在激烈的市场竞争中脱颖而出的根本。上海国拍经营策略的调整和工作重心随之转移,专业化成为企业发展策略的核心部分。

　　上海国拍的经营策略核心是"聚焦",也就是聚焦专业化,即经营产品和提供服务的专业化,服务对象和拍品来源的专业化。

由于历史和行业环境的原因，中国的拍卖企业大部分属于综合性拍卖公司。拍卖来源主要集中在司法和政府委托，因此，拍卖品种受制于委托来源和政策、受制于法律法规规定，基本上是有什么卖什么，形成不了稳定的买受方市场。但是，综观全球拍卖业，就会发现市场领先者往往是在某一产品领域中经营的佼佼者，不但对于拍卖业态而言，对其他业态的竞争对手，这些拍卖公司也具备独特的优势。例如，从事艺术品拍卖的克里斯蒂（Christie's）和索斯比拍卖行（Sotheby's）、全球最大的二手车拍卖公司美瀚（Manheim）、二手设备拍卖商里奇兄弟（Ritch Brother）和德福拍卖行（Dove Bid）等。我国拍卖业以综合类拍卖唱主角，而所谓综合类，说到底则是什么都会干却什么都干不好。原因就在于不专业，形不成专属于自己的市场和专属于自己的业务和客户群体，而这恰恰是造成我国拍卖业千军万马过独木桥，以及与发达国家巨大差距的主要原因之一。

市场营销的第一步就是要辨识和确定目标市场，作为拍卖服务提供者的拍卖公司也不例外。综合性拍卖公司的定位实际上给客户造成了较大错觉，即很难搞清楚你是拍卖什么的。综合性拍卖公司也很难围绕产品定位去做更深一步的管理提升和客户服务工作。明天的客户不是今天的客户，买大宗产品的客户不是买零售商品的客户，客户的需求存在极大的差异；物资的处置流程和房地产的处置流程也截然不同。拍卖公司今天卖的是面向普通大众的商品住宅，明天卖的可能是面向专业开发商的在建工程，营销的方法和手段完全不同。而拍卖公司由于委托来源的偶然性，不可能像专业公司那样投入大量的人力物力，进行深层次的市场开发。拍卖公司越是试图扩大客户覆盖范围，也就越可能得不偿失，花费很大精力针对某一具体标的的市场宣传，可能无法取得某些专业性产品公司同样花费而取得的效果，结果往往事倍功半。一些综合性拍卖公司缺乏明确定位，面面俱到，缺乏重点，结果在客户中造成市场形象上的认知错乱，内部服务流程上也无法保证服务质量。上海国拍充分认识到综合性拍卖公司这一弱点，在较早的时候就开始了专业化进程。这一过程被具体分成两步走：第一步，围绕公司业务现状，实行专业细化、分工，形成综合性拍卖公司大气候中的专业化小环境，即把主要业务归纳到相对独立的专业部门，让相对专业的业务人员以相对集中的精力做相对专业的业务，在小环境里实现了专业化。第二步，寻找突破口，实现某一领域的专业化，无论是规模还是水准均达到行业较高水平，即脱离公司设立独立法人性质的专业化公司，以专业水准的服务争取更大的市场份额，如公司成立了专门进行车辆拍卖的机动车拍卖公司，专门从事国有企业产权交易的投资管理公司等。

专业化运作成为上海国拍核心竞争力之一

20 世纪后期，上海国拍在综合性业务还占据公司成交额极大比例的情况下，设立了艺术品拍卖部，将艺术品拍卖的管理和服务从主体管理流程中相对分离，并针对艺术品拍卖的特点，在市场宣传、客户服务等方面进行不同于公司其他经营产品的管理运作，取得了良好的经营效果。在此基础上，上海国拍又从内部部门设置着手，先后成立了物资、机动车、房地产、股权产权、艺术品、电子商务等专业拍卖部门，将公司提供给不同行业客户的服务进一步专业化，针对性更强。

当真正走向市场，公司发现市场中的竞争者不但包括同行业的对手，真正的竞争对手包括社会上各种中介机构，综合性拍卖公司应当注意产业链上下游的伙伴、对手。非拍卖交易业态对拍卖方式的取代和其他行业或海外同行的进入，都对走市场化道路的拍卖企业形成了竞争。只有将自己放到更为广阔的全方位市场竞争中观察，而不仅仅局限于同行公司的竞争分析，才有助于更加客观全面地理解竞争态势，从而在市场中站稳脚跟，赢得更多份额。以二手房拍卖为例，上海国拍发现，竞争并不是来自于同行业的拍卖公司，而是散布各地的二手房中介公司。拍卖虽然具备公开公平公正的交易优势，但集中性交易、缺乏双向议价空间等劣势也非常明显。因此，如何发扬优势克服劣势，参考和学习房产中介的服务方法，成为上海国拍提升二手房拍卖服务质量的重要途径。这完全得益于客观全面的竞争定位，将服务的专业化要求提升到了客户需求的层次，这样的定位也超越了综合性拍卖公司的传统局限。要做社会委托则自己首先必须具备中介机构所必须具备的专业能力和服务质量。事实证明,不同的客户对于拍卖要素的关心程度和优先次序不同,不同客户对拍卖公司提供服务的专业化要求也各不相同。用专业标准对市场进一步分类并提供相对专业化的服务,不但有助于委托方市场的开发,同样有助于买方市场的发掘。走专业化道路已成了上海国拍可持续发展的必由之路。

经过努力,上海国拍很快完成了这一工作,专业人员相对集中,业务几乎覆盖了当前的市场。虽然公司仍是综合性质的,但业务已分工,专业已细化,在实践中各部门均能以较高的专业水准去运作业务,并由此拉开了与业内其他企业的差距。

上海曾一度有许多烂尾楼,由于形成烂尾的原因很多也很复杂,从而成为"烫手山芋"。上海国拍凭借着已经提前一步形成的房地产拍卖专业部门、专业人才,用专业水准运作,拍卖了近二十处大型烂尾楼,不但成功处置了债权债务,消除了城市伤疤,推动了市场,同时也向社会展示了拍卖的功能和作用,在上海引起很大反响。上海国拍还凭借这一专业优势,在国内率先与金融部门联手推出可按揭贷款二手房拍卖,从而成功解决了因一次性付款造成拍卖房产成交难的问题。上海国拍在业内首先进入一手商品房拍卖领域,并由此涉足到一手商铺、产权式酒店、公寓、写字楼、厂房、国有建设用地使用权乃至房地产所有领域,成为行业在此方面的领军。股权、企业产权重组、转让等交易,因其涉及的政策法律法规多、交易程序复杂,是拍卖业务中技术含量较高的项目,国内拍卖业在此方面滞后于市场的发展。但上海国拍早有准备,在20世纪90年代中后期即组建了专业从事企业产权和股权拍卖或交易的专门公司和业务部门,此类拍卖和交易开展得红红火火。其中法人股、国有企业产权拍卖更是硕果累累,以1.41亿元拍卖成交的申银万国法人股、以2.52亿元拍卖成交的五星级太仓花园大酒店所有产权即是其中成功案例。公司机动车和电子商务部成功开发并实施的上海市机动车额度网上拍卖,更充分展现了上海国拍专业化运作的能力、水准,体现了上海国拍走专业化道路的决心。

与时俱进，使企业专业化成为长效

随着改革开放的进一步深入和人民群众收入的进一步增加、生活水平的进一步提高，机动车进入普通市民家庭已成不争事实，由于拥有量增大，进入交易状态的机动车也因此增多。但很长一段时间里，在机动车交易尤其是二手车交易领域，拍卖业所占份额极小，二手车交易的中介主角是以个人和规模很小的经纪人、中间商为主，既形不成气候又极不规范。而在发达国家，拍卖绝对是机动车尤其是二手车交易的主要形式。站在历史和市场的高度，如果轻视机动车拍卖，或是面对灵活机动、成本较小的经纪人几乎统治的市场知难而退，则会失去未来一块极大的市场，一旦气候成熟，没有准备、没有技能的拍卖行业将望洋兴叹。而要把这一领域内的业务做好，仅凭综合性拍卖公司一个专业部门的能力显然是不够的，必须走真正意义上的专业化道路，即成立专业从事机动车拍卖业务的拍卖公司。认识到这一点，上海国拍除了继续扩大本身的机动车业务之外积极寻找新的突破口，使专业化举措成为长效，从而立足长期，真正把企业做大做强。

经过深入的考察、调研和反复磋商、磨合，2006 年，上海国拍与全球最大的二手车拍卖公司美国美瀚公司合资成立了上海美瀚国拍机动车拍卖有限公司，成为国内第一家中外合资的拍卖公司。上海国拍在专业化建设的道路上跨出了极为漂亮的一步，而且起点很高。通过合资，使国际上最先进的机动车拍卖理念、现代化管理及最规范的操作流程一步到位，植根内地。美瀚国拍的成立，标志着上海国拍在机动车拍卖领域中专业化策略的进一步推进，也标志着上海国拍服务产品的专业化进程在稳步推进。作为真正意义上的成规模、独立法人地位的专业拍卖公司，美瀚国拍的示范作用及对传统市场的冲击力无疑是不可估量的，它不但使得机动车拍卖业务走向更广阔的天地，同时也将使上海国拍的经营管理思路、模式发生根本变革，从此走专业之路的决心一发不可收。

事实证明，成功必须专业，而专业源自于务实，当两者有机结合，情况就发生了变化。拍卖行业的发展进程已经对拍卖公司,特别是数量众多的综合性拍卖公司提出了更高的要求,这不但是行业发展的要求,也是行业生存的要求。拍卖企业必须积极面对这一趋势,及时调整经营策略,加强自身的市场竞争力,才能在急速发展和多变的市场中赢得一片天地。综览世界拍卖业,我们可看到这样一个事实,最为闻名的拍卖行必定是专业性拍卖行,如索斯比、克里斯蒂;最具规模的拍卖行也必定是专业性拍卖行,如美瀚。美国、英国拥有如此数量庞大的拍卖企业却能相安无事、和谐发展,市场细分、专业化分工不得不说是其中一个重要原因。我国拍卖业起步晚,市场成熟度不够也欠缺规范,但随着行业的快速发展和市场竞争加剧,我们必须认真考虑专业化运作的重要。上海国拍先走了一步,尝到了甜头,并且会在今后市场拓展的征程中,在专业化聚焦的经营策略引领下,去谋求更大的发展空间。

记上海首次双休日二手车拍卖

2007 年 8 月 3 日，星期六，尽管气温高达 35 摄氏度，中山北路上的上海市旧车交易市场还没到营业时间，但是门口已经聚集了急切的市民。他们是获悉这里即将举行上海首次双休日二手车拍卖会而特地提前赶来看样车的。随着大门徐徐拉开，人们纷纷走向已经停放在那里的 20 多辆二手车。

场内，一字排开的二手车上都张贴着车辆的型号、登记时间、税费交缴情况以及参考价格。市民们有的打开车门察看车内装饰，有的掀起车辆前盖检查发动机型号，一副行家里手的样子。上海国拍机动车拍卖中心工作人员在向大家介绍着车辆的状况、有关车辆的手续和拍卖成交后应该办理的过户手续等问题。除了买车人外，还有很多希望卖掉二手车的人也在打听行情，咨询如何委托拍卖，当天就有 10 余位车主表达了委托意向，并准备周一签订委托合同。奇怪的是，在众多委托人中竟然没有一家是大中型国有企业或机关事业单位的人，这和占有本市 80%社会存量生活用车的大中型国有企业或机关事业单位的比例显然不符。这几年政府采购实行的"阳光工程"已初见成效，然而不少企事业单位在处理多余和淘汰物资时却仍习惯采用传统的协议转让或者收购的方式。7 月 1 日起实施的《政府采购法》，规范了国有固定资产采购添置行为，但并未解决几十亿甚至上百亿的存量国有资产的处置问题。机动车作为大宗固定资产，上海 2002 年全年成交约 10 万辆，按每辆 3 万元计算，为 30 亿元，现在几乎 100%为协议转让，公开化程度低，且不能保证处置时国有资产是否流失，这应引起有关方面的重视。做到亡羊补牢，及时制定相应的措施，规范处置行为，采用如拍卖这样的"阳光交易"方式与市场接轨。

8月4日，星期天，似乎因为高温，前来看车的人比前一天有所减少，但临时停车场还是有60辆次的停车。离3点拍卖开始还有两个半小时，第一位竞买人支付了保证金领取了拍卖号牌。在随后的时间里人流逐渐增多，到拍卖开始前5分钟，已有10位竞买人领取了号牌。拍卖厅里竞买人和观摩者摩肩接踵，一百多人的热量使两台5匹空调威力大减，在场的每一个人都满头大汗。然而，上海人的精明头脑并没有被高温冲昏，拍卖开始后只要没有其他竞价号牌出现，就不会有人主动出价，现场不少经纪人在人群中寻找客户的行为一定程度上也影响了竞买者竞价的积极性。拍卖结束，此次拍卖只成交一辆车，这与看样时及拍卖会现场火爆的人气形成了鲜明的对比。为什么看车的人多，而真正参加拍卖的人那么少呢？

通过市场化形式，进行二手车交易，是一件新生事物。而采用拍卖方式处置，则更为新鲜，因此，市民对于二手车拍卖的认知还需要有一个过程，从协议转让，到中介人那里买车，再到拍卖会上卖出买进，这个理念和习惯不是一蹴而就的；另外，这次拍卖的车辆中有部分为经纪人委托，而在拍卖会场这些经纪人却以比拍卖价更低的价位推销自己委托的车辆，以便直接与竞买人协议交易，而他们手里清一色均为公车。原来他们把拍卖当作一个舞台，委托拍卖其实是在作秀，真正的用意在于通过拍卖发现买家。按理讲，拍卖价比市场挂牌价要低，但经纪人能以更低的价格实现交易，说明公务车利差相当丰厚，这种价差暗箱的存在必定是损害了交易双方的利益，同时影响拍卖会的成交。

尽管由于市场初起，交易行为又呈现多样化状态，上海二手车市场经纪人和"黄牛"占了三分之一以上的市场份额，拍卖企业初涉其中，缺乏经验，首场拍卖遭遇冷落是预料中的事。在看准了上海二手车市场的巨大潜力这一方向后，此次失败权当交了学费，起码通过公开拍卖，做了尝试，也为上海二手车交易提供了价格透明度高的平台，推出"周周拍"就是培育市场的有力措施。拍卖结束后，公司认真总结了经验教训，决定通过加大宣传力度，提高服务质量，简化手续等措施，与经纪人比服务、比工作质量,努力营造二手车拍卖良好的市场环境。

　　与艺术品拍卖市场化程度比较高一样,机动车是我国拍卖行业未来市场化程度很高的又一重要市场。近年来,我国拍卖市场情况发生了巨大变化,传统的拍卖委托诸如司法强制执行、金融资产委托处于萎缩之中,但是二手车拍卖却呈现持续上升的态势。目前,国际上绝大多数发达国家,其二手车拍卖均十分火爆,市场十分成熟,二手车拍卖是整个市场交易的重要形式。如今中国内地小汽车生产和群众拥有量已迅速放大,而群众拥有的车越多,交易的可能性就大。即便现在市场不成熟,拍卖刚刚起步,但是,市场的前景是一片光明的,关键是拍卖企业本身要有眼光、有行动。市场需要培育,而且应该是多方的,即既有委托人、竞买人方面的,也有拍卖企业方面的,只有如此,市场才会转起来。功夫不负有心人,相信,上海国拍机动车拍卖中心的市场培育会获得成功。

被人"冷落"了的易中天

——《易中天读史》拍卖侧记

从《百家讲坛》下来,易中天就成了名人,炙手可热,用他的话讲,这两年来什么没有经受过?热捧、挑剔、板砖、鲜花,样样都有。这一切一路伴随着他,他总是在人们的热望和关注之中前行。他自嘲自己是"一个大萝卜"——草根、健康、怎么吃都行。然而,2007年8月17日上午10时15分许,大约在十数分钟的时间里,易中天被"冷落"了。

事情的经过是这样的。

1978年,易中天进入武汉大学,成为该校"文革"后首批招生的硕士研究生,他的导师是著名的文学史家、教授胡国瑞先生。因天资聪慧且勤奋刻苦,易中天颇得胡国瑞先生赏识、厚爱,在东湖之滨珞珈山脚的岁月里,师生间结下了深厚情谊。那个年代,国家尚未脱离"文革"劫难的影响,百废待兴,人们生活状况普遍不好。因此,每每看到校园里那些因贫困而不能安心学业的学子,胡教授心中就涌起一阵阵的痛,他经常与易中天说:如果将来有条件了,一定要帮助那些热爱读书的贫困学生,使他们能够安心学习。

岁月荏苒,光阴似箭,转眼间胡国瑞教授已逝世9年,易中天也凭借在《百家讲坛》品说三国而名重一时,仅其由上海文艺出版社出版的《品三国》一书上下册就发行了近400万册。在事业有成、名声如日中天的日子里,在易粉围追堵截的形势下,易中天不负师望,心中总惦记着恩师当年的嘱托,随同着名气日渐增大、影响日趋深远,易中天完成恩师心愿的想法越发强烈。

　　一年一度的上海书展,是喜欢读书、渴望知识人士的盛大节日。而早在20世纪80年代初,胡国瑞先生便已是上海文艺出版社的老作者了,其撰写的《魏晋南北朝文学史》一书由该社出版。这是我国第一本文学断代史,它的出版在当时引起轰动,成为研究文学史必读的著作,至今仍在重版发行。由恩师牵线、推荐,1987年,以易中天硕士论文修改而成的《文心雕龙美学思想论稿》一书也由上海文艺出版社出版,这是我国第一本出版的硕士毕业论文。由此,师生两代人与上海文艺出版社结下了深厚情谊,以后,易中天的著作几乎均由该社出版。2006年上海书展时易中天出席书展并引起轰动。2007年的书展拉开帷幕,易中天当然不会缺席。按照计划,他在参加书展众多活动的同时,还将推出特制编号线装本《易中天读史》。面对装帧考究、限量发行、著名书法家题写书名、篆刻大家刊刻印章的《易中天读史》,一个想法在易中天头脑中形成:借助上海书展这一平台,通过义拍的形式,拍卖限量发行的50套《易中天读史》中的4套,筹措部分款项,设立胡国瑞教育基金,用以资助品学兼优的贫困学生。易中天的想法得到了上海文艺出版社和上海国拍的响应和支持,经过协商、讨论,三方意见很快统一,拍卖的机器快速运转了起来。

　　远在九省通衢江城武汉的胡国瑞先生遗孀沈佩珍女士得知昔日学生的善举,心情十分激动,不顾92岁高龄、子女均在海外工作不能相伴而行的困难,坚持要到上海出席拍卖会,并托人购买了机票。此举令易中天感慨万千、惶恐万千。顶着申城盛夏的酷日,易中天为师母安排食宿、接待、医护等诸方面的事务,并亲赴机场迎候,在出席书展活动之余,一直陪伴同行。

　　8月17日上午10时许,拍卖会如期进行。当拍卖主持人介绍在场嘉宾时,细心的人发现作为本次拍卖委托方、拍卖会的热点人物易中天却没有在现场。正当大家议论纷纷时,只见后门打开,易中天小心翼翼地推着坐在轮椅上的师母沈佩珍女士缓缓走进会场。会场在出现了短暂的寂静后响起了热烈的掌声,数十架照相机、摄影机对准师母与学生,顿时灯光闪烁、"咔嚓"声此起彼落。由此,拍卖前,易中天完成了一次竞买积极性调动。

拍卖师邀请易中天上台说说倡议此次拍卖的缘由，本来就能说会道的易中天即席发表了"续缘、感恩、助学"为题的演讲，声情并茂地介绍了义拍的起因、目的，对恩师怀念之情溢于言表，说到动情处竟然语气呜咽、热泪盈眶，以致会场内鸦雀无声，空气凝重，短短十余分钟，他的演讲打动了在场所有人士的心。受此感召，主持人请沈佩珍女士讲几句话，易中天再次小心地推着沈女士走上讲台。当主持人把话筒递到沈女士面前、当记者们围住沈女士、当场内几乎所有的人的目光齐刷刷聚焦沈女士时，易中天悄悄退到拍卖台后侧，一只手托着下巴，微微低头，静静地站在那里。在数十分钟里，随着沈佩珍女士那浓郁武汉话一字字地吐出，这位 2007 年上海书展年龄最大的客人成了主宰会场的主人，易中天被记者、被竞买人、被他的粉丝们"冷落"了，这一刻，人们仿佛忘记了这位大名人的存在。

笔者却一直注视着易中天。我想，此时易中天不去与师母争镜头，实实在在是聪明之举。策划本次拍卖时，笔者曾与易中天先生介绍拍卖的一些细节，因此，他知道这是拍卖前的预热阶段，他不需要在这个时候登台亮相。此时此刻，在这高潮迭起、群情激荡的环境里，易中天的思想深处肯定是不会平静的。或许他想到了学生时代，想到了与恩师相处的日日夜夜；或许他想到了在中央电视台《百家讲坛》品说三国，笑谈江山依然在，万事转头空；或许他想到了一旦拍卖成功，恩师的夙愿将会得以实现，一批学子将得以安心学习，其中说不准会出几个张中天、李中天；或许他正抓住这难得的安静在做更深更远的思考……我敢断定，虽然人们暂时忘记了他，但他的内心必定波涛汹涌，说不准等会他又有什么新的想法、举措脱颖而出。

事实果然如此。

当 1 号拍品《易中天读史》第 06 号书从 1 万元起拍至 2.4 万元成交，超过底价 0.4 万元，拍卖开了个好头时，易中天一改数分钟前的安静，不再甘于寂寞，一身唐装的他双手抱拳，起身向买家致意；当 3 号拍品《易中天读史》第 09 号书拍至 11 万元、超出底价 3 万元时，易中天喜上眉梢，向买家深深一鞠躬；当拍卖师宣布第 4 号拍品《易中天读史》第 08 号书也即本次拍卖最后一项拍品的起拍价为 10 万元时，易中天再也按捺不住，起身走上讲台要求发言。

接过话筒，他动情地感谢各位竞买人，更感谢三位买受人的爱心大放送，他真诚地表示：最后一项拍品，无论竞拍到什么价格，买受人出多少，他将一比一捐款多少，并当众表态款项由上海文艺出版社从他的版税中扣除。在场的上海文艺出版社总编郏宗培先生当场表示照办。易中天的这一决定出乎所有人的意料，此语一出，再次引发一阵热烈的掌声，也使拍卖会气氛达到最高峰，人气已聚、买气尽扬，本来已经停止竞价的 08 号书，再次恢复竞争。在这种情形下，拍卖师邀请易中天共同执槌这一项拍品的拍卖，易中天欣然从命，拿粉笔的手高高举起了拍卖槌。拍品价位瞬间飙升至 12.8 万元，来自南汇区惠南镇的律师闵卫平先生和其子闵泽仁成为本场义拍出价最高的人。易中天这一槌敲得够响、够味，这就是易中天，这就是《百家讲坛》主讲人的风采。

在拍卖会场，笔者的视野一分钟也没有离开过易中天。此时我想，建立胡国瑞教育基金自己必须出一部分资金这个想法或许就是在他被"冷落"的时候突然冒出来的，这个想法深深地寄托在感恩和尊师重道的基础之上，因为易中天是一个不甘寂寞的人。回望与易中天接触的全过程，笔者相信，一个倡导多一点感恩、少一点抱怨，多一点宽容、少一点挑剔，多一点谅解、少一点争斗的人是不会被人冷落了的。

上海美瀚国拍"每周三上午 11 时"的故事

　　站在上海美瀚国拍机动车拍卖有限公司(简称美瀚国拍)的大门口,抬头便可看到办公楼外墙上张贴着的"下次拍卖×月×日进行"的大幅广告牌。自上海美瀚国拍机动车拍卖有限公司成立以来,每周三上午 11 时举行拍卖会成为惯例,一年来雷打不动。由于公司地处市郊港区物流中心,生活设施缺少,于是,美瀚国拍为每位办了登记手续的竞买人提供免费午餐,在拍卖大厅内免费供应饮料、小点心,使之有一种回家的感觉。这在国内拍卖行业绝无仅有,是一种比较特别的服务项目。

　　2007 年 11 月 28 日,又是一个星期三,也是上海美瀚国拍机动车拍卖有限公司举行拍卖会的日子。今天这场拍卖会规模比较大,约有 340 人登记参加竞买。细心周到的美瀚国拍人不但准备了快餐,还提供了百余套肯德基供竞买人用餐,服务意识可见一斑。其实一年下来,每逢这一天,地处东海之滨,与外高桥保税区毗邻的美瀚国拍便会吸引众多关注二手车的客户,包括买家卖家终端用户经纪人。星期三成了他们的盛大节日,中午 11 时一到,拍卖会场自然会人头涌动。

固定拍卖时间、地点的深层次思考

　　美瀚国拍定点定时举行拍卖会是有其深远打算的。美瀚是美国一家从事机动车拍卖的跨国公司,在全世界有超过百家连锁企业,美瀚国拍是其进入中国内地成立的首家企业,也是国内拍卖行业恢复后经过国家商务部批准成立的首家中外合资企业。其实,合作双方决定固定每周三中午 11 点拍卖,背后大有文章。

虽然美瀚以机动车超级成交量独步国际二手车拍卖界,但在我国内地却是新面孔一张,要快速达到扩大品牌效应和市场占有率,就必须放下架子,另辟蹊径、独树一帜。确定每周三上午 11 时举行拍卖会,其原因有三:其一,从策划角度看,固定时间固定地点打阵地战,可以造成信息集聚及使他人形成思维定势。只要持之以恒,形成规律,信息形成积淀,到这一天便会有人不请自来,可以降低诸如发布招商广告之类的商务成本。与没有固定时间、没有固定地点、没有规律、零敲碎打的拍卖相比,这种做法既显示了主事者的信用、实力和信心,同时也减少了为了告知拍卖信息而不断投放广告产生的大量费用,可谓是"费少效宏"的妙招。其二是于管理而言,固定的拍卖时间且周而复始,使企业运营有了规律,使员工工作有了目标和压力:如果没有标的,下周三如何拍?拍什么?于是大家会努力去联系、寻找拍卖的车辆。美瀚国拍此招可谓经验老到。其三,这一天美瀚在全世界的分支机构也有拍卖会,通过网络可以连接世界各地,招商、影响力同步增强。

说到二手车,首先映入人们脑海里的肯定是这些车都是风尘仆仆、灰头土脑的样子,事实上,走上国内拍卖台的二手车确实也大都是这个模样。然而当你走近美瀚国拍的停车场,就会发现这里完全不一样。停放在这里的拍品车,辆辆油光发亮,没有一丝尘埃,打开着的引擎盖里发动机、水箱同样一尘不染,你甚至会怀疑这是一辆新车。当你步入拍卖会场,看到此一处、那一旁三二成行的蓝眼睛、高鼻子的外国人,此时你会疑惑是否走错了地方。这就是上海美瀚国拍机动车拍卖有限公司。

走中外合资的路是需要眼光和勇气的

上海美瀚国拍机动车拍卖有限公司是国内首家经国家商务部批准成立的中外合资拍卖企业,由国内拍卖业领军企业上海国际商品拍卖有限公司和美国美瀚公司投资组建。美瀚是全球最大的机动车拍卖公司,在全世界拥有雇员 32000 余人,其最大的拍卖会场同时开放 10 条车道进行拍卖,一年拍卖成交机动车约 500 万辆,成交金额约为 550 亿美元。作为跨国公司,美瀚公司早已建立了适合企业和行业特征的计算机管理系统,拍卖全部实现了网络同步,通过网络面向全世界,使得其分布于全球的公司具有总公司一样的经营管理水准和工作效率,从而形成了无可替代的经营规模和核心竞争力。因为看好中国内地市场及发展前景,美瀚 2006 年进入中国内地,并选择了市场环境良好的上海,作为其进入中国的桥头堡,上海美瀚国拍机动车拍卖有限公司应运而生。

与美国拍卖行业同行合作,需要眼光、需要勇气、需要实力,对于这一切,上海国际商品拍卖有限公司都具有。实际上,作为中国内地规模最大、最具实力的综合性拍卖公司,机动车已经是上海国拍的强势业务。它不但是国内最早从事机动车拍卖的拍卖公司,也是第一批国家认定的罚没车辆拍卖的定点企业,在国内享有盛誉。现在与美国同人合作,让出一部分市场,合作前景也不明朗,对于大多数国内拍卖企业而言,这是一个十分严峻的考试题,大多数企业会选择放弃。但是上海国拍选择的是合作,携手发展,表现了国内龙头企业的风采。成立一年来,美瀚国拍已经举行拍卖会 57 场,拍卖各式机动车 916 辆,成交额 8000 余万元。在开拓市场的同时,美瀚国拍还注重服务,推出拍卖车辆清洁、美容项目,使用美国技术、美国专用材料,使所有拍卖车辆达到美国本土要求。在上海国拍看来,美瀚国拍留给自己的绝不是区区近千辆车的成交量,它非常严肃地告诉我们:当经济全球化,国际拍卖业巨头觊觎中国市场的形势下,竞争将不再是低层次的公关与机构的简单增加,管理、专业、服务将成为决胜市场的关键因素,在存在差异的背景下,合作可能是最佳选择。事实证明,这一合作的决定是正确的,合作一年后,上海国拍总裁徐勉之先生曾经感慨地说:"合作一年,美瀚让我们学到了很多。"这是发自于其内心的感慨。

经过十多年的发展,我国的拍卖行业已经进入常规发展阶段,市场拓展、拍卖程序、法律法规建设等方面与国际基本接轨。但是,在管理的水平、企业的诚信度建设、计算机管理、网络与传统拍卖的结合、市场拓展的理念、企业经营的思路方面,我们与发达国家相差很远。短时间的出国考察,一是因为语言上的差异,人家的先进经验不能全盘接受；二是交流的时间短，走马观花式的考察不能学到真经；三是同行之间的排他性是个世界性问题，拍卖行业自然不可能独善其身。合资以后，竞争对手变成了合作伙伴，外国人、中国人成了亲家，以往只能短时间交流，现在是在一起工作，不分彼此，感同身受。于是，世界发达国家先进的理念、管理方法、网络技术一步被全盘移植到位，不交学费，没有保留，这可能是付费也没有办法完成的事情。对此，徐勉之与上海国拍认为这是与美国同行合作开拓中国市场的同时，上海国拍最大的收获。与其他同人不同的是，在此过程中，上海国拍不是被动地学，不是机械地照抄照搬，而是凭借自己丰富的经验和对国内市场的了解，主动对接，接受对方的同时，也改造着对方。磨合阶段结束，上海国拍有了自己新的设想和心得，对美国同行的一些不适合国情的东西进行了改良，于是，洋为中用、中西合璧，使得上海美瀚国拍机动车拍卖有限公司在短时间里就扬起了风帆。

上海规模最大的一手商铺拍卖纪实

"40万元最后一次,成交!"国家注册拍卖师徐玄炫一声槌响,迄今为止上海地区规模最大的一手商铺拍卖拉开了序幕。经过两天半的激烈竞争,位于浦东国际机场南侧南汇区祝桥新镇的218套社区商铺成功拍出189套,总成交率达86.7%,总成交额达1.2亿余元。本次拍卖在创下上海拍卖史上一次拍卖商铺套数与成交额两项之最的同时,也再次证明了拍卖在转让一手商铺方面所具有的优势。

"临空经济"造就一座新城

祝桥是个具有很长历史的古镇,典型的江南水乡风格,隶属于上海市南汇区,与浦东国际机场毗邻。机场板块是上海楼市106个板块之一,而祝桥镇又是空港新城、临港经济城的核心组成部分。空港新城作为机场二、三期工程的配套,使得祝桥新镇应运而生。短时间里,祝桥人即以大手笔在东海之滨、机场南侧修建了一座新城。

祝桥新镇,"北联浦东,南拓临港",有不可多得的区位优势。"新市镇、新商业",城镇化带来了人口聚合效应。按照规划,在未来10年里,祝桥新镇人口将达到15万,从而成为南汇区商业发展新的增长极,位于其中核心地带的社区商铺自然引人注目。

建设速度先行一步的千汇苑位于祝桥新镇中心地带,预付到2008年春节前,居民入住率将达到 85%以上。一个新兴城镇需要商业设施配套,因此千汇苑临街部分建造了一批商铺。由于属于填补商业设施空白,这些商铺引起了投资者的高度关注。从建设之日起,便有人不断前来咨询,到工程竣工,开发商已处于来不及接待的状况。为了满足更多投资者的需求,也为了合理配置资源,开发商决定采用拍卖的形式销售这些商铺,并委托上海国拍运作、主持。

高潮迭起的拍卖会

经过周密策划与紧张宣传、招商,2007 年 12 月 26 日中午 12 时,上海历史上最具规模的一手商铺拍卖拉开了大幕。虽然时值年终,天气十分寒冷,从东海上吹来的冷风带着潮气掠过街头,尚未入住的祝桥新镇更显得冷冷清清,但兴致勃勃的投资者还是早早地把偌大的祝桥影剧院演出大厅坐满了。

在前几天的竞买登记中,有 400 余人交纳了竞买保证金、领取了号牌。由于标的数量大,因此按计划拍卖会分三天进行。拍卖的商铺均位于千汇苑,面临金亭路、千汇路,面积最小的 22.43 平方米,最大的一套为 623.72 平方米,绝大多数商铺面积为 40~80 平方米,最适合开设为居民服务的各类商业业态。

南汇地处市郊,祝桥新镇更地处东海之滨。江南丝竹、浦东说书,对于祝桥人来讲,可以用如数家珍形容,但是说到拍卖,则完全是新事一件,但商铺本身所具有的品质还是深深吸引了广大投资者。为了弥补群众对拍卖方式的生疏,拍卖师在认真、仔细地介绍了拍卖规则、报价方式及注意事项后,特别示范了自己主持拍卖的方式,然后拍卖便开始了。首场拍卖共 48 套商铺,拍卖师报价并且规定加价幅度为每次每平方米 50 元。可能因为是第一次参加拍卖,竞买人还不太习惯出价的缘故,在场的人举牌还不够熟练,甚至有些羞涩。随着拍卖的深入,他们渐渐适应,一些反应较快的竞买人已开始直接报价,有些人甚至一次加价就达 5 万元,拍卖会顿时热闹起来。在拍卖师的报价声中,大多数商铺均经过数十轮竞价才成交。不少次,当拍卖师报出"第三次"并即将落槌时,竞买人突然举牌,从而引起了又一轮竞争。拍卖会从中午 12

时开始，直到下午 4 时 30 分才告结束，48 套商铺成交了 45 套，成交额为 3332.5 万元，超出底价约 336.4 万元，首场拍卖开了好头。

27、28 日，拍卖会持续进行，27 日的拍卖会竞争尤其激烈。在观摩和经历了首场拍卖后，竞买人显然已经很老练，加上第二天拍卖的商铺所处位置较好，面积又较小，竞买人购铺心情因此比较迫切。拍卖中，不少标的拍卖师刚报出起拍价，下面已是号牌一片，而且不少竞买人直接报价，迅速把价位推了上去，竞买节奏变得快起来。整场拍卖会，上海国拍两位拍卖师轮流上阵，很好地掌控着竞买节奏和会场秩序，同时不失欢快、幽默，表现了较高的主持艺术。槌起槌落，付拍的 64 个商铺全部成交，成交额接近 6000 万元。一个崭新的城镇，一个居民尚未入住的小区，一个目前在地域上仍然属于没有多少优势的地方，如此多的商铺通过拍卖成交。一时际，商铺拍卖成了祝桥新镇乃至南汇区的一大新闻和风景线。

经过三天竞拍，千汇苑全部 218 套商铺成功拍出 189 套，成交率达 86.70%，总成交额达 1.28 余亿元，拍卖成交价超出底价 35%以上，拍卖取得了极大成功。

千汇苑商铺拍卖成功的思考

上海历史上规模最大的商铺拍卖取得成功，说明了拍卖作为特殊的商品交易行为，它适合于各种商品的交易。一手商铺作为较为紧缺的商品，同样适合采用拍卖交易，综合本次拍卖，有以下几点值得思考：

第一，上海的社区商铺是中长期较为紧缺的资源，由于服务社区，贴近市民，又拥有较为固定的消费者群体，因此社区商铺十分走俏。虽然一些新建社区远离市区，从表面看，在交通、商业繁华程度上有缺陷，殊不知，正是因为这些新型城镇远离市区，因此才有自己相对独立的商业环境，小区居民的消费目标就更加集中，因而这一地区的商铺更引人关注，此次拍卖的祝桥新镇千汇苑商铺便具有上述各种条件。因为属于新建小区，商业设施是个空白，人口主要是新导入的，其中不少人因机场扩建动迁而改变职业，但手中握有大量的动迁款，加上又有临空经济的优势，经商是一条自谋出路、合理盘活手中存量资金的好途径,因此商铺拍卖的基础稳健,它们成为招商的重点,拍卖的结果也证明了这一预测和判断的正确。

第二,合适的面积、合适的价位是拍卖成功的关键。商铺价值大小,是否走俏,商铺面积、位置、价位十分重要。此次拍卖成功有以下两方面原因:一方面拍卖公司经验老道,考虑问题周全,运作能力很强;另一方面,委托方历史上和上海国拍有过多次合作,曾委托拍卖过南汇区政府驻地惠南镇的社区商铺,对拍卖有所理解,双方磨合速度快。设计拍卖方案时,把218个商铺按面积、位置进行筛选,优质优价,最低的每平方米仅5900元,最高的每平方米约13000余元,底价定得极为适宜,留有空间。事实证明,这一举措吸引了广大投资者,而围绕位置好、面积小的商铺的竞争一般都很激烈。一些商铺竞价过程达20分钟以上,拍卖结果有近40%的溢价,这与底价定得合适密切相关。

第三,符合实际的招商策略。本次拍卖的标的地处市郊,又属新建市镇,在外影响力不大,期望市区或者市外买家大量来参与竞买,可能性不大,买家主流应该在周边地区,尤其是大量的动迁户。看准了这一点,委托方和拍卖公司审时度势,不舍近求远到市区花大功夫招商,而是紧紧贴近祝桥、南汇区范围进行招商,尤其重视标的现场的氛围烘托,采取在南汇区闭路电视上滚动发布拍卖信息、在商铺现场悬挂宣传品等方式,造成信息积淀。由于目标锁定正确,招商措施得当,拍卖所成交的189个商铺绝大多数由当地人所有,这些买家不少就是祝桥新镇的住户。找准目标客户,进行有针对性的招商,这是举办类似拍卖时值得注意的问题。

第四,对于开发商而言,数量大且摸不准价位的一手商铺,采用拍卖的方式出让是一个效率、效益均较好的办法。新建小区、新建商铺,由于没有市场参照物,开盘价格很难确定;采用协议出让的方式,谈判、洽价过程漫长,缺乏制约机制,效率很低;通过代理商销售,虽然比较专业,但是成本很高,销售周期长。拍卖虽然不能包打天下,但是拍卖的第一大功能就是价值发现功能,它是市场中最好的询价方式之一。采用拍卖方式,可一定程度上缓解或解决上述矛盾,国内不少地区的拍卖实践证明了这一点。不过应该一提的是,尽管拍卖有如此优势,但是选择合适的、操作规范、能力强的拍卖机构是很关键的环节,祝桥新镇千汇苑社区 218 个商铺拍卖更进一步诠释了拍卖的功能和作用,也进一步诠释了拍卖机构选择的重要性。

公务用车拍卖纪实

"30.6 万元最后一次！"国家注册拍卖师蒋斌满含激情的宣布着。11 月 28 日上午,由上海国际商品拍卖有限公司、上海美瀚国拍机动车拍卖有限公司联合主持的上海市青浦区公务用车拍卖拉开了大幕。

公务车改革成为拍卖市场新的热点

冬日的阳光静静罩着外高桥地区,略带寒意和水汽的北风吹过毗邻外环线的上海美瀚国拍机动车拍卖有限公司。169 辆经过专业保洁、美容的二手车整齐地排列在宽敞的停车场上,数百位竞买人正抓紧拍卖前最后的时刻查看着车辆。他们评头品足,不时在纸上记录着什么,有的人还打开车门,仔细检查仪表,甚至试试发动机,场内场外一片繁忙景象。一场大规模二手车拍卖会即将在这里举行。由于当天拍卖的车辆中有 149 辆是上海市青浦区因公务用车改革而推向市场的, 这些车带有牌照,使用年限不长,车况较好,因此成为热点,拍卖吸引了市内外众多买车人参与。

时钟指向 11 时,拍卖开始,近千名兴奋的市民把美瀚国拍拍卖大厅挤得水泄不通,公司营业厅实时显示拍卖情况的宽大液晶电视屏幕前也是人头攒动。此场拍卖会有近 340 人登记并领取号牌,拍卖会场面热烈为近期所罕见。随着拍卖师的槌起槌落,经过反复交量,一辆接一辆二手车拍卖成交,场上号牌此起彼落,十分壮观。

第 79 号拍品，一辆 2006 年 9 月登记的带牌奥迪 A62.0T，由 25 万元起拍，加一次价 1000 元，"25.1 万"、"27.2 万"、"30 万"……只见拍卖台下一片号牌，拍卖师激昂的报价声在拍卖大厅里回响。价格扶摇而上，瞬间已到 35 万元，但是竞买人仍无放弃的迹象。"39 万"、"39.5 万"……此时竞拍人出的价已直逼新车价格，场上竞买气氛达到高潮，拍卖师为此不得不善意提醒大家保持冷静。但竞价仍在进行，直至 40 万元时拍卖师才落下木槌，引起一片惊叹。经过长达 4 小时的激烈角逐，拍卖会最终降下帷幕，全场拍卖成交二手车 155 辆，总成交金额 1979 万元，较起拍价净增 289 万元，增幅达 17%，其中公车改革委托的 149 辆全部成交。拍卖获得极大的成功，是迄今为止上海力度与规模最大的公车改革拍卖，取得了开门红。

党政机关公车私用、违规超编、超标配车、变相固定用车这些公务用车管理和使用上长期积累的矛盾和问题，已经成为社会和群众诟病的重要话题，必须通过改革和制度创新加以解决。自 2004 年起，上海部分国有企业以及闵行、普陀、嘉定等区进行了公务用车制度改革，部分清理出来的公务车通过拍卖等方式变现，这一举措既精减了公费开支，又有利于廉政建设。作为国内最早涉足机动车拍卖的上海国品充分发挥专业性强、机动车拍卖经验丰富的优势，主动出击，积极参与，通过自身努力，连续主持了市内外不少国有大型企业集团和金融机构的公务车拍卖活动。2009 年公司通过招投标，先后中标松江、青浦区的公务用车改革拍卖，充分展现了公司品牌和运作能力，增加了公务用车拍卖的实践经验。公务用车制度改革车辆处置成了市场热点，也给拍卖行业带去了机会。

专业化运作机动车拍卖显示威力

2012 年，对于上海拍卖行业而言，是十分难忘的年份。这一年，传统拍卖委托急剧萎缩，市场竞争空前激烈，竞争已经从拍卖行业内部扩展到市场上行业与行业之间。加上政府宏观调控，房地产限购令造成拍卖行业主要业务房地产成交接近底线，其他交易因为资金紧张，市场疲软，购买力下降，成交情况也跌入冰点，拍卖行业步履艰难。一方面，业务难以取得；另一方面，已经取得的业务又难以拍卖成交，拍卖行业很是艰难、纠结。在此情况下，公务用车改革却进入高峰状态，成为拍卖行业一次难得的商机。

根据国务院有关规定和结合上海市公务用车制度改革实际情况，2012 年，上海市尚未进行公务用车制度改革的区县全面铺开此项工作。上海国拍凭借充足的公务用车制度改革拍卖案例、丰富的实践经验、为各委托方量身定制的拍卖方案、对市场高度的把握以及服务至上的理念，主动出击，通过招标，先后取得了金山、杨浦、虹口、徐汇、静安、黄浦、宝山等区公务用车拍卖资格。值得一提的是，静安区公务车改革只招标一家拍卖企业，上海国拍竞标入围，成为唯一的拍卖机构。多年努力与耕耘，上海国拍机动车拍卖运作能力和影响力终于得到社会认可。

因为已经有了先期举行的公务车拍卖的实践，上海市的拍卖企业运作机动车拍卖的能力已经有了公认的结果，因此，2012 年的公务用车拍卖竞争较以往更加激烈、更加残酷。

首先是委托方，即政府管理部门更加严谨、成熟。因为有了先前的试点，2012 年进行公务用车改革的区县有了参照物，改革进行之前，他们普遍对以往进行了公务车改革的区进行访问、考察，对公务车拍卖的程序、参与的拍卖机构情况有了较为深入的了解，计划相对比较严密，对拍卖机构的要求比较严格，对佣金支付标准、服务要求则更加专业、更加严厉。

其次，尽管实际参与各区公务车改革拍卖机构招投标的拍卖公司绝对数不大，但是因为参与前一轮公务车改革拍卖的各拍卖公司业绩比较平均，加上招投标的技术参数并不深奥，因此，竞争反而比以往更加直接、激烈。

最后是由于是近十个区连续进行公务车改革，尤其是 4 月金山区开始公务车拍卖后，有近四个区接着进行公务车改革，车辆集结、整理、招商、拍卖会运作、成交价款催收、车辆过户等工作既具体又专业，工作量很大且不能省略，对拍卖公司的运作能力、人员配置、人财物的调度等带来了严峻考验。一些规模小的拍卖公司在连续、批量且要求很高的公务车拍卖面前，力不从心，露出了疲态。

此时，上海国拍却充分显示了企业规模大、专业化运作能力强、公司经营管理层次高的优势,兵分几路,同时作战,照样挥洒自如、游刃有余。在入围金山区公务车改革拍卖机构后,公司又相继入围杨浦区、虹口区、静安区、徐汇区、黄浦区公务车改革拍卖机构名册,成为此轮上海公务车改革拍卖唯一全部入围的拍卖机构。从市南到市北,由东而西,拍卖会一个接着一个,圆满完成任务,得到委托方的一致好评。

虽然本轮上海市公务车改革委托方的评标方式呈现多元化趋势,但严格、较为规范则是一致的,选聘评标专家或者人员几乎没有重复。其中,有邀请社会各专业委员会专家库人员,有邀请市级政府管理部门相关人员、有全部邀请拍卖企业拍卖师或者拍卖公司领导,有几方面人员混合的,让他们从不同角度考虑,然后打分。这种做法对于任何一家拍卖公司都是一种考验。上海国拍每次都以最高分入围,成为这一轮公务车改革拍卖唯一全部中标的拍卖公司。其中静安区考虑其公务车改革的数量不大,因此明确只选聘一家拍卖公司作为其公务车拍卖机构。他们邀请5位拍卖师作为评委,最后,上海国拍从参与招标的7家拍卖公司脱颖而出,成为唯一的拍卖机构,这是十分不容易的。

中标后,上海国拍不负众望,该区共委托拍卖177辆车,首次拍卖成交168辆,成交率达到95%,第二次拍卖成交8辆。从接受委托到进行财务结算,前后仅一个月时间,拍卖结果溢价近15%。上海国拍的运作能力、品牌效应在公务车改革拍卖活动中得到了充分显示。

近几年,我国拍卖市场受到各种主、客观因素的影响,市场竞争加剧,拍卖委托量萎缩,市场拓展难度增大,但是二手车却呈现逆势增长的态势,连续三年拍卖成交量快速增加。同时,我国群众汽车拥有量仍然处于上升状态,因此进入二手车市场交易的机动车必定仍然会快速增长。据中国汽车流通协会统计,2012年第一季度,二手车交易量上升至108.66万辆,比去年同期增长44.17%,今年二手车交易量可能达到500万辆,二手车市场前景看好。如此重要的市场,拍卖行业没有理由不去重视它、经营它,而进行公务用车改革车辆拍卖,既能考验拍卖公司专业运作的能力,同时又是一次极好的练兵机会,负责任、把拍卖当作事业的拍卖企业应该为之努力。在这一场市场搏击中,上海国拍再一次经受了挑战和考验,交出了一份令人满意的答卷。

创新与技术进步推动上海国拍持续发展

——网络技术在机动车额度拍卖中的应用

自有拍卖这一形式以来,因能直接参与、拍卖师和竞买人面对面、现场感强、气氛好,现场拍卖一直是拍卖交易的主要形式。20世纪90年代,由于互联网技术的快速发展,并且渗透到拍卖领域,网络拍卖因其快速、高效、简洁,打破了时间、空间的制约,从而给传统的拍卖方式形成巨大冲击。传统交易形式的优、缺点被重新审视。

在此大背景下,国内不少行业纷纷染指网上拍卖,而一方面,由于缺乏法律法规规范,群雄并起,却无人制约;另一方面,所谓的拍卖活动几乎为非拍卖企业主持,所谓的网上拍卖鱼目混珠、乱象横生,拍卖行业对之望而却步。然而,上海国拍卖以敏锐的眼光、超前的意识、果断的行动,在行业内率先涉足网上拍卖领域,先后主持了一系列网上拍卖活动,充分显示了公司把握时代脉搏、适应高科技时代市场需要、保持企业可持续发展的核心竞争力。上海市机动车额度拍卖淋漓尽致地展现了上海国拍适应市场变化的能力。

上海机动车额度拍卖始于1994年,因其标的具有同质性,不适合采用现场拍卖的方式进行,因此开始阶段采用密封式递价拍卖方式,由于投放数量不大,采用手工开标的方式在短时间里就可以完成。随着个人轻便摩托车、个人营业性货车、私营企业、私人桑塔纳轿车社会额度等先后纳入拍卖渠道,数量明显增加,密封式递价拍卖和手工开标方式跟不上需要。2000年后,委托方又推出"私人私企国产生活用车无底价拍卖"项目,把市民、私营企业用车全部纳入其中,采取拍卖方式处置,参加额度拍卖的客户数量随之大幅度增加,手工操作变得不适应。于是,上海国拍想到了互联网技术并果断开始研究、开发与此项拍卖相关的软件。

2000 年 5 月,上海国拍开始尝试在拍卖现场架设电脑终端。客户办理登记后领取一张识别身份的 IC 卡,将这张 IC 卡插入拍卖现场电脑终端附带的识别器,然后,根据电脑终端的提示输入投标金额完成投标。在投标时间截止后,系统及时公布中标结果和中标人名单。这一变化表面上使较为原始的纸质标书变成了 IC 卡,由手工操作转变为电脑操作,向网上拍卖迈出了极为重要的一步。虽然还不能称之为网上拍卖,但因为借助了网络技术,效率大幅度提高,网上拍卖的雏形已显现,这实实在在让上海国拍尝到了甜头,上海国拍人从中看到了希望、有了继续发展的动力。

作为最初的尝试,公司实施的是单主机多终端的系统,处理能力有限,主机可以配置的终端也只有 10 多台,即只有 10 多位客户可以在现场同时投标。如果竞买人过多,或者由于竞买人出于私利故意占据投标终端延长投标时间,阻碍他人投标,那么因为终端数量的限制,可能造成其他竞买人不能出价,由此带来一系列问题。因此,单主机多终端系统虽然解决了手工操作时间过长无法即时开标带来的效率问题和公正性质疑,但也给现场管理和网络处理能力带来了新的考验。

针对这一情况,上海国拍公司放弃了单主机多终端系统,将局域网系统应用到机动车额度拍卖中。局域网系统是在一个物理区域内构建的网络系统,以一台或多台服务器作为系统服务的核心平台,从而大大加强了系统的可靠性和处理能力。从结构上说,局域网系统也可以最大限度地扩展终端数量。上海国拍在 2000 年内完成了额度拍卖系统的局域网改造,将同时可供投标的终端数量大幅度增加到 20 多台,并且保持很大的开放性,只要需要就可以继续增加投标终端的数量。这一改革,初步解决了投标现场终端不够的问题。

但是,上海国拍并未因此止步不前。随着额度投放数量和拍卖人数的大幅度增加,上海国拍在进一步提高服务质量的思想指导下,将目光放到了真正应用互联网技术上。从 2002 年下半年开始,上海国拍组织公司技术人员、外聘顾问公司,花费大量经费，着手基于互联网平台的拍卖系统研制开发，走出了互联网拍卖最为关键的一步。互联网系统开发目的是为了尽量减少客户交互服务的次数，降低客户因为汇聚在一个集中拍卖场地带来的不便，改善由于现场管理问题带给客户的不佳体验等，从而真正实现拍卖不受空间等制约的梦想。设计的最终目标是，将集中于一个投标场地的投标拍卖，借助现代化工具，在广大的空间里，只要办完审核登记手续，取得了拍卖资格，竞买人就可以通过互联网或者电话，在任何地点，使用上网设备完成拍卖出价、中标结果查询、中标价款支付等一系列过程。

2003 年初，上海国拍公司基本完成了这一系统的开发工作，理论上客户可以利用网络、电话、现场三种方式参加投标拍卖，并从 2003 年 3 月开始试运行。

天高任鸟飞。同年 4 月，"非典"肆虐华夏，现场拍卖活动被迫停止，上海国拍借助高科技先行一步的优势此时得到了充分显示。因为不能现场聚集竞买人，同时，公司主观上也不想让客车额度拍卖停止，因此互联网拍卖走上前台。5 月份，本来面临停止的私营企业、私人客车额度拍卖因为有了网上拍卖系统，得以正常进行。互联网的应用为特殊时期机动车额度拍卖的正常进行提供了强有力的保证。此次拍卖，有15000 多人通过互联网成功出价。我国拍卖史上真正意义上的、由拍卖企业按照《拍卖法》要求进行的网上拍卖活动由此迈出了关键一步，它从本质上改变了传统拍卖的营运模式，真正意义上的网上拍卖由此揭开帷幕。

尽管如此，上海国拍却仍然保持清醒头脑，不断研究，持续发展。公司不断对已有网上拍卖系统进行更新换代和能级提升，使之跟上时代和市场的步伐。在经过不断修正、完善的基础上，上海国拍成功申请并通过了专家对网上拍卖系统的市级论证。

2008 年 3 月，拍卖会的参加人数创纪录，短短一小时内有 63534 人通过网络参加了拍卖，拍卖系统经受了空前考验但却运转自如。可以说，上海国拍公司承接的上海市机动车额度拍卖项目，是拍卖行业以技术创新带动业务模式创新的典型案例。没有技术应用开发的不断创新，也就不会有这一项目的长期延续。

与时俱进是上海国拍坚守的信念。一直以来，公司的经营业绩始终以几何级数增长,但是,公司经营者群体在总经理徐勉之带领下,没有在成绩面前裹足不前,而是乘胜前进,再次成功开发并实施了新的竞价模型,即一次报价、两次限价修改的竞价方式,使网上出价方式更接近现场拍卖。这一方法从 2008 年 1 月开始实施以来,有效地解决了拍卖过程中信息不对称的情况,由此,汽车经销商对客户拍卖出价的影响基本消失,客户可以从及时公布的投标信息中了解拍卖人数、最低中标价等信息,作为自己出价、修改出价的参考。

一次公开报价方式解决了客户由于希望中标而又不愿报价过高,从而听信经销商指导价的问题,客户在首次报价阶段可以按自己的心理价位出价,取得下一阶段修改出价的权利。二次限价修改,则是约束成交价过快上升的有效手段。竞价模式的创新,成为上海国拍机动车额度拍卖项目持续发展的重要推手。几年来,共有150 余万人通过互联网参与了机动车额度拍卖,其成为国内网上拍卖的佼佼者。

随着互联网技术的迅速推广,网上拍卖因为打破了时间、空间的制约,费少效宏正成为国际流行的拍卖方式。上海国拍公司先行一步,大胆涉足网上拍卖领域,并通过在上海市机动车额度拍卖项目中的率先应用,经过五六年的实践,不但跨越了一系列互联网技术难关,而且把网上拍卖覆盖到民品、机动车、物资、房地产等领域。上海市机动车额度拍卖不但是我国网上拍卖的先行者,也是迄今为止国内由拍卖企业按照《拍卖法》实施的规模最大、影响最广的网上拍卖活动。

心存大爱为灾区
——汶川地震后上海国拍爱心活动纪实

"450万元,成交!"2008年6月12日下午3时许,被称为国内最"牛"的个人捐赠者、上海退休女教师沈翠英女士捐赠的自己用以养老的一套商品房在上海百家拍卖企业赈灾义拍会上经激烈竞争拍卖成交。在热烈的掌声和赞扬声中人们纷纷询问谁是买家,是谁帮助沈老师圆了大爱心愿。此时,作为买家的上海国拍人也心潮澎湃,因为在帮助汶川灾区抗震救灾重建的大爱之路上,公司又献出了一份爱心、做了一件应该做的事。

一个果断的决策

从1988年4月14日正式成立至2008年,上海国拍已经走过20年历程。20年市场经济风雨兼程,20年商品大潮中滚打摸爬、历练拼搏,公司从一个班组式的非独立核算单位起步,由一个五六人组成、年拍卖成交额不足百万元的拍卖行出发,发展到年拍卖成交额逾60亿元的拍卖业领军企业,上海国拍人有太多的感受、太多的期盼、太多的感恩。为了认真总结过往的经验和教训,探索新起点新征程上新的思路和新的举措,同时也为了回报社会各界20年来对上海国拍一如既往的帮助和支持,早在2007年年初,公司就开始着手筹划公司20年庆典活动。进入2008年,庆典活动方案确定并进入实质性运转状态。

上海国拍是一家有责任感和讲究工作效率的企业，庆典方案确定后一切按预定计划实施。企业成长不忘回报社会，怀着强烈的感恩之心，上海国拍20年庆典的主题是回报社会，慈善是庆典的主旋律。结合行业特点，公司决定捐出一件高档艺术品在庆典时拍卖，拍卖所得将全部捐赠，用于帮助社会上的弱势群体，为他们做一些力所能及的事情。为此，其在第一时间落实好了拍品，它是一件价值十分昂贵的白玉摆件。

上海国拍历来崇尚拼搏创新，庆典议程因此也精心策划：用一篇公司成员创作的散文诗代替通常的领导致辞和公司成长史汇报，邀请著名艺术家为诗配乐。而记载公司成长历程、主要业绩，装帧精美、声情并茂的《上海国拍20年》光碟，经反复斟酌、修改，用时数月也业已完成。会场已预定、会务已由专门的公司策划、出席庆典的嘉宾请柬即将发出……总之，上海国拍20年庆典已进入倒计时，箭已搭在弦上，万事俱备，只等6月28日到来。届时高朋满座，与上海国拍人共享改革开放、和谐社会给企业、给行业带来的欢欣和鼓舞。

5月12日14时28分，四川汶川发生里氏8级地震，四川震惊！中国震惊！世界震惊！灾区所遭受的巨大损失，受灾群众的一举一动牵动了全国人民的心，也深深牵动了上海国拍人的心。5月13日上午，一场为汶川地震灾区抗震救灾捐款的行动在上海国拍展开。不用动员，不用号召，所有员工慷慨解囊，几位在外出差的员工通过电话认捐，短短一小时即收到捐款5万元；共产党员另外捐出特殊党费，12名党员捐款5.55万元。经过公司董事会批准，公司在第一时间决定另外捐款200万元，这是上海国拍成立20年来捐出的单笔最大款项。从5月13日到14日，公司连同员工共捐款210.32万元。210.32万元对于惨遭震魔洗劫的灾区可能是微不足道的，但对于一个不足70人的企业而言，算是一个不小的数字了。对此，公司经营层、全体员工无怨无悔，因为上海国拍人深深懂得：金钱有限爱心无价，成长不忘回报社会！

5月12日14时28分已永远定格在历史上，通过电视屏幕、报纸、通过信息时代的各种媒介、各种渠道，地震灾区的所有一切始终牵动着上海国拍人的心。上海国拍总裁徐勉之先生向公司其他经营层成员提议:原定于 6 月 28 日举行的公司 20 周年庆典取消,节省用于庆典的经费,给地震灾区再做力所能及的奉献。

改革开放催生了我国拍卖行业。从 1986 年底国内第一家拍卖公司成立到现在,中国拍卖行业恢复才 21 年,上海国拍公司的发展与行业同步。在改革开放的大背景下,在与拍卖行业同行们一起艰苦奋斗、摸索前进的征途上,公司一步步走来不容易。上海国拍经营层包括徐勉之在内,在本企业奋斗时间均已有 10 年以上,与企业同呼吸共命运, 他们在时间上也不可能再有下一个 20 年的再奋斗、再辉煌的机遇了,况且庆典一切准备就绪,现在要取消,总有一丝遗憾。但是,面对突如其来的灾难,面对一张张无法忘怀的凝重面孔,面对国家的需要,面对令世人肃然起敬的民族精神,公司毅然作出决定,放弃举办庆典。这是一个果断的决策、一个明智的决策!

百家义拍显风采

5 月 19 日是全国人民为汶川地震灾区罹难群众默哀的日子,恰巧也是上海市拍卖行业协会总经理联谊会例会的日子。上海市拍卖行业协会总经理联谊会是上海拍卖业加强企业间沟通、互通信息、携手共拓市场的平台。一般而言,成立至今每次例会除了信息交流外,更多的是务虚、感情融通、寓教于乐,因此会议之余有一些休闲娱乐项目。此次例会恰逢汶川地震,举国悲恸,在徐勉之会长的提议下,本次联谊会成了为地震灾区献爱心的筹划会。与会 41 家拍卖企业负责人一致同意在已经捐款、捐物的情况下,集行业之力,为汶川地震灾区抗震救灾再做贡献。

在万众一心,抗震救灾的旗帜下,上海百家拍卖企业首次联合起来,决定在汶川地震一月纪念日,即 6 月 12 日 14 时 28 分举行赈灾义拍,并推荐上海国拍等 9 家公司为义拍发起人。上海乃至中国拍卖史上首次如此规模、如此组织形式的义拍活动由此拉开帷幕。

上海国拍既是此次百家拍卖企业赈灾义拍的发起人, 也是此次义拍最忠实、积极的实践者。原来打算在公司 20 周年庆典上义拍的白玉摆件"西园雅集",由徐勉之先生带队送到了义拍征集点。与此同时,公司抽调精干力量,与行业同人全力以赴做义拍筹备工作,并在第一时间协调上海主流媒体对义拍展开全方位的报道。上海拍卖行业的善举,社会上诸如沈翠英女士、四年级女生翟羽佳、84岁美籍华人杨大芬、西藏曲水监狱服刑人员的爱心奉献,恰似一夜春风吹过申城大地,并通过互联网传遍白水黑山、大江南北。其间,上海国拍默默无闻的参与耕耘、培土施肥,为义拍倾注了浓浓的爱心。

2008年6月12日14时28分,百家拍卖企业赈灾义拍在上海大剧院进行,第1号拍品即上海国拍捐赠的白玉摆件"西园雅集"。拍卖师从无底价起拍,场上号牌此起彼伏,此后,上海国拍以34万元的高价力克群雄成为买家,先声夺人,奉献一片爱心,也为是次赈灾义拍开了一个好头,其对地震灾区灾后重建的拳拳之心引来一阵掌声和后来者更热烈的爱心大奉献。拍卖在异常热烈的气氛中进行。此时,拍品有价爱心无价已成参加义拍所有人的共识和心愿,上海国拍继续跃马扬鞭,分别以1.5万元、2.5万元、2.3万元的价位先后拍下翟羽佳小朋友捐赠的由姚明签名的NBA球帽、美籍华人杨大芬创作的油画《九寨沟》、《黄龙公园》和由上海电视台节目主持人签名的T恤,连同前期捐款,此时,上海国拍为汶川地震灾区捐款数额已达250.62万元。

第16号拍品,是上海退休女教师沈翠英女士捐出的一套位于上海徐家汇地区的商品房。这是这位并不富裕的市民用以养老的住房,目前处于出租状态,每月有8000元的租金收入。汶川地震灾区受灾学生的惨状使沈翠英女士食不知味、寝不安寐。在家人的支持下,她无私捐出了这套刚还清贷款的住宅,委托拍卖变现后在地震灾区都江堰修建一所能抗强震的希望学校,其心理价位约在430万元。信息披露后,引起社会强烈反响,沈翠英因此被舆论界和群众称为史上最"牛"的个人捐赠者、被誉为"上海奶奶"、当年"感动中国十大人物",这件拍品也因此成为整场义拍的重头戏、媒体与社会各界关心的焦点。为了帮助沈翠英女士实现大爱心愿,上海国拍悄无声息地作出决定,如果拍卖会上无人竞价至450万元,上海国拍公司将出这个价,买下这套商品房。言必行,行必果,当竞价至420万元时,因价位已远远突破该套商品房的市场实际价格,加上尚不清楚过户税费具体数额等因素,场上竞价出现短暂停顿。然而就在瞬间,上海国拍代表断然出手,并引导价格一路向上,把价位锁定在450万元,若加上过户税费,此项拍品实际成交价格当在473万元左右。上海国拍人帮助沈翠英女士实现了心愿,为汶川地震灾区灾后重建又增添了一份爱心。

关心慈善事业,是上海国拍一贯作风

关心慈善事业,热心帮助弱势群体,是上海国拍的一贯作风和自觉行动。从成立至今粗略计算,公司为公益事业的捐款已逾1300万元。为汶川地震灾区捐款仅是上海国拍发展过程中诸多善举中的一束浪花、一个插曲,而就是这些浪花、插曲汇聚成了上海国拍的企业文化、企业形象、企业品牌。

早在20世纪90年代中期,上海国拍在市场经济大潮中刚迈出第一步,关心公益事业就已然成为公司经营者和员工的共识。公司在南京东路步行街曼哈顿广场为下岗女士举行义拍;第八届全国运动会在上海举行,公司在为全运会场馆建设募集资金的活动中主持了两场拍卖会,为全运会募集到了1.43亿元,是该届全运会筹措的最大一笔资金,公司同时捐出全部佣金收入;东南亚海啸发生,公司捐款10万元;"非典"肆虐,公司慷慨解囊;资助贫困学子是公司经常性的工作,除了公司承诺上海数十名在读贫困大学生外,中拍协为筹措希望小学举行的义拍会,上海国拍先后出资10万余元。近十余年来,上海重要的慈善活动包括慈善晚宴、寺庙善举、文体盛事,凡有义拍,必然能见到上海国拍人的身影,能听到上海国拍人的槌声。时间不分周五周六,即便是除夕之夜万家灯火共享天伦之乐时,只要有义拍,上海国拍人从不拒绝。2010年,公司毫不声张地出资38万元,为世界残奥会游泳冠军王多兰安装假肢,了却了她重新站立起来的心愿。一年一度"'蓝天下的至爱'慈善拍卖",无疑是上海乃至全国最有影响的慈善拍卖活动了,从2000年起,上海国拍公司已先后主持了六届该项拍卖活动,成为上海主持该项拍卖活动次数最多的拍卖公司。槌声之下,无数上海贫困老年白内障患者得以复明、无数贫困市民得到扶助,这其中有上海国拍人洒下的一片爱心。2008 年初,上海国拍捐资 100 万元,成立扶贫帮困基金,使公司的慈善活动成为长效。20 年间槌起槌落,7300 余天拼搏商海,上海国拍人用实际行动回报社会、谱写了一首首大爱之歌。

对外,上海国拍人有一片回报社会的赤子之心;对内,上海国拍人同样铁骨柔心。拍卖是市场经济的产物,适者生存,是这个行业的真实写照;敢于创新、拼搏,经营路上不敢有丝毫懈怠,这是上海国拍的一贯作风。风雨之中,上海国拍十分注重关怀自己的员工。有职工患重病或是有暂时困难,公司除了关心外,会慷慨帮助;每到岁末年初,公司全体成员都会捐款,为公司曾经的同事助一把力;公司员工及其家属生病住院了,公司总是第一时间送上一份温暖,使严酷的市场搏杀中有阵阵春风拂面,即便生活中遇到困难,也能看到希望、见到风雨过后的彩虹升起。上海国拍的退休员工每年可与在职人员一样体检、外出旅游,有一份报纸、有公司最新的宣传册……桃李无言,下自成蹊,20 年来,上海国拍人用这一件件一桩桩小事堆砌着公司大厦。正因为如此,当汶川地震发生后,公司才会义无反顾地一次次踊跃捐款,在奉献爱心的同时,使企业文化一次次升华,使公司在可持续发展的征途上物质文明、精神文明双双丰收。

上海国拍国有建设用地使用权拍卖的蓝海战术

1995 年,上海国拍主持了上海第一次国有建设用地使用权拍卖。此后,上海的国有建设用地使用权就再也没有出现真正意义上的拍卖行为,那次拍卖成了绝唱。

进入 21 世纪,国有建设用地使用权出让拍卖成交额巨大,成为我国拍卖行业新的增长极。在此大背景下,上海因为没有采用拍卖方式或者说是没有拍卖企业主持的拍卖行为,成为上海拍卖行业的一大缺憾,使得拍卖运作能力最强的上海拍卖企业因为没有案例和业绩支撑,在全国市场竞争中失去了优势,在类似拍卖机构评选和竞争中处于劣势。

但是,市场是活的,世上本来没有路,路是人走出来的,他山之石可以攻玉,与其坐以待毙,不如走出去,寻找土地使用权拍卖的蓝海。上海国拍用自己的智慧,很好地解决了这一问题,这就是走出上海、学会合作,学会让利,取得资格,取得经验,从土地使用权拍卖的蓝海起航、前进。参与广西壮族自治区党校国有土地使用权拍卖是上海国拍进入国有建设用地使用权拍卖市场的第一步。

第一步,合作参与南宁市委党校国有土地使用权拍卖

南宁市是国内最早选聘拍卖公司实施国有建设用地使用权出让的城市,在国内大多数城市围绕土地使用权出让究竟由谁主持拍卖问题争论不休的时候,南宁市国

土资源管理部门就已经采取招标方式确定拍卖机构,由其主持拍卖。最早的招标在2005年就进行了，拍卖的宗地是自治区委党校搬迁后原学校国有建设用地使用权，拍卖会全称为"南宁市2006年第一期国有土地使用权转让拍卖"。

上海国拍凭借对拍卖程序的充分了解和把握市场的能力以及拥有经验丰富的拍卖师而被广西同行邀请共同参与投标。经过大量的前期准备工作,2006年3月,公司和合作方一起成功主持拍卖了广西壮族自治区党校旧址B地块国有土地使用权，成交单价为402万元每亩,成交总额达2.87亿元,远远超出了委托方的预期,创造了南宁市国有建设用地使用权出让最高价。虽然是初次走出上海主持国有建设用地使用权拍卖,尽管在拍卖程序、拍卖文件资料、拍卖招商等方面有合作伙伴一起负责进行,但是,拍卖会上,上海国拍拍卖师的精彩主持,赢得了在场人员的交口称赞。大家一致认为,能够拍出如此高价,除了地块所处的位置因素以外,拍卖师的主持是成功的重要原因之一。

上海国拍在与合作方合作过程中,放下身段,从头开始,关注并参与土地使用权拍卖的所有工作。通过此项目的操作,积累了操作大宗复杂土地标的拍卖的经验,为以后参与类似拍卖奠定了基础。南宁国有建设用地使用权拍卖成了上海国拍的蓝海、练兵的战场。

第二步,参与南宁市国有建设用地使用权拍卖机构招标

7月7日上午11时,广西壮族自治区南宁市国土资源局公开发布信息,公布了该市2009—2010年国有建设用地使用权拍卖机构名册,上海国拍等5家拍卖公司榜上有名。这是上海国拍继2006年与同行联合主持南宁市原自治区党校国有土地使用权拍卖之后,首次入围该市国有建设用地使用权拍卖机构名册。与上次入围的相比不同的是,此次入围的不是一次性拍卖,入围期为两年。

得知南宁市国土资源局委托南宁市采购中心面向全国选聘拍卖机构的消息,上海国拍十分重视,专门成立了项目组,明确专人负责此项工作。经过近两个月的精心

准备,7月3日,公司工作组向南宁市采购中心递交了招标文件。据了解,来自辽宁、山东、上海、广东、海南、广西等省市自治区13家拍卖公司递交了招标文件,最后上海国拍等两家区外拍卖企业、广西北海地产等三家区内拍卖企业入选。

长期以来,围绕国有建设用地使用权采用什么形式出让、若是拍卖则拍卖由谁主持等的问题,一直在国土资源管理部门与拍卖行业之间争论不休、莫衷一是,各地也各行其是,可谓形形色色。事实上,大多数地区类似拍卖由土地管理部门自行组织并进行,即便与拍卖公司有关,充其量也是拍卖会时来一位拍卖师敲敲槌而已。由于缺乏公开性或缺乏监督,不少地方土地使用权出让了,相关官员也下马了,土地使用权出让成了高危区、高危工作。而另一方面,表面上拍卖公司的成交额高了,但几乎没有什么佣金收入,表面上的数字大造成了拍卖业绩屡创新高的虚假现象。

但是,南宁市国土资源管理部门的做法在国内别具一格。南宁市国土资源管理部门从2006年起即开始采用委托第三方如采购中心、招标公司面向全国选聘土地使用权出让拍卖机构,由选定的拍卖机构在政府职能部门的监督下主持拍卖活动。几年下来,该市土地使用权出让拍卖屡创成交新高,为促进南宁社会与经济发展作出了贡献。本次选聘实质上是这一工作的延续。南宁市面向全国选聘拍卖机构作为该市国有建设用地使用权出让拍卖活动主持人,虽说在国内属于个案,但却代表了规范、健康发展的方向,因此具有极大的指导意义。

第三步,走出蓝海,收获全国

入围南宁市国有建设用地使用权拍卖机构名册以后,上海国拍公司的专业水准、服务质量和运作能力得到了委托方及南宁市各界一致好评。

以下记录的是一场在十分困难的情况下召开的拍卖会实况。

时近年底,在房地产调控政策未见松动、市场资金短缺双重压力之下,2011年南宁市第40期国有建设用地使用权出让拍卖于12月28日上午在南宁市明园新都饭店进行。本次拍卖会共推出三宗地块,共有24家企业和个人报名登记,最终21家企业和个人参加了拍卖会,结果三宗地块全部成交,总成交额为 4.22 亿元。

拍卖会首先拍卖的是位于南宁市鲁班路的 71 号地块,面积为 14.711 亩,起拍价为每亩 711 万元,有 11 位竞买人参与竞买。经过 49 轮竞争,最后该地块以每亩 1380 万元的价格成交。

第二宗地块位于南宁市长罡路北面,面积为 20.522 亩,为本年度初拍卖成交后买受人违约收回重新出让。有 7 位竞买人参与拍卖,起拍价为每亩 561 万元,经过 38 轮竞争,最后以每亩 890 万元的价位拍卖成交,与首次出让拍卖成交价相比,每亩少了 40 万元。

第三宗地块位于相思湖新区西宁路西侧,面积为 8.671 亩。此地块面积小,地段偏,周边开发程度不高,事前并未被看好,仅有 3 家报名竞买。拍卖师从每亩 306 万元起拍后,持 6 号、9 号号牌的两位竞买人就展开持续竞争,经过 24 轮角逐,最后以每亩 420 万元的价位拍卖成交。

为了组织好本次拍卖,上海国拍安排了精干人员赴南宁开展工作,通过各种途径发布拍卖信息,与竞买人充分沟通,进行了有效的招商。尽管当时南宁市房地产市场处于调整、观望状态,但是拍卖结果还是相当不错。

这次拍卖成功的原因,一是标的所处地段较好。众所周知,房地产的价值主要看地段,地段决定价格。本次拍卖竞价最为激烈、溢价最大的鲁班路地块,处于南宁市中心,周边配套设施齐全、成熟,是十分难得的出让地块,关注的人很多,竞争当然激烈。二是因为本次出让的地块面积较小,总投入绝对数不大,即便最后成交价比预期高一些,买家也能接受。三是虽然房地产开发商普遍缺钱,然而,如果没有项目维持而致使企业团队散失、“孔雀东南飞”,待到市场好转时没了业务骨干,作为企业最为重要的财产的人力资源流失,是开发商所不愿意看到的,因此,遇到适合的地块,将其购买,是开发商愿意做的事。此次出让的地块面积小,总投入不大,是其能够承受的,拍卖因此出现竞争,才使得一些地块有较大溢价,但这并不代表南宁市房地产的松动、复苏。四是拍卖公司敬业的工作和认真踏实的招商,拍卖师高水平发挥也是一个重要原因。

　　南宁市国有建设用地使用权拍卖的实践使上海国拍填补了上海没有类似拍卖活动的缺陷。蓝海里的历练,使上海国拍成功进入国内主持类似拍卖最具经验的拍卖企业行列。上海国拍不是目光短浅的那种企业,公司从蓝海出发,把国有建设用地使用权拍卖的业务推向更为深邃无垠的大洋,继南宁拍卖之后,先后主持了贵州省遵义县 392 亩国有建设用地使用权拍卖活动,2012 年又入围浙江省桐庐县公共资源交易中心和安徽省芜湖市公共资源交易中心拍卖,先后主持了两地多项国有建设用地使用权拍卖。上海国拍的土地使用权拍卖槌响南国,业务走向全国。上海国拍成功运用蓝海战术,成为资源缺乏地区拍卖行业开拓市场的又一经典案例。

困境下的房地产拍卖

——记 54 套豪宅整体拍卖

前几年上海市中心的房地产价格一直处于上升状态,好的地段、好的住宅,甚至一房难求。尽管政府对房地产市场的宏观调控几乎一直没有停息过,但是,由于房地产价值具有"地段决定一切"的特点,位置好、品质高、性价比高的房地产始终为市民包括投资者所看好,类似房地产尤其热销。但是几年一个轮回,2010 年开始的房地产宏观调控措施犹如绵绵细雨,持续地进行着,房地产市场因此处于低迷状态,作为市场风向标,拍卖市场中房地产部分首当其冲受到影响。

与普通的房地产交易方式不同,通过拍卖方式交易的房地产有其特殊性。委托方委托拍卖的原因很多,可能因为投资等原因急于使用资金,需要快速变现;也可能因为涉及经济纠纷,需要处置后清偿债务;也可能是因为涉及犯罪,需要通过拍卖将实物资产转为现金。因此,一般而言,拍卖会上的房地产价格与社会上其他交易方式相比,相对要低一些,拍卖因此受到市民的欢迎。拍卖的另一个特点是,法律规定凡是属于法定拍卖范畴,类似资产处置必须通过拍卖的方式变现,拍卖师在主持法定拍卖时,通常采用"增价拍卖"的报价方式,即报出起拍价后,价格向上增加,直至出现最高应价。而这一应价必须等于或者高于保留价,拍卖师才能落槌成交,这一现象俗称"低开高走"。因此拍卖会上拍卖的标的,尽管有时起拍价不高,但是通过竞争,价格一路上升,成交价往往会出人意料,这就是拍卖方式的神奇之所在。

接受委托拍卖 54 套豪宅

2010 年底，政府关于房地产宏观调控的措施力度之大，为历来罕见，其效果已初见端倪。此时，上海国拍接受上海一家银行的委托，拍卖一批房地产，这些房地产全部位于上海市繁华地带，不少位于黄浦江边上，包括陆家嘴滨江豪宅世茂滨江花园一套高层公寓在内的 54 套称得上豪宅的二手商品房。以市价计算，整个资产包价值逾 3 亿元，其中最贵的一处，为世茂滨江花园 2 号楼 51 层的 C 型复式公寓，价格约 9000 万元以上。对于完全市场化的拍卖行业而言，这是难得的商机，即便是宏观调控下，拍卖仍然具有一定的优势。但是，委托方出于资产处置的安全、快速、不留后遗症等方面的考虑，委托时明确，54 套商品房必须打包拍卖，不能分拆。这在处于宏观调控、市场已经开始进入观望状态的情况下，对于上海国拍，无疑是一次严峻考验。

房价均超 2 万元每平方米

此次拍卖的 54 套房产，包括位于浦东陆家嘴黄浦江边上的世茂滨江花园、浦西静安寺附近富民路的巨富大厦、华山路嘉里华庭、虹桥兴义路新世纪广场等处，全部当之无愧称得上豪宅。其中 39 套位于世茂滨江花园，尤其吸引眼球。这些房地产均为装修房，目前处于空置状态，产证齐全，维护良好。

拍卖的信息传出后，社会反映十分强烈，吸引了不少购房者，在这些感兴趣的人中，不少属于二手房中介机构。根据中原地产提供的当前价格估算，全部楼盘总价逾 3 亿元，其中出让面积最大的世茂滨江花园总面积 6712.89 平方米，目前成交均价在 4.5 万元每平方米，楼盘总价约为 2.5 亿元。巨富大厦目前均价 2.9 万元每平方米，此次出让总面积 2478.1 平方米，另外还有 93.15 平方米的车库面积，计算总价在 7200 万元以上。此外，新世纪广场以及嘉里华庭各有一处住宅出让，新世纪广场房源市场价约为 2 万元每平方米，总面积 214.23 平方米，总价在 428 万元左右；嘉里华庭面积

146.54平方米,估价 8.3 万元每平方米左右,房产总价约为 1200 万元。中介机构以其自己的估价方式和思维,在媒体和自己的宣传载体上发布了各种价值分析和市场预测。拍卖没有开始,54 套豪宅已经成为市民茶余饭后议论的热点。

最值得注意的是,当年正是世茂滨江花园 2 号楼的顶层公寓,创下了国内最贵公寓纪录。

2002 年 12 月 28 日,世茂集团委托一家拍卖公司将上海世茂滨江花园 2 号楼顶层复式住宅以 3500 万元的起拍价面向全球公开拍卖,成为当时国内定价最高的公寓。拍卖会上,一名上海本地买家以 3550 万元的价格成功从 6 名竞争者中突围,竞买成功,但至今这一神秘买家身份未见曝光,拍卖成交的真实性因此引起怀疑。

此次拍卖的这一套复式公寓恰好位于世茂滨江花园 2 号楼 51 层,位置在"最贵公寓"的另一侧。该房产带有室内游泳池以及可以俯视外滩全景的硕大屋顶花园,公寓面积 938.24 平方米,是全部房源中面积最大,位置最好的一套房产。业内人士表示,近期上海市中心及沿江房地产成交明显增多的同时,可供选择的房源数量却十分稀少,地段好、品位高的豪宅更为稀缺,作为绝版的江景高层住宅,这一套公寓目前如果对外出售,以目前市场价格论,很可能超过 1 亿元。

竞争激烈的拍卖会

12 月 6 日下午,拍卖会按时在上海国拍举行。因为 54 套房地产打包拍卖,让许许多多有兴趣购买一套房的人望洋兴叹,止于门外。取得竞买资格的约 10 余家竞买人,大多数为房地产中介机构,少部分为企业法人,但是也是作为投资,尽管如此,看好房地产后市。热情的市民及有关方面人士、新闻记者还是把拍卖大厅挤得满满当当,拍卖公司工作人员不得不匆忙地临时增加座位。

14 点,竞拍正式开始。54 套豪宅拍卖底价为 2.98 亿元,起初应价的竞买人并不多,三十几轮后,拍卖进入白热化。5 号竞买人和 28 号竞买人不依不饶轮流加价,总价很快超过了之前媒体断定的 3.2 亿元的市场公认价位。当总价升至 3.4 亿元时,18

号竞拍人突然加入到竞拍行列，和28号竞拍人形成相持局面，并最终以3.53亿元的价位一槌定音。该竞买人是一位男子，自称来自浙江。据估算，此次拍卖的这54套豪宅均价约为36600元每平方米，整个竞拍过程中共有7家竞买人先后举牌参与竞争，你来我往，历经54轮，耗时约50分钟，才决出胜负。这种情况，在宏观调控大背景下的上海已经许久不见了。

神秘买家是联合团体

18号竞拍人在竞拍尘埃落定后，迅速签署了拍卖成交确认书。在这一过程中，该男子仍然用手遮挡着成交确认书，不愿透露一点个人的信息。但与其同行者却告诉大家，他们是几家组成的联合购买团体，有来自上海的也有来自外省市的，购买这些房源主要做投资用途。而据了解，参与最后阶段激烈竞争的28号竞拍人则代表上海一家房地产公司。

"价格太高了，我觉得3.3亿元差不多。"26号竞拍人James（詹姆斯）先生事后这么说。James先生从事纺织行业，在竞拍价在3亿元左右时，他曾积极举牌。本来参与拍卖是觉得委托拍卖的房产应该比目前的市场价低一些，但成交价已经和市场价差不多。他原本打算购买下这54套豪宅后全部出租。"现在这个价格，赚钱不可能，但是我认为上海的住宅长期来看还是会上涨的，所以我会持有一段时间。"James先生看好上海的发展将会超过香港、台湾等地区。

拍卖会还发生了这样一件事，一家沪上颇有名气的公司报名参与竞拍，对54套住宅志在必得。公司领导和数位负责人一起来到拍卖公司，领导在一间会议室遥控指挥，其他人在拍卖会场内参与竞价。拍卖竞争进入白热化后，拍卖现场气氛十分热烈，拍卖师的报价声、竞买人的电话声、新闻记者的询问声、脚步声连成一片，领导电话中仿佛听到拍卖师报的最高出价的号牌是自己公司，稍稍懈怠，拍卖场内拍卖师三声报价，槌声响起，领导正准备离开，才发现买受人并非自己公司，遗憾之情顿时涌上心头。

　　在政府宏观调控，市场观望氛围比较浓烈的环境下，54 套豪宅打包拍卖，成交价超出保留价近亿元，远远超出委托人的期望。并且，因为一次性全部拍卖 54 套商品房，使得委托方得以较好地处理了多年的遗留问题。上海国拍运筹房地产拍卖的能力，在拍卖中得到充分彰显，而拍卖本身也成为上海房地产市场交易的盛宴。

世博资产拍卖，我们来了！

——上海世博资产"第一拍"顺利落槌

　　2010 年 8 月 18 日下午，上海外滩金融中心腹地——福州路 108 号上海国拍拍卖大厅异常热闹，来自海内外的百余名新闻记者和近百位竞买人出现在拍卖现场，其中有中央电视台、上海电视台、东方卫视等电视台的记者，而竞买人则来自上海、南京、苏州、湖州、温州、成都等城市。令全世界注目的 2010 年上海世博会资产"第一拍"即将在这里举行。世博会正在进行中，世博会资产却已经开始处置而且是采用拍卖的方式进行，这在世博会历史上是没有先例的，因此引起了社会、行业的普遍关心，拍卖活动受到极大关注。

　　下午 2 时许，拍卖师徐玄炫出现在拍卖台上，2010 年上海世博会资产首场拍卖由此正式开始。首场拍卖的是 3 艘上海世博会开幕式上使用过的动力艇、10 艘无动力旗船，共分为 8 个标的，总起拍价 32 万元。拍卖采用现场与网络同步的方式，竞买人可以在拍卖会现场参与竞买，也可以通过网络出价参与拍卖。尽管如此，还是有 48 家企业及个人到达现场，而有 14 位成为网络竞买人。

　　1 号拍品，是曾经"担纲"开幕式上第一方阵头船的"001"号动力艇。4 月 30 日晚上，就是它带领 200 多艘旗船穿越黄浦江，接受中外友人检阅。拍卖师开价后竞争立即展开，"85000 元……90000 元"，33 号和 17 号竞买人开始了激烈争夺，而网络上竞买人也不甘示弱，一下喊价到 13 万元。不到 3 分钟，8 万元起价的动力艇价格已经上升至 20 万元，参与出价的也只有坐在现场中部的 17 号和场边的 22 号两位竞买人了。令人关注的是，每当场上出现新的报价，17 号都会迅速报出新的价格应战，而每次出价达到一个整位数时，现场都会爆发出一阵惊叹、一阵掌声。

价格达到 27 万元，22 号竞拍者犹豫片刻后退出了竞争，眼看拍卖槌就要落下，不料现场另一侧的 30 号竞买人突然举牌杀入。

在阵阵惊叹声中，头船的报价再次攀升，一直到 17 号竞买人出价 36 万元，现场其他竞拍人才静下来。此时竞争已经"高处不胜寒"，新的出价没有再出现，拍卖师于是落槌，17 号买受人兴奋地高举起号牌跳了起来，如同获奖后的运动员一般。

随后的旗船拍卖也同样延续了上一拍品拍卖时的激烈。这次，头船得主举起了 18 号号码牌，与 55 号竞买人展开了激烈的拉锯战，5 分钟后价格最终落定，28.05 万元，得主还是同一个人，即先前的 17 号。因为按照规定，交一份保证金只能参与一个标的竞买，因此，17 号竞买人领取了好几块号牌。在接下来的拍卖中，这位买家再接再厉，又以 19 万元的价格拿下第三艘船。

拍卖会继续进行，有的单艘船拍卖，有的两艘打包一起拍卖，报价都在一番激烈争夺后才落槌成交。全部 13 艘世博用船在近 40 分钟的激烈竞争后全部拍出，世博资产拍卖首战大获成功。

值得一提的是 17 号竞买人，他一人包揽了头三拍，成了拍卖会上耀眼的明星。这位买家名叫苏寿梁，是上海奇特园林景观营造公司的董事长。在世博会场馆建设期间，他的公司承揽了世博园中的部分绿化工程。最值得骄傲的是，中国馆 2.7 万平方米的屋顶花园"新九州清晏"是他们公司建设的，因此他对世博会有特殊的感情。"我怕别人买去了，内部收藏，其他的人就看不到，这不利于世博会影响力的继续发扬。"苏寿梁说自己在浦东、闵行和奉贤有 3 个农庄，参加拍卖，就是希望将三艘船买下，放置在农庄河道中，让游客能够零距离接触、观赏世博会具有纪念意义的物品。

苏寿梁也预计到竞争可能会比较激烈，拍卖前，他将心理底线定在了 20 万元，但没想到竞争如此激烈，价格很快就突破了苏寿梁的心理预期，关键时刻他咬牙挺住了："世博头船太有意义了，今天就是 40 万元我也要拍下来。"

首次世博资产拍卖起拍总价为 32 万元,最终成交价 162.45 万元,是拍卖保留价的 400%,企业、市民对世博物资关注热情之高可见一斑。在各方围绕世博资产拍卖委托竞争十分激烈的情况下,上海国拍长袖善舞,用自己的行动为世博会资产拍卖增添了绚烂篇章,为拍卖行为正了名,为我国的拍卖行业增添了光彩,也为拍卖业拓展市场的征程添上了浓浓一笔。中国拍卖史、世界拍卖史会记住这一天、这一刻。

湖南馆整体资产拍卖

在世博会资产"第一拍"成功的鼓舞下,上海国拍乘胜前进,继续着世博会其他资产的拍卖,期间连续举行了诸如世博会珍藏品、特许商品、世博会展品、车辆、通讯工具等一系列拍卖活动,湖南馆整体资产拍卖,无疑是其中最具影响力的。

在 2010 年上海世博会即将降下帷幕前夕,10 月 30 日下午, 由上海国拍卖和湖南赛德拍卖有限公司联合主持的上海世博会湖南馆整体资产拍卖在上海国拍拍卖大厅顺利落槌,5 个标的总成交额达到 4332 万元,远远超出拍卖前的预期。

本次世博会上,以"桃花源里·Xanadu"命名的世博湖南馆以其独特的"魔比思环展示系统",引起了观众的强烈兴趣,累计接待海内外观众 900 万人次。作为上海世博会省市馆里颇具特色的一个展览馆,湖南馆早在一开始就有会后处置相关资产的设想,这些资产包括双"魔比思环"环体、科视投影仪系统及影视文件、互动触摸画屏、互动鱼水乐系统、城市虚拟空间系统以及展馆中极具湖南地方色彩和收藏价值的巨型菊花石馆标石、万两安化黑茶砖、醴陵红瓷瓶、世博"和谐盛世"对瓶等。湖南馆从方案制作到设备购买、软件设计等方面加起来成本约为 2500 多万元,是造价最低的省市区馆之一。此次整体拍卖所得资金,除"魔比思环"的重建费用外,将全部收归财政。

拍卖开始,湖南馆主体部分资产以 760 万元起拍,经过近半小时的激烈竞争,最后以 3040 万元的价位拍卖成交,买家为来自湖南省邵阳市的湘窖酒业有限公司。其余 4 个标的菊花石湖南馆标石以 468 万元成交、和谐红瓷对瓶以 318 万元成交、和谐盛世天球瓶以 228 万元成交、万两安化黑茶砖以 278 万元成交。整场拍卖会自始至终处于激烈竞争之中，来自湖南省的 8 家企业和一位个人参加了竞卖，每个标的均经过数十轮的角逐才得以成交。湖南人豪气十足，举牌报价尽显"三湘四水"儿女热爱湖南、把上海世博会湖南馆搬回湖南的雄心。

拍卖的成功再次证明了上海世博会所产生的巨大无形资产和世博效应的巨大威力，同时也说明，拍卖是处置世博资产的最佳方式。

意识超前，先一步瞄准世博资产

上海国拍是国内最具创新能力的拍卖企业，策划和运筹大型活动的有形、无形资产是其长项，公司曾经策划了第八届全国运动会 500 辆出租车经营权拍卖，中国第一、世界第一的首列投入商业运营的磁浮列车冠名权拍卖，中国规模最大的上海豫园元宵节灯会冠名权等在国内外享有很高知名度的拍卖活动，具有丰富的拍卖经验。而用拍卖的方式处置大型赛事、展会剩余资产是国际惯例。此次，上海国拍以超前意识和强烈的市场开拓精神，凭着执着追求和顽强毅力，在与其他行业竞争中脱颖而出，成为我国乃至世界历史上首次世界博览会资产处置的拍卖机构，充分显示了行业领军企业的风采。

世博会作为国际上最为著名的大型展会，会展结束后处置其资产已有先例，日本爱知世博会即是一例。因此，从上海获得主办 2010 年世博会资格这一天起，上海国拍公司就有了争取加入世博会资产处置机构行列这一理念，并就此积极行动起来。2009 年北京奥运会结束、奥运资产拍卖的成功，再一次增加了上海国拍进入这一市场的底气，也加快了与上海世博会主办方——2010 年上海世博会事务协调局（简称上海世博局）的联系。

功夫不负有心人，经过长达数年的执着跟踪、不懈追求，随着上海世博会开幕式的临近，上海国拍的努力终于见到了成效，2009 年 11 月 29 日，上海世博会事务协调局与上海国拍联合召开新闻发布会，对外宣布：上海国拍成为 2010 年上海世博会指定拍卖合作机构。同时,上海世博会事务协调局与上海国拍签署了合作协议,上海世博会须处置的资产将全部委托上海国拍通过拍卖形式实现转让。从这一时刻起,上海国拍成为世博会历史上第一个指定合作拍卖机构。这是我国拍卖企业主动出击、自主努力开拓国际重大展会资产拍卖最为成功的范例。

精心组织,精心实施

2010 年 4 月 30 日晚,在全世界瞩目下,上海世博会终于开幕,而上海国拍在此之前已经成立了由公司总裁徐勉之为组长的世博资产拍卖工作小组。小组汇集了公司各方面的业务骨干,是一支能征善战的轻骑队。为方便工作,公司首次公开招聘,引进人才,专门负责世博资产处置工作。为了减少中间环节,提高工作效率,经过世博局批准,公司先后有 6 位员工经审查合格办理了世博会通行证,随时可以进入世博局、园区工作。提前介入,零距离接触世博资产,第一时间了解、掌握与资产有关的情况。这一做法,因为减少了工作环节,缩短了信息往来传递、反馈的周期,明显提高了工作效率。更为重要的是,此举使公司在竞争中处于主动位置,为世博资产处置成功奠定了基础。

开幕式不久,上海世博局就作出在世博会进行过程中同步处置已经使用或者闲置的资产。开幕式使用过的资产包括 37 艘动力艇、231 艘无动力旗船及大批服装、LED 灯、彩色棒成为首批拍卖的世博会资产,世博资产拍卖由此正式启动。

然而,这些标的数量大、品种多,情况非常复杂。由于上海世博会组织方每天面临几十万人入园参观的巨大压力,因此开幕式资产处置主要依靠见缝插针式的协调、管理和拍卖公司自身努力,难度极大。上海国拍充分体会到世博局在世博会进行之初即处置部分资产的目的在于降低该部分资产的维护、保管成本,体现“勤俭办世博”理念的良苦用心,工作组积极展开工作。公司工作人员面对烈日酷暑,在毫无遮挡的黄浦江边逐件、逐项清理,一丝不苟地勘察、整理、归类,将纷繁复杂的资产一一梳理清楚。同时联系、走访与这些资产相关的生产厂家,了解产品质量、技术参数、保险保修情况；寻找和咨询开幕式船队使用者上海海事大学师生，了解开幕式上这些动力艇等使用情况；拜访政府管理部门，了解并且请求帮助一旦成交后标的使用许可证的办理等手续，硬是把 37 艘动力艇、231 艘旗船、无数服装、LED 灯、彩色棒等修理、归纳整齐，及时公开展示。上海国拍在黄浦江边北栈码头上坚持了一个余月。就是这个月，上海几乎天天 36 摄氏度以上高温，其中接连 4 天高温 40 摄氏度以上，为申城百年未遇，但是上海国拍人不但挺过来了，而且在高温中接待了数百位来访的竞买人以及新闻记者。

由于种种原因，首次拍卖的世博资产存在一些瑕疵，如数量很大，使用范围却极其有限，保管、零部件等都有缺陷，能否成功处置掉，是个未知数。为了扩大招商范围，上海国拍查阅并联系了与江河湖海有关的几百家俱乐部、别墅区、度假村、大型企业，走访客户上百个、打电话数千个，足迹踏至江、浙两省，信息发至五湖四海。公司每周中层干部例会后即召开世博资产拍卖专题会，公司局域网上通报每天工作进展情况。这一期间，公司还主动走访了上海市船舶监管、检验部门等，争取为买家提供良好的售后服务，以消除其后顾之忧。从接受委托到举办拍卖会，上海国拍围绕世博资产拍卖的工作既紧张又有序地进行着。期间公司的其他业务仍运转有序。这一切都充分展现了上海国拍同时筹划、运转超大型拍卖活动的能力。

上海世博资产拍卖的感想

2010 年 4 月 30 日晚 21 时 38 分，璀璨焰火点亮上海夜空，红、黄、蓝三色 LED 灯球点缀的黄浦江碧波闪烁。由摩托艇、旗船组成的插有上海世博会各参展方旗帜的水上方阵和东西两座越江大桥上的霓虹灯以及两岸随着音乐节奏绽放的火树银花一起，组成了一幅天空、岸边、水中灯火相映、和谐立体的"锦绣黄浦江"图景。2010 年上海世博会开幕式上这一道亮丽的风景线曾让世人屏息赞叹，并自此为人们所深深地铭记。

3 个多月后，上海世博会事务协调局宣布，将对开幕式当晚使用过的包括动力艇、旗船和 LED 灯球在内的一批物资进行拍卖,标志着中国 2010 年上海世博会世博资产拍卖由此敲响第一槌。可以说,这些拍品既具有使用价值,又具有收藏价值,同时满含世博元素,无形资产价值巨大,虽然首次处置的世博资产都有点瑕疵,但是经过一个月成功、有效的招商,拍卖取得成功已经是意料之中的事。不同的是,拍卖结果远远超出了事前的估计。用上海世博局领导的话说,拍卖超出预期。湖南馆整体资产的拍卖,更形象地证明世博会具有巨大的无形资产,而资产所有方的理念和处置的思路至关紧要,加上拍卖公司的运作,能够使处于报废或者核销的国有资产起死回生,实现价值的最大化,而且可以提高参与者的知名度,充分显示了拍卖在处置世博资产方面的积极作用。

2010 年上海世博会资产"第一拍"、湖南馆整体资产拍卖等,虽然都已经落下帷幕,但拍卖会的场景经国内外百余家媒体的报道已经成为家逾户晓、口口相传的拍卖经典,上海国拍再一次向世界展示了中国拍卖人的风采。拍卖过后看拍卖,笔者以为,世博资产拍卖与其他拍卖的不同有以下几点:

第一,本次拍卖是世博会历史上首次真正意义上由拍卖企业主持的拍卖活动,也是真正意义上采用现场和网络同步的拍卖,充分显示了大型赛事、展会具有巨大商机的不争事实。同时,拍卖的成功,生动、鲜活地展示了采用拍卖方式处置大型国际展会资产的能力和优势,拍卖在这方面具有不可替代的功能和作用。

第二,本届世博会的主办者在精心组织规划、实施场馆建设、展览和游园参观的同时,提前关注了世博会资产的处置,超前进行了资产处置的组织准备,以确保世博资产在良好状态下实现最佳的变现结果,这是一种创新举措。在世博会进行过程中,先期拍卖已经使用过或闲置下来的资产,可以降低资产维护、保管成本,甩掉包袱,减少资产的损失和开支。从这个意义讲,这次拍卖是开创性的。它的成功,为以后类似赛事、展会资产的处置提供了经验和样板,世博资产拍卖也将因此写入历史。

值得一提的是,在开拓世博资产处置的过程中,世博会主办方有提前处置的想法,上海国拍公司适时提出这一思路,双方一拍即合。本次拍卖充分体现了上海世博会主办方及拍卖公司的超前意识,本案例因此可以成为困难中前行的中国拍卖业开拓市场的标杆。

第三，本次拍卖采用了现场与网络同步的方式，有效拓展了拍卖的空间、时间，展示了拍卖业自觉将科技与传统拍卖相结合的自觉性和先进性。现场与网络同步拍卖方式的使用，使世博资产拍卖充满了活力。以"第一拍"为例，本次拍卖共有48位竞买人参与竞买，其中企业15位、个人33位，个人中有14人通过网上登记，并且在网络上多次出价。这说明，传统拍卖与先进的互联网技术结合，拍卖效率能够有效得到提高，对今后漫长的拍卖实践而言，网上拍卖的意义无疑十分更重大。

第四，市场开拓需要勇气更需要意识。当前，我国拍卖业正面对市场萎缩、行业以外的企业的竞争力度加大的尴尬局面，而我们的大多数企业要么没有意识，要么没有办法，行业发展正处于十字路口。走市场化、专业化道路不应该是一句空洞的口号，而应该是有实际内容的支撑，它们具体表现在意识和对信息、商机的把握上。上海国拍面对纷繁复杂的市场，未雨绸缪，先机出发，主动捕捉商机，踏踏实实展开工作，把本来非常复杂的资产处置演绎得有声有色，这也是值得行业学习的。

民品拍卖网络与现场同步　竞价场面热闹

电脑直播着拍卖会的实况,按键"举牌"干净利落地把价廉物美的拍品收入囊中。1月30日下午,拍卖行业首次网络和现场同步的民品拍卖会在上海国拍举行,网上多位买家出手,和现场竞拍人一起争选"年货"。

网络拍卖拓展空间

拍卖会按种类一般分为机动车、房产、民品、艺术品、物资等几大类。据上海国拍副总裁范干平介绍,民品拍卖具有品种丰富、参与人数众多、成交速度快的特点,网络和现场同步拍卖的技术难度最大,如果民品尝试成功,那么其他种类的拍卖会"触网"都没有问题。

拍卖会与网络结合后,打破了以往竞买人需要到现场的局限,扩展了空间,尤其是走近了习惯使用网络的年轻一代。通过互联网出价,还可以有效阻断恶意串通等情况。

远程"点"回红木书橱

与现场竞标的拍品相比,此次通过网络拍下的商品起拍价格普遍较高。20

多位网民尝试了首次民品的网络同步竞拍,通过银联或交通银行的平台支付了保证金,在畅通的网络上屡屡掀起飙价的小高潮。

网上竞买人虽然不现身,但是其事先已精心看货,明确目标,定下了预期的心理价位。其中起拍价为4800元的酸枝木雕花书橱同时被数位网友相中,半分钟内轮番喊价越过6000元,现场买家最终出价不敌网上买家只好放弃。拍卖会结束后,书橱的新主人兴奋地致电拍卖行约定提货日期。据了解他是趁在松江开会间隙竞标成功的。

名表翡翠节前热拍

新春将至,拍卖会现场也洋溢着浓浓的淘年货气氛。拍品预展时,外销不锈钢锅套装、洋酒礼盒、英式骨瓷餐具、普洱茶饼以及翡翠挂件等成为看样的热门品种。竞买人除了善于持家的中年人,也不乏"80后"的身影。一对小夫妻先是仔细察看了起拍价为30元的崭新飞利浦电饭锅,接着对镜试穿了灰色狐狸领獭兔大衣。正式拍卖时,这些生活类的拍品竞价激烈,其中水貂女式披肩现场和网上频繁加价,从起拍价800元一路飙升到2800元才止步。不过总的来看,成交价依然比在商店里购买便宜了一大截,怪不得民品拍卖会已经拥有了一批熟面孔买家。

这场拍卖会上,价格在1万元至2万元的浪琴、欧米茄等名表以及千余元的阿玛尼时装表等竞价明显很激烈。据上海国拍的工作人员分析说,这跟过年前的消费习惯有关。总共222件拍品,在不到2小时内拍卖完毕,众多买家当场提货欢欢喜喜回家去。

以上是发表于2010年2月2日上海《新民晚报》上由该报记者谈璎采写的一篇报道。

民品拍卖是上海拍卖行业的一种独创,也是上海市场一道亮丽的风景线,同时,也被行业称为拍卖企业走市场化道路的样板。民品拍卖最大的特点是拍品多价值低，参与竞买的市民人多、层次不一，拍卖手续简单、成交速度快，由于市民参与度高，影响力很大。随着形势的变化和上海拍卖行业在金融危机影响下，不再因为事小而不为，从事民品拍卖的企业增多，拍卖会撞车现象成为不可避免的事实。同时，因为标的价值不大，老远地赶到拍卖现场，似乎不太经济。这些问题不解决，民品拍卖进一步发展的瓶颈就不可能疏通。与此同时，由于行业固守传统的现场拍卖方式，不思改革，但重庆司法拍卖改革中，产权交易所以其简单的电子竞价，让整个拍卖行业根基大动。拍卖行业痛定思痛，为了解决上述问题，既吸引更多的市民参与拍卖，又使整个行业在高科技时代不至于落伍，上海国拍凭借从20世纪90年代即已涉足网络拍卖领域以及上海私人、私企小客车额度网上拍卖近十年实践的经验，在行业内率先进行网络拍卖实践。公司总裁徐勉之认为，把网络拍卖技术引进传统拍卖，应该选择难度最大的拍卖会进行实践，如果最难、最复杂的拍卖会都可以实施网上拍卖，那么，其他拍卖会自然不在话下。

在此思想指导下，公司知难而上，经过反复试验、实践、调整，终于在2011年农历新年前夕取得成功。2月2日下午，首次采用网络与现场同步进行的民品拍卖会如期进行，由于准备充分，拍卖会取得了巨大成功，市民们或者在现场，或者通过网络参与了拍卖，买到了需要的物品，感受了网上拍卖的刺激。媒体对此次拍卖给予了很高评价，新华通讯社、《解放日报》、《文汇报》、《新民晚报》等认为这是国内首次由拍卖公司主持的真正意义上的网络与现场同步拍卖，称拍卖从此步入互联网时代。

网络技术在最为复杂的民品拍卖会上实施成功，是值得庆贺的，但是，上海国拍并没有停止前进。为适合形式和市场变化以及行业面临的严峻挑战，公司主动把网络与现场同步拍卖的技术奉献给整个行业，积极倡导、推动在全行业开展网络与现场同步拍卖技术，从而加快了上海市拍卖行业这一技术的推进速度，直接促使了国内第一个由拍卖行业组建的省市级公共资源集中拍卖中心的成立。该中心的硬件设施国内一流，其中上海市公共资源拍卖网无论是技术含量还是实际作用，均领先于行业，在国内快速受认可和推崇，被称为在艰苦环境里行业的中流砥柱。在上海公共资源集中拍卖中心，我们可以看到上海国拍的影子，领略上海国拍的气魄、胸怀和眼光。

上海国拍的陈年茅台酒拍卖

2011 年春节刚过,上海国拍举办了一场陈年茅台酒拍卖会。这既不是上海本土第一次陈年茅台酒拍卖会,更不是全国第一次类似标的拍卖,是一次既不很特殊也并不具有什么新闻价值的商业活动,然而,拍卖却引起了媒体的高度关注,引起了全上海市民的热议和广泛参与,直到最后影响了全国,引发了遍及全国的陈年茅台酒拍卖热潮,从根本上改变了陈年茅台酒收藏者传统的搜集思路和做法,陈年白酒市场甚至高档白酒市场走势被重新审视。

一次十分平常的商业活动,成了国内外近千家媒体报道的焦点,几乎所有大型门户网站、地方政府网站都对此表示了极大的关注,拍卖连续发酵,一直延续至今,原因何在?

其实,这是一次经过认真策划的拍卖活动,凭据的是策划者对市场、对标的、对媒体的充分了解,依靠的是在项目进行中不断对策划的完善、推动媒体的层层报道,造成信息高度发散。拍卖的成功,证明了策划于拓展市场的重要性。本次活动,由于信息充分发布,不但有效解决了委托人难找的问题,也有效解决了买受人难求的问题。上海国拍的陈年茅台酒拍卖如同蝴蝶翅膀的不经意煽动,引发了拍卖市场的一场风暴。

寻找新闻报道的热点:当名人与名酒相遇

策划的一个重要任务就是新闻媒体参与的程度、报道积极性的高低,商业策划如此,拍卖活动的策划更是如此。而能否吸引媒体积极参与的关键则是所策划的拍卖活动有没有能够引起他们报道兴趣的热点。

拍卖需要寻找热点,一次新的拍卖活动更需要热点,然而热点的出现,往往在不经意之间而不在刻意追求之中。但是,作为一场本身已经没有热点、没有新闻价值的拍卖活动,想要寻找其中的热点是一件很难的事情。其实,热点就存在于人们的社会交际之间,存在于平时丰富多彩的生活之中,存在于商品活动的每时每刻,只是它们比较支离破碎、来得快去得也快而已。

在上海这个中国最大的城市里,有一群来自于贵州各地的人士,他们在上海拼搏经商置业。为了有个相互依靠的组织,有个说说家乡话的地方,他们成立了上海贵州商会,协会的主体是贵州籍人士,但也有不少上海人。曾经在贵州工作过,有贵州情结,是这些上海人的共同特点。笔者和著名作家叶辛先生便属于这一类人,我们两人是这个协会的顾问。因为笔者当年与叶辛先生乘坐同一列火车赴贵州农村插队落户,在贵州工作、生活了很长时间,对贵州有很深的感情,共同的经历使我们成为好朋友。

2010 年除旧迎新之际,上海贵州商会举行新年团拜会暨慈善义拍晚宴,笔者和叶辛先生、商会会长李建忠先生、贵州省人民政府驻上海办事处主任张琼女士等同坐一桌。席间,因笔者在拍卖公司工作,李建忠先生有一事咨询,说是其一好友有两瓶出厂于 20 世纪七八十年代的茅台酒,想了解一下当前能值多少钱。

根据对市场的了解,笔者做了介绍,此时叶辛先生插话,说他也有两瓶茅台酒,出厂时间是 1985 年。叶辛不喝酒,怎么会留下如此年份的茅台酒?笔者向其询问,不料引出一段故事。

叶辛先生是知青文学代表作家之一。1969 年 3 月 31 日,他离开黄浦江畔成为贵州高原修文县的知识青年,该县位于省会贵阳以北,可以称之为黔北范畴。与众不同的是,在大家迷惘、低落、苦苦挣扎或选择消沉的时候,他把自己的爱与恨、思与索,转化为纸上的辛勤耕耘,在 20 世纪 70 年代中期即已成为一名令人仰慕的作家。叶辛先生不说著作等身,也已洋洋大观,是当之无愧的名人。

1985 年,时任贵州文联《山花》杂志主编的叶辛,受邀前往遵义市,给当地的文化干部讲文学知识。讲课完毕,市委副书记安排人让叶辛在一张表上签字,随后付给讲课费 50 元。叶辛说,当时他已是正处级,月工资 80 多元,前往遵义讲课,有车接送,管吃管住,讲一天课给 50 元,显然太多了,因此当场拒绝。书记于是让司机捎上两瓶茅台酒,车至省城,木已成舟,叶辛收下了这两瓶酒。当年,每瓶茅台酒零售价 7.5 元。不久,叶辛调回上海,酒也随着回到了上海,由于不喝酒,这两瓶茅台酒因此得以保留下来。

说者无心,听者有意。尽管此时公司尚未决定要拍卖陈年茅台酒,但是,笔者对叶辛先生的茅台酒以及故事已经了然于心。

茅台酒是世界上最著名的三大蒸馏酒之一。这来自于贵州高原黔北山区赤水河畔、略带黄色的酒,以其酱香突出、幽雅细腻、酒体醇厚、回味悠长、空杯留香的特点,独步白酒之林,成为白酒之王,被誉为国酒,实实在在是名酒。

近年来,茅台酒供不应求,即便连年涨价,也仍一瓶难求。2009 年,从北京开始的陈年茅台酒拍卖,既是拍卖企业开拓市场的表现,同时也是与国际接轨的一种尝试,是顺应潮流的积极举措,拍卖因为出了高价而曾经轰动一时。以后,南京、杭州等地也相继举行陈年茅台酒拍卖,成绩不凡。尽管起步较晚,2011 年春节前夕,上海拍卖行有限公司举办的上海地区首次陈年茅台酒拍卖仍然取得了很好的业绩,拍卖影响不小。这一切都是因为茅台酒是国酒、名酒,市场紧缺,陈年茅台酒更因为存世量少,有了收藏和投资的可能。

无巧不成书。兔年春节前夕,一位曾经在市政府接待部门工作过的退休老同志拿着一张报纸找到笔者,说有一瓶 1955 年出厂的茅台酒。笔者知道,尽管陈年茅台酒拍卖很热,但是,到目前为止,露面的陈年茅台酒最早的年份为 1957 年。如果来者说的是事实,这一瓶茅台酒应当是当前市场上年份最早的茅台酒了。在询问了与酒相关的问题后,笔者用最通俗简洁的语言给他介绍了陈年茅台酒和陈年茅台酒拍卖的情况。话虽然不多,但却体现了对茅台酒认识的一定水准,由此让其"刮目相看"。在取得信任的基础上,笔者真诚地答应,一定想办法帮助他把酒拍卖掉,请他保持联系。看着客人离去的背影,笔者清晰认识到,倘若来者的茅台酒真是 1955 年出厂的,无疑,这是极具新闻价值的。

2011 年春节刚过,笔者所在的公司决定举行一场陈年茅台酒拍卖会,在陈年茅台酒拍卖领域分一杯羹。但拍卖的启动面临三个十分现实也十分棘手的问题:一是陈年茅台酒的委托方在哪里;二是一旦征集到陈年茅台酒,买家又在哪里;三是由谁来鉴定陈年茅台酒。信息在笔者头脑里碰撞,第三个问题属于技术层面,其余两个问题才是关键,但是有一把共同的钥匙。自然而然,笔者将叶辛和那位老同志连在了一起,一个念头迅速形成,动员他们委托拍卖,并且以此为由头,进行一场媒体报道大会战,以最快速度、最简洁的方法,发动上海的市民拿出存放在家中的陈年茅台酒。

当打完电话,确认了两人都能够委托,一个计划在笔者脑海里形成:茅台酒是名酒,叶辛是名人,当名酒与名人相遇时,必定会碰撞出火花;在对叶辛的报道即将结束时,一瓶 1955 年的茅台酒适时出现,媒体的报道必定会再次热情高涨,这无疑能够形成新闻报道组合拳,而且新闻的价值在于可遇不可求。在自信启动茅台酒拍卖的热点已经找到时,新闻报道和拍卖会运作的全盘构思已经在笔者心中完成,陈年茅台酒拍卖的运作首先从新闻报道开始。

果然,当叶辛先生出现在公司陈年茅台酒鉴定现场时,马上引起了媒体的关注。一时之间,叶辛及茅台酒的故事激发了媒体的热情,媒体由此聚焦,新闻报道在社会上引起了巨大反响,计划的第一步实现了。

尽管有了叶辛的出现,第一轮市场推广取得了非常好的效果,但是,满足一场拍卖会的需要,没有百瓶以上陈年茅台酒是不行的,如果把脚步停顿在第一天宣传的程度上,结果不会很理想。于是,按照计划,第二天,笔者向媒体透露了下午将有一瓶 1955 年的陈年茅台酒出现。这瓶迄今为止出现在拍卖舞台上年份最早的茅台酒,仿佛一颗重磅炸弹投向媒体,媒体再一次表现了高度热情。关于这一瓶酒的报道出现在几乎所有可以看得到的媒体,包括平媒、电视和网络上,一场新闻追逐战由此燃起。从中央电视台到地市级报纸,陈年茅台酒拍卖的旧闻因为有了新鲜内容而一夜之间影响了全国。在新闻的中心——上海,媒体的连续报道,终于引发了一场申城市民送茅台酒鉴定、上拍的热潮,而且延续至今。

因势利导报道转向普通市民,茅台酒拍卖效应放大

在征集陈年茅台酒的过程中,笔者发现这样一个现象:即前来鉴定茅台酒的几乎全是六七十岁的人,酒的年份也大致相同,为 20 世纪 70 至 80 年代中期。笔者下意识地问了一下,回答几乎相同:这些名贵的酒几乎全出自上海普通市民家庭,出自市民家中的玻璃酒柜。这些酒在当年其主人或者为了结婚,用侨汇券在华侨商店购买;或者是有亲朋好友在贵州工作,回家时带回;或者是家人曾经在部队工作过;或者是领导馈赠等,有一点可以肯定,当年这些市民曾经家庭殷实。依据笔者自己对市场的把握、对上海这一城市的了解、对社会背景和茅台酒的感性认识,马上领悟到,珍贵的茅台酒来自于普通百姓,这本身又是一个新闻:一瓶酒是一个城市几十年发展的缩影。而且其贴近市民,如果能够把这些说清楚,一件纯商业活动就变得有文化气息和历史厚重感了。于是笔者在接受媒体采访时,有高度地提炼了这一观点,因势利导,使得媒体的报道贴近了社会、贴近了市民,简单的商业行为报道于是变得有声有色、有血有肉,新一轮的报道引起了社会各界的共鸣,各界反应强烈。

受媒体报道的启发,不少市民一方面为拍卖台上茅台酒价格动辄就是数万元而惊诧不已,另一方面则猛然想到自家玻璃柜里也有茅台酒,于是一转身、一抬头,真真实实的茅台酒赫然眼前。

20 世纪 70 年代中期前后至 80 年代中期,正是"文革"即将结束、改革开放即将启动,申城市民生活条件开始好转,大批新中国成立前后出生的人到了谈婚论嫁的时候。因为买不到家具,在上海这个中西融合的城市里出现了一股自制家具的热潮。

一套家具有很多的"脚",市民戏称为"36 只脚",其中"4 只脚"的就有玻璃酒柜。这些家具全部摆放在新房里,在酒柜中放两瓶茅台酒则是大家所追求、也是大多数人可望不可即的事。于是一部分家境较为宽裕、有些门路、可弄到紧缺商品、有海外关系、有侨汇券、在外轮公司、宾馆酒店工作、搞采购、有亲戚在贵州、有亲朋好友在部队任领导的人家,玻璃柜里就有了两瓶茅台酒。基于年代的原因,这些茅台酒,早的为 70 年代初到 80 年代初的"葵花"、"三大革命",稍晚的是 80 年代中期"地方国营"五星茅台酒,夹杂其中的还有称为高瓶、出口的"飞天"茅台。上海人不喜白酒且崇尚节俭,于是一年一年过去,两人世界变成了多人家庭,新房变得拥挤不堪,原本放在显要位置的酒柜退至房间角落。30 多年过去,茅台酒外包装土法制作的绵纸变得陈旧、商标暗淡,然而酒瓶还是那么挺拔站立在柜中,且价格已然上涨了数百、数千倍。节俭又善于理财的上海人,有些兴奋有些焦虑。善于捕捉机会的人们很快作出决定,与其让酒在家中慢慢漏气挥发,不如委托拍卖变现,于是很快,上海国拍的楼上楼下提着茅台酒的上海市民排起了长队。

当年,将酒放入玻璃柜中时,酒的主人 20 多岁,正值青春年华,现在,将茅台酒取出送上拍卖台时,他们已经两鬓发白。细细观察可以发现,这些茅台酒外包装的优、缺点几乎一致。缺点是:因为缺乏收藏技术、收藏条件,酒的正标、背识颜色已经褪色,出厂时间多数不复存在,酒瓶上的赛璐珞或塑料封皮出现破损。优点是:几乎所有的酒瓶品相还算可以,重量尚可。这是因为时至今日,这些居民所居住的房屋大多为老式公房,窗子较小,南北不通风,由于人口增多,玻璃柜退避居室一角,从而避开了强光直射和风吹,恰恰因为这样,茅台酒没有因此损坏殆尽。如果搬进豪宅,这些酒可能早就不复存在了。可以说,一瓶茅台酒成了一代人、一个城市 30 年历史变迁的缩影、见证。于是,与商店里销售的茅台酒不同,陈年茅台酒有了文化和历史的意义,即便是一次简单的商业行为,陈年茅台酒拍卖变得凝重起来。也因为这一点,对于茅台酒拍卖宣传的深度与一般的商业行为有了很大的区别,上海国拍陈年茅台酒拍卖的新闻报道因此充满了情感,迅速覆盖全国,对一场拍卖会的宣传由此达到了前所未有的力度。

以往的经验证明,对一次拍卖会的报道随着新闻的见报,媒体的报道热度马上会随之减弱,而本次陈年茅台酒的拍卖,媒体始终保持了高度热情。一个重要原因,就是公司为媒体提供了较为充分的报道内容,充分挖掘了市民的故事,而关于普罗大众的报道恰恰就是时下热点。因为这一点,媒体的报道始终是有血有肉的。

拍卖会当日,除开近百家媒体以大篇幅、热情报道了拍卖的情况外,在拍卖槌声刚刚停止时,始于北京时间6时30分的上海电视台《上海新闻》,对此首先进行了报道,随后在其《新闻透视》中进行了分析,并预告其《晚间新闻》的当家栏目《夜间约见》将邀请拍卖公司负责人现场访谈,与市民、观众一起,谈茅台酒、茅台酒拍卖、茅台酒现象,力度之大,节目之密,实在是不可多得的事。2月27日,这一天,上海人相见,往往谈茅台酒、茅台酒拍卖,询问"你家中玻璃柜里有没有茅台酒",市民戏称这一天应定为"茅台酒日"。一场拍卖会引起如此反响,既在预料之中又在意料之外。

值得一提的是,有两位来自于茅台酒故乡贵州省的记者,在上海体会了陈年茅台酒拍卖的热度,了解了陈年茅台酒之所以能够引起社会关注的原因,在拍卖会现场认识了国内最为有名的收藏群体,回到贵州后,在贵州省首次陈年茅台酒拍卖活动中,进行了连续报道,成功推长了该省拍卖活动。

关于茅台酒拍卖活动策划的几点体会

严格意义上说,本次陈年茅台酒拍卖活动的策划主要表现在新闻媒体的参与和报道上。纵览本次拍卖,除开充分体现了上海国拍对拍卖过程、拍卖会的掌控能力之外,笔者以为在策划方面有以下几点可供参考。

一是成功的策划,能够充分显示企业之间差别化竞争的能力。

取得委托和促使标的成交,是拍卖策划的出发点也是目的地。策划的过程其实是对市场、对标的的认知过程,是企业能力展现的过程,更是企业与企业差别化竞争能力显示的过程。虽然不是每个拍卖项目都需要策划,但是重要的拍卖活动尤其是开创性或者竞争性较强的拍卖,策划无疑是十分重要的。通过策划,取得委托,积极寻找拍卖的亮点,充分利用媒体的宣传,既完成商业运行的目的,又与社会热点相结合,使得原本较为单一的商业行为,有了文化和社会意义,是一举两得的好事。同时,因为有了策划,拍卖活动有备、有序进行,宣传有了抓手,从而使拍卖项目的推介不再空洞、乏力。虽然拍卖的策划要敢于无中生有,但是无中生有却是建立在活生生的实践之上的,这需要策划者对标的、对市场、对形势有敏感性,有一定的阅历。

二是再好的策划也是有漏洞的,需要及时发现及时完善。

拍卖的策划运作后,需要审时度势,认真观察,及时调整、完善,既能一步一步地按照计划推进,又能适时发现新的亮点调整宣传口径,才能把原本简单或者一次性做完的宣传持续推进,使得对拍卖的宣传、推介的作用最大化。

一般的商业策划,要么功利性很强、目的清楚,要么新闻媒体的关心短命,一次见报就没了下文,对于拍卖或者对于市场拓展的促进作用不大。新闻报道最难的是使之持续进行,这就要主持者善于不断发现亮点,使媒体不断有话可说。上海国拍首次陈年茅台酒拍卖结束后,公司工作人员充分利用拍卖的成功,进行了后续报道,包括在主流媒体著名栏目上发表对茅台酒情缘的文章,举办市民广泛参与的国内首次陈年茅台酒大讲堂活动,普及茅台酒收藏知识,广交朋友、培育市场。在一系列运作下,推动了上海和国内其他城市的陈年茅台酒拍卖。在繁荣市场的同时,也解决了陈年茅台酒委托货源的困难。上海国拍此次征集的陈年茅台酒已经完全满足拍卖到下半年。进入2012年后,仍然保持两个月一场拍卖会的力度,公司的知名度也在拍卖中得到了进一步的提高。

三是主持策划的人员要做有心人,善于从大局着眼,从细微处着手,放得开、收得拢。

做业务、拓市场要做有心人,做拍卖策划更需要做个有心人。很多机会、很多信息往往发生在不经意之中。因此,愿意试水策划的拍卖行业同人,应该做个有心人、细心人,能够善于在不经意中发现重大商机。当然,要做到这一点,首先应该熟悉市场、熟悉拍卖的方方面面,有较为牢固的拍卖知识,而且能够融会贯通,有自己的见解。平时,把与之有关的信息积累在大脑里,一旦接触到类似信息,就可能引发大脑风暴，就可能发现商机并捕捉到商机，然后能够鉴别，正确、灵活运用这些信息、商机。

四是策划的重点在于能够充分调动媒体的积极性，善于发挥媒体的作用。通过媒体传播，放大拍卖事件营销的社会效应，从而寻找新的商机，这是策划的灵魂。利用媒体，首先要了解媒体、了解各种媒体报道的特点、优势，要有长期与之交朋友的理念和行动。宣传策划的核心价值在于能够根据情况，为不同环境下的媒体报道提供不一样的报道内容，使之能够不断地进行报道。要明确，所有的拍卖策划、创意都应围绕市场、围绕客户，就是争取委托、争取拍卖成交，因此什么可以报道，什么报道形式最恰当，什么时候报道最合适，哪些可以由媒体写，哪些又必须自己写，顺利时怎么乘胜前进，失利时怎么反败为胜，都是值得研究、把握的。因此，一个负责任的拍卖公司，应该有明确的工作人员，精力较为集中地负责与媒体打交道，新闻发言人制度就是很好的范例。唯有如此，一旦需要新闻报道策划时，才不至于手忙脚乱，茫然无头绪，而媒体的宣传也才有针对性。

五是要善于、敢于把所策划的案例打造成经典和传世之作。

好的策划活动应该在社会上留下影响，对企业有宣传的效果，对行业的市场开拓、业务有积极的引领作用，可以学习、借鉴，成为样板。一次成功的策划，一是要看负责策划的人有否实战经验，所做的策划是否具有针对性、可操作性，能否引起媒体和社会的重视；二是要看策划实施后，社会反应的结果怎么样，能否产生轰动效应，能否取得较好的经济效应。策划倘若能够使拍卖活动的意义得到升华，有了附加值的效果，策划就是成功的，反之，只能说明效果一般或者失败。虽然说思路决定出路，但是实践是拍卖策划的基础，因此负责策划的人一定要重视实践活动，注意积累经验，敢于试水，善于总结，唯有如此，策划才可能获得成功，成为经典。

坚持走管理科学化道路的上海国拍

在我国拍卖行业中,上海国拍在拍卖范围、市场占有率、拍卖总量上均是行业中名列前茅的企业之一, 上海国拍的企业管理在行业中更是独树一帜。20年市场摸爬滚打,上海国拍形成了一整套适合行业特点、与市场发展及企业业务人员结构、能力相吻合、有利于企业可持续发展的管理系统,从而成功带领企业在市场经济大潮中一路高歌前行。

注重经营管理,是上海国拍脱颖而出的关键所在。

上海国拍成立于20世纪80年代中期,是国内最早成立的拍卖企业之一。最早的员工主要来自于物资系统等国有企业,人员文化层次不高,结构不太合理。而早期的拍卖业务又主要集中在海关的罚没物资和随后的司法强制拍卖,类似拍卖关键在于处置程序的合法,而结果却是次要的,因而缺乏技术含量,靠的是关系、干劲和机遇。于是,在很长时间里,整个行业管理粗放、随意性强,上海国拍虽然没有完全随波逐流,但同样处于重市场开拓、轻企业管理的状况。

进入新世纪后,随着市场的进一步成熟、行业竞争的进一步加剧、社会各界对拍卖了解程度的进一步提高,而传统的拍卖委托如海关、法院等委托急剧减少,更多的委托来自于社会、来自于市场,拍卖市场发生了根本变化。比企业品牌、看企业运作能力,讲企业诚实信用、评服务质量、规范经营、专业化水准成为潮流。优化企业管理、提高工作质量和效率摆在了全行业面前,成为拍卖企业不得不重视、不得不下功夫改进的课题。而历来重视企业经营管理的上海国拍更深深感受到提高企业管理水准的重要性和紧迫性，在行业内较早脚踏实地又高起点着手，结合行业特点，按照拍卖业务运行的规律，开始制定拍卖流程管理系统，期望通过对拍卖过程各个节点的控制，保证拍卖活动运行的安全、高效。经过反复摸索、实践、论证、修改，制定出了企业拍卖管理系统，从而领先一步，形成了适合企业运行的管理特色，显示了差别化竞争力。

从 21 世纪初开始，上海国拍设计并开发了与业务流程相适应的管理软件，并给每个节点工作人员配置了电脑及其他硬件，通过强化培训，管理系统开始进入运行阶段。事实证明，在信息密集和市场竞争激烈、法律法规日趋健全的今天，管理及其手段的现代化是十分重要的。在克服了初期因不习惯而出现的工作效率下降、差错时有出现的障碍后，现代化管理的作用迅速显现，原先那种随意、凭感觉、靠记忆的状况得到明显改变。由于对各个业务节点进行了有效控制，使拍卖标的从谈判、签约、勘察、建档、公告、展示、拍卖、交割等运行留下痕迹并变得规范起来，经营风险因此得到了有效控制和防范。为公司质量管理进行论证的 SGS 公司在查看了公司流程管理系统及实际运行的情况后，认为上海国拍在企业管理方面明显领先于行业。

由严格且科学的管理形成的企业核心竞争力，是上海国拍可持续发展的强大动力。

长江之水天上来，奔流到海不复回，企业的管理也是永无止境的。上海国拍是一个崇尚创新且又十分务实的企业，虽然由于建立了先进的管理系统，企业经营管理走上高效、正规的道路，但企业始终没有沾沾自喜或满足于现状，公司经营班子更是把企业管理的现代化和与时俱进看成是未来企业得以立足市场，可持续发展的根本和关键。在市场拓展的同时，不忘提高企业的管理能级，加大改革力度，据此形成企业的核心竞争力。因此，这几年虽然管理系统投入了运行，但改革、完善这一系统的工作始终在进行之中。近几年由于人民法院改变委托方式，并由此给我国拍卖业带来了一场革命，市场发生了根本变化，社会对拍卖业的监督、要求更高了。市场变化、收入减少、成本加大，均对拍卖企业提出了更高的要求，处于快速发展中的上海国拍也遭遇了前所未有的挑战,而继续从管理上下工夫则成了公司奋力开拓市场之外的另一条战线上最为重要的工作。而就是因为有了较为完整、科学、高效的管理系统,上海国拍才能在市场风云变幻中仍保持着快速发展的态势。

自2006年开始,在原有管理系统基础上,上海国拍着手整合开发新的内部管理信息系统,提高管理能级,使企业与市场变化同步,管理质量与效率得到进一步提升。新的系统规划目标是以网络化、流程化的方式,将公司的核心业务流程整合到同一个数字平台,从而提高拍卖的工作效率和客户服务效果。拍卖属于服务业的范畴,服务行业的特点决定了拍卖是一个主要依靠人来提供无形化服务产品的行业。首先提供者是人,是难以把握一贯标准的人;其次,提供的服务是依靠客户感知而作出质量判断的。所以,拍卖管理的科学化首先需要在充分适应行业环境和客户特点的基础上,进行服务流程的再造。

拍卖服务流程化,具体来说就是将面向客户的整个服务流程中,每个环节加以科学分析、细致划分,然后设置相应工作岗位,精确定义每个岗位的工作内容,将服务过程建成类似于工作流水线的形式,从而将难以确定的服务标准、严重依赖于人员个人工作能力的服务过程,改造成标准明确、管理方便的工作体系。结果是随意性得到更进一步的控制而科学性、规范化得到进一步提高。虽然上海国拍早在2001年就已经取得了ISO 9001国际质量体系认证,在行业内很早就开始了探索服务的流程化、标准化的工作,之前一系列的工作,为整个拍卖服务的流程化改造打下了良好的基础,但百尺竿头更进一步,这一次管理系统的改革难度同样不小。

拍卖公司除了一般企业都存在的人事、行政、财务管理以外,管理内容主要围绕拍卖委托合同、拍卖会、客户管理展开。因为委托方、委托标的、委托要求不同,运作亦有不同,有其明显的特点。但万事发展总有一定的规律可循,拍卖也如此,找到并抓住了其中的规律,提纲挈领,便可使运行趋于可控状态。拍卖委托合同是整个服务流程的开始,一旦签订了委托合同,那么客户身份、拍卖标的、拍卖方式等服务要素也就基本确定了。监督委托合同的执行情况,包括拍卖标的的勘查和权属调查、成交后的资金结算、拍卖标的的交付等,构成了拍卖合同履行的整个过程。上海国拍在早期拍卖合同档案管理的基础上,将拍卖合同管理纳入到内部网络平台,不但对合同的监管透明化,而且,由于业务人员的费用管理也在同一平台控制,合同核算也可以及时完成。在委托方和买受方客户的资金全部结算完毕、拍卖标的交付完成、合同成本费用全部支付等三项工作完成后,公司将这种合同状态定义为合同结案,合同主办的业务人员在此时可以将系统中的合同关闭。至此,合同的整个执行过程,以及合同的收入、支出状况也可以及时核算完成。这只需要一张简单明晰的报表,这张表上各个节点运行一目了然,可控可检,上一步骤没有完成,便无法进入下一阶段。于是就给了每个与之相关的人员一个理念,即必须做全做好每一阶段的工作。侥幸、懈怠、蒙混过关,在电脑面前毫无办法,而有关管理层面亦能从系统中及时掌握情况,给予提醒或指导,从而达到防患于未然,管理机器因此高效运转起来。

拍卖会的组织流程也是拍卖企业科学管理的重要一环。拍卖会作为拍卖企业的日常工作,对涉及的专业内容、组织协调技能要求很高。拍卖标的勘查和权属调查完成后,可以进入拍卖程序。我国的《拍卖法》对拍卖会的组织做了较为明确的程序性规定,因此,拍卖会的组织首先必须做到合法合规。在此基础上,包括公告发布、目录和竞买文件制作、会场布置和设施友好性、确定拍卖标的展示方式、竞买登记和保证金交付、竞买叫价、拍卖会纪录、成交确认书签署等涉及拍卖过程的全部环节,都可以提出相当明确的服务和质量标准,从而将不同人员、不同时间提供的服务,以统一的标准来要求和衡量,达到不同标的、不同业务员但工作质量一致,从而有效地提高了服务质量和客户的满意度。上海国拍首先将拍卖标的全部纳入数据库系统,同时,将客户登记环节数字化。进入数据库系统的拍卖标的,可以及时在公司内部网理论上也可以从外部通过互联网,进行同步查询。客户和业务员无论在拍卖前、拍卖中还是拍卖后,都可以及时从拍卖管理系统中查到标的的处置、拍卖进展、成交价等状况,如果增加适当的设备和软件,还可以做到视频图像的网上直播。

综览国内拍卖行业,大部分拍卖企业的客户管理还处于较为初始的状态,客户资料的收集、分析、整理等工作并没有完全展开,对于客户关系管理的概念和内涵大都不太熟悉。上海国拍首先从客户的基本数据收集开始,将全部委托客户、买受客户的资料录入系统，同时，针对委托客户、买受客户，以及各种产品类客户的不同特点，根据客户自身提供的资料和公司收集的客户行为特征进行分析、筛选、分类。客户行为特征是指客户来电、来访、看样、竞买登记、购买等行为而反映出其对某些特定产品的兴趣等特点，公司如果有符合客户兴趣的特定产品，就可以及时通知客户。客户关系管理还比较注重业务人员和客户之间的互动。一般传统的管理是将服务的起点定位在合同签订后，而客户关系管理，是将服务的起点定位在发现潜在客户。当公司或者业务人员发现潜在客户时，就应当将客户资料录入系统，同时开始营销过程。客户关系管理将发现潜在客户的由头称为"线索"。例如，发现某一家银行开始有意向处置资产时，那么线索也就产生了，公司就此指派业务员进行电话沟通、上门拜访、协商谈判等，业务人员将过程记录编写保存进系统，公司主管根据项目进展情况，分派预算、调配资源等。经过一段时间的积累，系统可以将客户对公司贡献度进行分析，也可以对业务人员和客户的沟通情况进行分析，从而促进业务人员和客户之间的沟通，对重要客户和经办人给以重点关注，使得客户管理更有效率。

在长期的拍卖实践中，上海国拍深深感受到，拍卖管理的科学化，不但是管理手段的科学化，更重要的是管理理念的科学化、管理行为的科学化，并努力付诸实践使之与时俱进。现代服务的理念，已经将科学管理提升到人性化管理的高度，这不但要考虑客户行为的个性化特征，客户需求的多元化特点，还更加应当意识到提供服务的是活生生的人。只有同时考虑客户和员工的需求特点，并将管理手段的应用尽量向综合兼顾服务提供方和服务需求方共同特点的方向努力，才能将拍卖服务科学管理的效果发挥到最好状态。上海国拍在完成围绕合同管理、拍卖会管理、客户管理的系列模块开发后，正在继续进一步将绩效考评、预算管理和控制等内容增加到现有平台上，将全部管理数字化作为阶段性目标，而这一切正在有步骤地推进之中。

我国的改革开放已经历了 30 多个年头，拍卖行业恢复也已有 20 余年，国家经济发展与建设已融入国际大环境，一方面，市场变化、委托减少而竞争加剧；另一方面，社会对规范拍卖行为的呼声日高。受此影响，当前国内拍卖市场正步入盘整阶段。大浪淘沙，不进则退，上海国拍根据自身发展的特定外部环境、人员结构、产品构成、客户特点等条件,综合提升改造了服务流程,取得了很好的效果。但是,上海国拍也懂得,由于外部环境和客户需求是永远在变化的,所以服务流程再造是一个不会停止的过程,管理科学化也是个过程,而不是终极目标。只有根据市场变化,不断地调整内部服务和管理手段,才能在市场竞争中立于不败之地。为此,进入 2012 年后,在总裁徐勉之的大力推动下,上海国拍在认真总结以往客户管理系统运行情况和效果后,决定对公司客户管理系统进行一次较大手术,全面提升管理能级,使得客户管理真正为公司业务开展、市场开拓和凝聚委托方、买受人群体服务。

后　记

　　尽管昨夜夜半电闪雷鸣、风雨交加,关上电脑,拉开窗帘,夏日的阳光尽洒庭院,又是一个蓝天白云的好天气。《拍卖槌相伴的岁月》已经完稿,我的心情如同屋外的天,热气蒸腾。其实,每次思考和回味上海国拍那些案例,当25年艰苦征途上历历往事,一件件浮现在眼前时,我都有这种感觉。囿于水平和时间,这本由案例组成的书稿,可能并不尽如人意,但是,笔者已经尽力了,因为它实实在在倾注了笔者的心血,是笔者目前思想水准的反映。

　　上海国拍是个充满激情和创造力的企业,它为企业中的每一位员工提供了舞台。在这个舞台上,25年来演绎了无数拍卖活动,内容之丰富,覆盖面之广泛,涉及品种之全面,在海内外均属罕见。值的庆幸的是,几十年里,笔者一直有记简单日记和写作的习惯,从而使得这些可能成为过眼云烟的拍卖活动得以以文字的形式留了下来。看着越来越多的案例,笔者一直就有把它们整理、结集成书的想法,上海国拍成立25周年,给了我动力。

　　拍卖虽是个小行业,却是个大舞台。在这个行业里,你可以接触各方面的人和事,而且几乎没有机械重复的。这是个充满想象力和智慧的行业,一旦加入,只要你全身心地投入,你就会充满激情。然而,十分遗憾的是,这个丰富多彩的行业却至今没有一册可以称之为案例的书籍,国际国内概莫能外。不经意中,《拍卖槌相伴的岁月》完成了填补空白的功能。虽然此书写的是一家公司发生的事,却是行业市场活动的缩影。从中可以管窥行业面貌，了解拍卖活动的开始和运筹过程，知道除了拍卖会现场拍卖师风采之外围绕拍卖发生的种种台前幕后的事情。从而发现，拍卖需要知识、需要智慧、需要激情，可以关注、可以参与。近年来，舆论对拍卖这个行业贬多褒少，这是不公允的。拍卖为改革开放、为市场经济、为社会作出了很大贡献，《拍卖槌相伴的岁月》的出版，起码可以告诉社会、告诉芸芸众生，拍卖是个了不起的行业，我们对得起手中的木槌。

在即将把书稿交给出版社的时候，笔者有一丝不安、一丝欣慰。不安的是，时至今日，笔者仍然想对书稿再作修改，使得此书质量更好一些，但是，已经力不从心；欣慰的是，经过努力，10多年的夙愿终于实现，书稿即将付梓，无论质量如何，已经完成一件牵挂已久的事，评价如何，就由它去罢。

感谢上海国际商品拍卖有限公司，因为有了这个舞台，才有这本书；感谢徐勉之先生，因为他，我才得以进入这个行业；感谢上海国拍的同仁，18年来，我们风雨同舟，大家对我宽容包涵；感谢办公室经致礼、张星卫两位副主任以及熊磊先生，他们为此书的完成提供了很大帮助，使我节省了大量的时间。

作　者

二〇一二年九月九日晨于上海寓所